林漢仕著

文史哲學集成

易傳彙玩

文史哲出版社印行

國家圖書館出版品預行編目資料

易傳彙玩 / 林漢仕著. -- 初版. -- 臺北市：文史哲，民 91

面： 公分.--(文史哲學集成;466)

參考書目：面

ISBN 957-549-482-2 (平裝)

1.易經 – 研究與考訂

121.17 91021779

文史哲學集成 ⑯

易傳彙玩

著者：林漢仕
出版者：文史哲出版社
http://www.lapen.com.tw
登記證字號：行政院新聞局版臺業字五三三七號
發行人：彭正雄
發行所：文史哲出版社
印刷者：文史哲出版社
臺北市羅斯福路一段七十二巷四號
郵政劃撥帳號：一六一八〇一七五
電話 886-2-23511028・傳真 886-2-23965656

實價新臺幣五〇〇元

中華民國九十一年(2002)十一月初版

ISBN 957-549-482-2

易傳彙玩目錄

林漢仕序易傳彙玩

易傳彙玩本來和易傳都都同時鋟版，因字數過多，應書局老闆彭先生請而析成以上二本。「彙玩」含鼎震艮漸旅五卦。「都都」包巽兌渙節中孚。計四十三萬言。作者林某年過古稀，甫得弄孫樂。生星洲但無華僑身分；長粵省蕉嶺，卻非當地居民。念年不足即入仙山蓬萊，五十年海風吹不老此翁豪情。受故有文化薰陶，始終未減一分對她熱愛。祖父 學鳳公長養，母氏賴姓上露下昭推乾就溼劬勞大恩，常縈腦際，都讓它轉化成融入對妻兒子女關愛，今又得含飴常敘天倫。此老老來心態可知多醜！然一與古人交則「世事浮雲何足問」！上友聖賢。聞彼前人七嘴八舌齗齗爭尙，眼不見、心不煩，耳目口鼻皆清靜。偏偏又要望聞問切，者個鄙夫我遂忘其固陋，逕行參與協商仲裁。前輩中有人見所非，則口沸目赤；幸得意又疾笑嗌嗌。竊自忖不敢專恣如是，總在以多邊尋尋覓覓，合理切入，使卦爻辭脗合无間。此中或係味得程氏所稱自漢以來，無人識得權字之用耳已！一經進入思想中桃花源，早忘今日台灣政界「人情翻覆似波瀾」！更不知今世何世！迨聞老妻彌陀觀音聖號，未睡那來醒，立可當下完全投入毘盧法會，大聲誦念大佛頂首楞嚴神咒。唯願有涯之生，其脛免乎杖叩如斯而已也乎！

昔項橐七歲爲孔子師。（見戰國策、淮南、史記、漢書）卻不見小項入祀孔廟太上我們老師。不只孔聖人在當時有埋沒師才師德，欺其幼小之嫌，即後世董生以來，獨尊儒術，儒者露才揚己，欺太上老師之過又豈其罪小耶！柳亭詩話引齊己早梅詩，鄭谷改數枝爲一枝。張乖崖「獨恨太平无一事，江南閒殺老尙書。」蕭楚材改恨爲幸。薩天錫龍翔寺詩、虞道園改「地溼厭看天竺雨，月明來聽景陽鐘。」易聞爲看。都穆節婦詩，沈石田以春易燈：「白髮貞心在，青春淚眼枯。」所謂一字師，點鐵成金也。後者醫詩功夫似勝前者，而詩人意境，想後者不能到，到則自爲之矣！其崔顥題詩在上頭乎哉！莊子至人，其名言「知其莫可奈何而安之若素。」呂晚邨評爲：「不安命，不知命。」細敲我輩今人不鶻突者幾希？

本書共五卦，茲先容一二

鼎卦初六、鼎顚趾、利出否。得妾以其子，无咎。林漢仕案象以「鼎顚趾」爲一事，「利出否」又爲另一事。以顚趾言未悖；利出否爲從貴。王弼以後混爲一談矣。學者遂舍象而取便說，積非成是矣。鼎顯趾乃鼎之用，由頂至底函藏全牲耶？或牛或羊。專就烹飪事言。以之祀神，未悖於禮也。出否即從貴。排取鼎中最精美尤可貴處以養聖賢。得妾以其子。與，因也許也。母以子貴，子以母貴。觀漢景帝奪民婦而爲王夫人，生武帝；曹操因倉舒曹沖岐嶷幾立，勢必帶動母氏環夫人母儀天下。斯之爲萬世不易人類脆弱感情事也。初无位而許擁鼎境界如是。有人謂「聖人論其今不考其素。」因敗爲功、鹹魚翻身，賤妾也有出頭天！豈孔聖人爲母氏上徵下在作叔梁小，勝大哥孟皮立說耶？非也。大男人父權社會由來久矣！一鼎一味未悖禮，唯出否從貴養賢爲利。猶室家衆子賢者表而出之，孟嘗君即曾如是。破嫡長承統之議爲社會大衆所接納也！

又震卦初九爻辭：震來虩虩，後，笑言啞啞，吉。林案彖謂大恐致福。象言恐懼修省。如履春冰，如臨深淵之戰慄，取其戒而已。未保證不陷不墜也。如隱晦韜光，孤介守貧，人必不犯我。人果不我犯乎？又如郊野遇雨雷，不處樹下，放低姿態，是否雷即不轟？然以履薄戒心處世，如房玄齡云「懼致福，逸貽禍。懼未必致福，逸必招禍也。」吾人也確信：不畏天威，放棄修省，雖有無邊福報，終將用罄；無盡業障，因修省減輕罪孽。初言恐致福，作易者其知道也。曹丕勝出得立，抱辛毗頸而喜曰：「辛君知我喜否？」宜戚而喜，有人知魏其不昌矣！

曹爲霖云昔人登天目山視雷雨，但聞雲中如嬰兒聲，故坡公詩「山頭只作嬰兒看，無限人間失筯人。」神權時代是有益於治。天威不可犯，雷公雷母替天巡狩，寄怵惕惻隱之心，卦辭示遠景，初爻再敍是勉可及之象也。

又艮卦初爻，艮其趾，无咎，利永貞。林漢仕案：艮訓愼順。以身體局部代全體。易經中：止，趾有別：如險止、時止，艮止等廿八見。趾有履校滅趾，賁其趾，壯于趾等八見，不相混淆。易家謂初。无才、无位、无德、趾在下動，聖人於其未失之前戒之。易也爲小人謀矣！其實初時愚昧無知，如初生之犢。上无比應而躁，張浚稱情欲內牽，勢利外誘。聖人關切勉初如是，可无聽乎？

艮九三，艮其限，列其夤，厲。薰心。如易傳衆言九三，直是死物耳，求死不能也哉！其實九三第叮嚀愼其上下之際耳，雖有疼痛而无立即危險也。

艮六四，艮其身，无咎。林漢仕案，佛老皆爲道珍身，爲道可捨身餵餓虎，鷹、蚊蚋。「以其不自生故能長生。」「以其无死地。」其積極求道求生達到狂熱。儒者身體髮膚受之父母，以珍身爲孝，又曰戰陣无勇非孝也。既自以身爲形役，以來者爲可追，有所嚮往也。不求人可以求己，艮其身，保健愼順其身，非只關照身體局部，由點而線到面全體，其用無窮矣！

又旅九四，旅于處，得其資斧，我心不快。得資斧，心不快。易家多以象以未得位也著墨。資斧，子夏傳作齊斧。齊，荀子以爲服。盧文弨以資齊同，注祭服。斧，黼也。荀子以黼黻不茹葷……注祭服。然則齊斧即齊衰，有服在身，豈爲舊君有服耶？旅人有服在身，其曰我心不快，豈不甚明哉？

略舉上數例以見一斑，詳細易經傳注比較，請讀者諸君大家自行品味，嗜甜酸苦辣香酥脆皮者，請盡情採擷，釀造出女自家品牌可也。

林漢仕（南生）恭序
原籍中國廣東蕉嶺長潭鄉白馬村倉樓下
現籍台灣台北市溫洲街七九號三樓之一
二〇〇二、九、廿八

䷱ 鼎（火風）

鼎，元吉，亨。

初六、鼎顚趾、利出否。得妾以其子，无咎。

九二、鼎有實、我仇有疾。不我能即，吉。

九三、鼎耳革、其行塞。雉膏不食，方雨虧悔，終吉。

九四、鼎折足，覆公餗。其形渥。凶。

六五、鼎黃耳，金鉉。利貞。

上九、鼎玉鉉，大吉。无不利。

䷱ 鼎，元吉，亨。

彖曰：鼎，象也。以木巽火，亨飪也。聖人亨以享上帝而大亨以養聖賢。巽而耳目聰明，柔進而上行，得中而應乎剛，是以元亨。

象曰：木上有火，鼎，君子以正位凝命。

孟喜：鬻飪。（當案說文引此二字。）

荀爽：中有乾象，木火在外，金在內，鼎鑊亨飪之象。傳象：木火相因，金在其間，調和五味，所以養人，鼎之象也。

鄭云：互體乾金，兌澤。澤金含水，爨以木火，鼎亨孰養人。猶聖君興仁義以教天下，故謂之鼎矣。傳象：凝，成也。

翟元傳象：擬命。擬，度也。（釋文）

九家易：木火互乾金兌澤，爨以木火是鼎亨飪象。亦象三公，上調和陰陽，下撫毓百姓。牛鼎，羊鼎，豕鼎，形同，亨飪煮肉，上離陰爻爲肉也。（集解）

陸績傳彖：木見火中發，火木相資，象鼎兆，下穴爲足，中虛見納，飪熟之義明矣！（京氏易傳注）

王弼：革去故鼎取新。革變制器立法，法制應時然後乃吉。賢愚有別，尊卑有序然後乃亨，故先元吉而後乃亨。

孔正義：鼎器名，供烹飪用。此卦明聖人革命示物法象惟新其制，故名爲鼎焉。變故成新，必須當理故先元吉而後乃亨。

李鼎祚引虞翻：大壯上之初與屯旁通，天地交，柔進上行，得中應乾五剛，故元吉亨也。

張載：正始而取新，莫先於正位而定命也。

程頤：如卦之才可以致元亨也。元亨文羡吉字。彖止云元亨，其羡明矣！傳彖：鼎大器重寶也，方實正也，安重象，五中柔應剛，才如是所以能元亨也。

蘇軾：取鼎之用而施之天下謂之大亨。以其道養聖賢則亨之大者也。元亨，所謂元吉亨也。

張浚：鼎道象治道之成，明德升於上，人才用於下，坐收調一之功，其吉也大。鼎治自家人，正身齊家以治天下。亨飪功成以亨上帝而大亨，養聖賢，亨飪見于事者也。

張根傳彖：養聖賢及萬民，是所以享上帝。大亨者欲其无方之義也。巽而耳目聰明，養賢之效。

朱震漢上易傳：以人全卦言：初足、二三四腹、五耳、上九鉉。以二體言：虛在上、足在下、以木巽火，亨飪象。帝指上九、二三四爲聖賢。以享上帝之心以養聖賢，有不盡其心者乎？五聰明得中應九二剛、无亢滿之累、萬物皆得其養，是以元亨。

鄭汝諧傳象：以象言其器爲鼎、以鼎言其用爲烹飪、享上帝、養聖賢。革改命、鼎定命、周公定鼎于郟鄏，體國經野、建中立極，所以定民心而重國本也。

李衡引陸：鼎成熟器。德大莫若元，用切莫若亨。二以剛處柔，五柔處剛，得中而和故元吉而後亨也。引胡傳彖：五尊應二、上九賢臣，皆巽納聖賢象所以大吉亨通。

楊萬里：六爻鼎形具，二卦合鼎用行。革故鼎新，食生民大本，革鼎荒茹毛火化新萬法。亨上帝養聖賢。順義理明視聽，全其德以施其用，焉往而不大亨乎？

朱熹：飪器、卦下陰足、二三四腹、五陰耳，上陽鉉。巽木入離火致烹飪、鼎之用也。內巽順外聰明、陰五應二陽，其占元亨。吉衍文。

項安世：屯隨臨无妄升革之元亨爲大亨。大有蠱鼎元亨，有大始正本之義。大從亨言，元主事本不以元附亨，卦辭有吉字誤也。大烹大猶廣、多。大庇天下志也。

趙彥肅：鼎之爲卦、離下巽上、風行乎中，水火之氣、散而无滯、大哉風乎。亨帝以少爲貴，故於聖賢曰大亨。內順理、外无蔽、巽於人、兼天下耳目，聰明也。

楊簡：鼎卦有鉉、耳、腹、足、儼然鼎象。下木上火亨飪享帝，大亨養聖賢。帝一曰亨、群臣衆曰大亨。學者斷不可索義於亨飪之外。元者道之異名，此所以元吉，以道致吉，言亨則吉在其中矣。

吳澄：烹飪器、巽木入離火內。下畫耦足象，二三四奇、腹中實牲象。五耦鼎耳象、上奇鼎鉉象。占有長人之德則能致亨。

梁寅：鼎有耳其象、烹飪其用、安重其德、有實其量。人如之則儀足法、才足用、德足鎮、量足容。處高臨下、不動而敬，不言而信者矣。其占爲元亨。蓋无所自而然歟！

來知德：烹飪器。巽下離上，下險足，二三四腹，五陰耳，上鉉。巽木入離火致烹飪。觀彖是以元亨，則吉字當從本義作衍文。

王夫之：初足、二三四腹、五耳、上鉉。木下火上烹飪。陰主養陽、享帝。五柔離主、麗而不濫，致養功大矣。初順故加吉焉。卦德之美在陽元、上剛節柔爲亨。傳彖：陽元德伸而吉。

毛奇齡：木火乾金兌澤謂鼎、有足腹耳鉉。古人造鼎所用惟祭享帝、賓客養賢以致福爲吉。巽耳離目將書之所稱亶聰明作元吉者誠不是過。古帝王傳鼎不傳璽者悉見于是。

折中引易祓：取物名卦者鼎井而已！以養人爲義。胡一桂曰大有與鼎、元亨外無餘辭。案鼎在朝燕饗養賢象。井在邑里行汲養民象。養賢食天祿治天職故辭直曰元亨。

李光地：卦畫鼎象，木火烹飪所以名鼎。吉字衍。鼎義與井相似，井在邑里間所養者民，鼎廟器所養者賢。易義尙賢則吉無以加，故其辭皆直曰元亨。

李塨：鼎者象也，義具焉。木巽火事爲烹飪。鼎亨上帝，養當代聖賢。其德巽順于內。大坎耳、離目、亶聰明作元后。五中應二剛、上下相得、其大吉而亨也！

孫星衍引集解荀爽曰三鼎形同，以足爲異。（董逌廣川書跋）引集解何妥曰古鑄金爲此器、能調五味，變故取新、成烹飪之用。供宗廟、養聖賢。天子以天下爲鼎。（口訣義）

姚配中案：元謂五，伏陽陰養之，乾坤之交也故元吉，亨。案彖荀注：士冠禮注煮於鑊曰亨，鼎升，俎載。是鼎不亨，此云亨、統謂釜鬵屬、非指陳設之鼎。舉重概輕。又案虞注言大亨者、神人之別也。

丁晏案：虞注五剛故元吉是亨也。王弼注法制應時然後乃吉。何妥注變故成新尤須當理、故先元吉後亨通。古易皆有吉字。程傳本義俱謂羨文，恐非。傳象古疑擬凝並通。

吳汝綸：初象足，中三陽象身、五象耳、上象鉉。程朱皆衍吉字，據彖云是以元亨知無吉字也。

丁壽昌：亨本又作亯，案元亨、亨煮、亨祀皆當作亯。義隨音變。程傳吉羨文。本義吉衍文。考非衍文也。案下巽順、上聰明。巽而耳目聰明皆卦才、耳目連類及之。

曹爲霖傳象：來氏曰正位者端莊安正，凝命者天命凝成堅固國家、安於磐石。所謂協乎上下以承天休也。思菴葉氏曰鼎猶後世璽也。「在總不在鼎」亦正位凝命之說也。

星野恒：烹飪器。吉、程子曰衍文。初足、三陽實爲腹、五耳上鉉、鼎象。巽木入離火下、內巽外明。和順聰明、君臣相遇、以此任事、當艱養人之任，豈不元亨乎！

馬通伯：述義曰有長人之元德、神佑人歸故吉。體離明下情上達，虛中任賢成致養之功，則元道亨於天下、鼎之用乃全。井以普水之利、鼎以成火之功。

楊樹達：〔漢書五行志〕劉歆說易有鼎卦、宗廟之器、主器奉宗廟者長子也。〔北堂書鈔〕三公三人以承君，蓋由鼎有足，故易曰鼎、象也。

劉次源：鼎取新。火化物質更也。窮變通、物之情也。元而吉亨與乾應也。雜卦伏旅、聖道由此大行也。亨帝貴誠、聖賢佐天以燮陰陽。

李郁：鼎除舊後亟布新也。鼎爲任重之卦。元吉猶大吉。上九居上以竟燮理全功故元吉。柔得尊位故亨。

于省吾：按毛奇齡云鼎有足、腹、耳、鉉。二千年來論此卦者，惟毛說最爲允當。杭辛齋以對象之屯爲言，不知本象與鼎形無一處不符，奚取於對象哉！

徐世大：鍾鳴鼎食喻貴族之盛饌。故譯作貴族、大吉亨通。

胡樸安：鼎三足兩耳。火化發明後生活不可須臾離之物。飲食享帝養賢皆賴鼎。教民知榮辱、知禮節。尙書五教惟食喪祭。敦信義、崇德報功。元大亨通、飲食大亨通也。

高亨：鼎卦名。元大。筮遇此卦、大吉。故曰元吉。亨即享字。古人享祀曾筮遇此卦，故記之曰亨。

李鏡池：鼎、飲食器。卦中因飲食器而涉及飲食和與飲食有關的事、以多見詞標題。

屈萬里：兪曲園曰象當爲養。見群經平議卷二。甲骨文貞字多與鼎字無別，故鼎亦有正義。傳象凝命謂嚴正其命令。凝、鄭虞訓成。馬定也。翟作擬。

傅隸樸：革去故、鼎取新。舊去新來，隨革隨興，未留政治的罅隙。劉邦定三秦除苛法，制律令草朝儀、鼎的法象具備、故所昭示的是大吉、對人類幸福言。亨指政令大行。程子把吉字當羨文、似不曾了解吉字所指。

金景芳：革，去掉舊的。鼎，建設新的。元吉，吉字衍文、程朱認爲衍文。我認爲是對的。原文是元亨。鼎、建立新社會、所以元亨，大通。查慎行不同意改。

徐志銳：六十四卦皆言卦象、爲何獨鼎卦言鼎，象也？因畫形、狀與鼎相像。初柔足二三四剛腹、五柔耳、上剛鼎蓋。下巽木離火亨飪象。由生變熟。事天尚質故言享上帝。養聖賢貴多故言大亨以養聖賢。

張立文：〔鼎，元吉，亨。〕譯：鼎，始即福祥，且又亨通。鼎是祭祀的牲器。古人視爲寶，或以爲政權象徵。

林漢仕案：知識即權力，有超人知識即有超人權力。上古茹毛飲血、人亦獸也。發明一物、舉凡對人類衣食住行有方便之處者、皆可以王天下、領道彼一世之人。發明者之知慧高於時人可知。故結繩而爲罔罟、以佃以漁之伏犧氏、斲木爲耜、揉木爲耒之神農氏、垂衣裳而天下治之黃帝螺祖、刳木爲舟、重門擊柝、易穴居爲宮室、弦木爲弧爲矢，送死之以棺椁，皆一世之高人而能移風易俗、將彼野人帶入文明社會，造就成今日之你我生活環境。鼎之用如楊萬里云革鴻荒茹毛火化、新萬法。其進化里程一如垂衣裳、造宮室。彖象第言鼎之用。鄭玄云猶聖君以仁義教天下。其後鄭汝諧之周公定鼎于郟鄏。說文昔禹收九牧之金鑄鼎荊山之下，入山林川澤、魑魅魍魎莫能逢之，以協承天休。易卦巽木於下者爲鼎、象析木以炊也。籀文以鼎爲貞字。荀爽以鼎鑊爲調和五味亨飪象。彖言亨以享上帝、養聖賢。鼎之用、從茹毛飲血熟食、進至上調和陰陽、下撫毓百姓矣！（九家易）毛奇齡謂古帝王傳鼎不傳璽。「天子以天下爲鼎。」（集解引何妥）、進鼎爲寶物矣！周書「鼎者王者何傳寶。」漢書五行志：「鼎者宗廟之寶器。」豈鼎有廟堂之上擺設陳列之鼎與實用烹飪之鼎分途乎？姚配中言：「統謂釜鬵屬，非指陳設之鼎。」是鼎有實用與擺設之別矣！

楊簡云「學者斷不可索義於亨飪之外。」然則「在德不在鼎。」九家易：「牛鼎、羊鼎、豕鼎、亨飪煮肉。」上奉天帝、下養聖賢、撫百僚、所謂施德者、「不在鼎」，如何存其德？葉恩菴云鼎猶後世璽也、在德不在鼎。」問鼎大小、問鼎中原、革故鼎新、儼然鼎可索義於亨飪之外矣！趙彥肅以「離下巽上。」風火家人卦矣。鼎爲離上巽下、火風鼎、想係顚倒誤植，而其文內順外无蔽，又似無誤。于省吾謂二千年來論此卦者、惟毛（奇齡）說最爲允當。按鼎有足、腹、耳、鉉。漢上易朱震、朱熹易傳、楊簡、鼎有鉉、耳、腹、足、儼然鼎象、毛承前人之說耳。

鼎、如何元吉？其亨之說、其「吉」字衍文之議、聚衆人一堂議而論之於后：

彖曰：木巽火、亨飪也。聖人以亨上帝、養聖賢。得中應剛、是以元亨。

象：木上有火、鼎、君子以正位凝命。

孟喜：鬻餁。（孫堂案說文引此二字）

荀爽：木以外、金內、亨飪象。傳象：調和五味所以養人。

鄭玄：互乾金、兌澤、木火、亨孰養人。猶君興仁義教天下。傳象：凝、成也。

翟元：擬命。擬、度也。（釋文）

九家易：互乾金兌澤，爨以木火、鼎亨飪象。亦象三公。調和陰陽、撫毓百姓。牛羊豕鼎形同，亨煮肉。

陸續：木火相資、下足、中虛見納、飪熟之義明矣。

王弼：去故鼎新、法制應時、吉；尊卑有序，亨。

孔疏：鼎供烹飪用。聖人變故成新、必須當理，故元吉而後乃亨。

李引虞：大壯上之初與屯旁通、得中應乾五故元吉亨也。

張載：正始取新、莫先於正位而定命也。

程頤：卦才可致元亨。羨吉字。　傳象：五中柔應剛，所以能元亨也。

蘇軾：取鼎之用施之天下謂之大亨。道養聖賢則亨之大者。元亨、元吉亨也。

張浚：鼎道坐收調一之功、正身齊家、亨亨上帝而大亨。

張根：大亨者欲其无方之義。巽耳目聰明、養賢之效。

朱震：初足、二三四腹、五耳上鉉。帝指上九、二三四聖賢。五聰明應九二，萬物皆得其養，是以元吉。

鄭汝諧：象鼎用爲烹飪、亨上帝、養聖賢。鼎定命、建中立極、定民心、重國本。

李衡引陸：鼎熟器，二剛五柔、得中而和，故元吉而後亨。　引胡：五應二，上九賢臣，巽納聖賢象所以大吉亨通。

楊萬里：革鴻荒茹毛火化新萬法，金德施用，焉往不大亨乎！

朱熹：飪器、下足、二三四腹、五耳上鉉。巽木離火致烹飪。內順外明，其占元亨。吉、衍文。

項安世：有吉字、誤。大烹，大猶廣、多。大庇天下志也。大從亨言。元主事本不以元附亨。

趙彥肅：鼎卦離下巽上，水火之氣，散布无滯。內順理，外无蔽，兼天下耳目聰明也。

楊簡：鼎有鉉耳腹足，學者斷不可索亨飪之外。元吉，以道致吉。亨則吉在其中矣。

吳澄：下耦足，腹實牲，五耳上鉉，占有長人之德則亨。

梁寅：安重有實，儀足法，才足用，德足鎮，量足容。不動而敬而信矣！占元亨豈无所自歟！

來知德：烹飪器，象元亨，吉字當從本義作衍文。

王夫之：初足，二三四腹，五耳上鉉。陰主養陽，亨帝，五柔不濫，初順故加吉。陽元，上剛節柔爲亨。

毛奇齡：鼎有足腹耳鉉，古人造鼎惟祭亨帝，養賢致福。古帝王傳鼎不傳璽者悉見于是。

折中引易祓：鼎井養人爲義。案鼎在朝燕饗養賢，食天祿，治天職，故辭直曰元亨。

李光地：吉字衍。井在邑里養民，鼎在廟所養者賢。易義尙賢則吉無以加，故其辭皆直曰元亨。

李塨：鼎象義具焉。鼎亨上帝養當代聖賢。上下相得，大吉而亨也。

孫星衍引何妥：古鑄金爲此器，能調五味，供宗廟，養聖賢。天子以天下爲鼎。（口訣義）

姚配中：元謂五伏陽，陰養之。陰坤之交也故元吉，亨。案鼎不亨，此云亨，統謂釜鬵屬，非指陳設之鼎。又案虞注大亨者，神人之別也。

丁晏：古易皆有吉字。程傳本義謂羨文、恐非。古疑擬凝並通。

吳汝綸：初足、三陽身、五耳、上鉉。據彖云是以元亨，知無吉字。

丁壽昌：亨本作亯。案亨烹享皆當作亯。吉、程羨本義衍、考非衍文。下巽上聰、耳目連類及之。

曹爲霖：來氏正位端正凝固、安於磐石。恩菴葉氏曰鼎猶後世璽。「在德不在鼎。」亦正位凝命之說也。

星野恒：初足三陽腹、五月上鉉。內順外明、當養人之任、豈不元亨乎！

馬通伯：有長人之元德、神佑人歸故吉。虛中任賢致養、則元道亨於天下、鼎用乃全。鼎以成火之功。

楊樹達引：鼎、宗廟之器，主器奉宗廟者長子也。又三公承君、蓋由鼎有足。

劉次源：鼎取新、火化物質更也。元而吉亨、與乾應也。亨帝貴誠，聖賢佐天以燮陰陽。

李郁：鼎、除舊佈新，任重之卦。元吉猶大吉。柔得尊位故亨。

于省吾：毛奇齡爲二千年來論此卦者最爲允當。本象與鼎形無一處不符。

徐世大：鐘鳴鼎食喩貴族之盛饌。故譯貴族大吉亨通。

胡樸安：飲食亨帝養賢皆賴鼎。尚書五教惟食喪祭。敦信義、崇德報功。飲食大亨通也。

高亨：元大故曰元吉。亨、享字。古人享祀筮遇此卦故記之。

李鏡池：鼎、飲食器。卦因器涉及與飲食有關的事。

屈萬里：兪曲園曰象、當作養。甲文貞鼎無別、故有正義。傳象凝命謂嚴正其命。

傳隸樸：革故鼎新、未留政治罅隙。鼎法象具備。亨指政令大行。程子吉羨文、似不了解吉字所指。

金景芳：鼎、建設新的。建立新社會所以元亨。吉衍文我認爲對的。

徐志銳：鼎卦因畫形狀相像。大亨飪象、由生變熟。事天尙質、養聖賢貴多故大亨以養聖賢。

張立文：〔鼎、元吉、亨。〕譯：鼎、始即福祥，且又亨通。　鼎是祭祀的牲器，古人視爲寶。政權象徵。

䷱ 火風鼎　彖象皆說明木上有火爲烹飪。其用途爲　1.享上帝。　2.養聖賢。　結果是元亨。

荀鄭以二三四爻互乾金，木火外，三四五澤水爲烹飪象。作用是調和五味所以養人。興仁義教化。

再往後如朱震等之謂初足、二三四腹、五耳、上鉉。儼然以鼎象命說。用作與後世之釜鬵之屬同爲烹飪器。是在彖象巽木離火、乾金、澤水之後，更確定火風鼎之形狀。其用途則由享上帝、養聖賢、更擴充其義爲鼎足象三公、燮理陰陽、撫毓百姓。所謂鼎新法制。鼎在宗廟、主器奉宗廟者長子。（漢書五行志）從鼎之用、施于天下大亨。至天子以天下爲鼎。（口訣義）古帝王傳鼎不傳璽。不斷提昇鼎之象徵意義。思菴葉氏曰鼎猶後世璽。鼎已不單用作如鍋釜烹煮廚具之一矣！楊簡之謂：「學者斷不可索義亨飪之外。」姚配中案：「鼎不亨、此云亨、統謂釜鬵鑊屬、非指陳設之鼎。」至此鼎之安重有實、儀足法、才足用，量足容、不動而敬而信之物。（梁寅）不得不因煮器之簡化改良而讓位由鍋鬵釜鑊司烹煮、自爲重器、專作廟堂陳設寶器矣！定鼎中原、安撫四海。是其本義之延長也。

胡樸安謂尚書五教惟食喪祭。查尚書五教、與五品、五典同、是指父慈、子孝、兄友、弟恭、友信，所謂食喪祭、乃論語堯曰篇舜亦以命禹所言：「所重民食喪祭。」非專指五品、五典、五教言也。胡第以飲食重要言。然重視足食、孔子以民無信不立、似食又後於信矣。鼎可盛調和之五味、可供祭於廟堂、可享有官聖賢。至鼎足象三公、鼎新法制、鼎在宗廟奉器長子、傳鼎不傳璽。從實用之鍋鑊、提昇爲傳國信物、爲朝廷宗廟陳設寶器矣！鼎祚爲言國運、鼎革其詞爲改朝換代、鼎沸爲言亂也。鼎命、鼎湖、皆與皇帝有關。前者帝位、後者皇帝昇天駕崩。鼎以其實用、以其義之延長、以其重寶、擁有者大吉亨通還須證明？以其代表權力富貴也。得人得時得天也。彖之所稱元亨、自應眩吉字矣。程子、朱子謂吉羨衍文。楊簡謂亨則吉在其中矣。丁宴云：古易皆有吉字。丁壽昌考吉非衍文。馬通伯云：神佑人歸故吉。李郁曰：元吉猶大吉。高亨：元大故曰元吉。亨、享字。傅隸樸謂亨、指政令大行。程子似不了解吉字所指。從程子羨吉字言、鼎元亨、至高亨云大享、以亨爲享。徐志鋭即以大享飪象。大享即大量烹飪食物以享聖賢、以享上帝、祇從鼎之實用上言、故云鼎、元亨。程子羨吉字、其謂卦才可致元亨。以五中柔應剛。項安世以大烹為廣、多、大庇天下志也。是擁鼎人家不只獨享樂，亦以衆共享樂，與衆共享樂為志也。孟夫子之憂樂天下然而不王者、未之有也。是元吉亨者、讀為亨通、享、烹，皆是吉祥與焉，故有無吉字似無關乎擁鼎者卦辭之羨、衍吉字而吉在其中矣。

初六、鼎顛趾，利出否。得妾以其子，无咎。

象曰：鼎顛趾，未悖也。利出否，以從貴也。

荀爽：以陰承陽故未悖也。（集解）

鄭玄：顛，踣也。趾足。無事曰趾，陳設曰足。巽股，初股下足象。足承正鼎。初柔以否承乾，喻君夫人事君失正，踣其為足之道，情无怨則當以和義出之。嫁天子无出道。……側妾有順德，子必賢，賢立為世子，又何咎也！

王弼：陽實陰虛，鼎下實上虛，今陰在下是覆鼎也。鼎覆趾倒。否不善之物，取妾為室主亦顛趾義。處初將納新施顛以出穢。得妾以為子故无咎也。

孔穎達：趾，足也。初六鼎始，陰處下，下虛上實，鼎足倒矣！鼎之倒趾在寫出否穢物，故利出否也。妾若有賢子則母以子貴，以之繼室則得无咎。

李鼎祚引虞翻：趾，足也。應在四大壯，震為足、折入大過，顛也。初陰下故否，利出之四，兌妾，四變正成震，震長子繼世守宗廟為祭主，故得妾以其子、无咎矣！

張載：柔牽於上必有義，乃有鼎顛趾，必出否。妾從子貴，必以有子，乃不悖於義也。

程頤：六鼎下趾象。應四、趾向上顚、則覆其實，非順道也。初六本无才德，四近君求下輔上，六卑故妾，以其子致其主於无咎。六卑巽從陽象。

蘇軾：初六上應九四，顚趾之象也。聖人之於人，論其今不考其素，擇之太詳、求之太備、天下无完人、故得妾以其子、從子之爲貴，則其出於妾者可忘也。

張浚：有取新義，顚趾利在出否，得妾利在得子。鼎繼革後，必去穢而後可亨。初居三陽下爲顚趾，巽下爲妾，三陽在前爲子，陽有生物之德爲无咎。陽爲貴，應四從貴。

張根傳象：轉敗爲功之謂。

朱震：四下初，首下顚也。初往四成震爲足，顚趾也。乾君兌妾震子、妾不以正合、以有子故无咎。公羊妾以子貴，非也。以君臣言，得賤臣苟利社稷，不問其素可也。

鄭汝諧：鼎重寶不可顚！然有所革新，故必顚趾出否則美實可全，捨惡取善也。猶妾、子貴則母貴。捨賤取貴期合于義。初應四顚趾也，從貴也。初居下乃鼎之趾。

李衡引陸：趾當承鼎、顚覆悖也。妾不當貴以子貴是也。引介：顚趾變常而義，得妾詭正而道故无咎。可與權也。引陳：去穢取新，除不肖用賢，事顚於義无害。

楊萬里：鼎每覆每潔。初六猶濁鼎、傾寫滌蕩、惡盡珍膳來。湯代虐以寬。初在下故趾，六陰而虛故覆、巽長女居下故妾，六雖陰而初爲陽故爲子，陽剛光明象。

朱熹：鼎下趾象。應四則顚矣！舊有否惡因顚而出則利矣。得妾因得子亦由是也。蓋因敗爲功、因賤致貴也。其占无咎。

項安世：初本卦下爲趾，不正故初顚趾。初未有實則顚利出否。如人未有子則賤，妾可親爲其子貴。故无咎。明人有小累、有時可用。

趙彥肅：初以賤從貴、故爲出否。初无實，妾以賤從貴者也。然得主非貴有子、乃貴主，亦以有子爲得妾也。

楊簡：鼎初未亨飪也，則顚趾而出否焉。何害得妾？猶顚趾也，而以子焉從其貴也，何咎？天下事其權有如此類可以通也。初有鼎趾之象。

吳澄：初在下耦鼎趾象。四腹上口與初應、顚者上反居下、下居上。占洗濯傾其穢惡出否爲利。柔居下賤妾象、四妾子，應四因子貴以上達。以子達上非僭故无咎。

梁寅：顚趾非美，因顚傾出否惡則利。是因敗爲功也。如妾不足稱、有子則喜幸矣！因賤致貴也。占者有是事則无咎矣。初應四、鼎顚趾象。陰在下與陽應得妾以子象。

來知德：初居下尚未烹飪，正洗鼎時。占者得此、事跡雖若悖尊卑之序，于義則无咎。綜震足趾象。巽長女卑下妾象，震長子象，洗鼎出穢，欲生子買妾也。否污穢也。

王夫之：顚、覆也。倒持其足而傾之，否實積於內者也。初六卑柔致養上，盡出其積。捐私致養如妾賤佐主輔子，誰得以其卑屈而咎之！

毛奇齡：初足、巽股兩開如雙趾，大富四易爲初，倒而爲趾即顚趾。顚去其污。出否從貴。鼎烹飪器，二女所主，兌少女爲妾，得妾並以其子，得主事主器並得何咎！按鄭康成解此爻甚難解、王學行鄭廢、愛不忍釋、附此。

折中引熊良輔曰鼎未用傾仆則污穢不能留、以顚爲利。案：易例初居卑未能自達、有接上之嫌，應四無亨吉義。惟鼎義上養下、及其使人器之。就上自濯雖媒嬻如妾、因得廣嗣。盛世無棄才。觀易者知時義之爲要。

李光地：初有應、易例無吉者。以鼎養故占與他卦異。趾顚喻下上交。義雖失、然出穢免辱，猶爲妾雖非正、有嗣則以子貴矣。无咎之道也。

李塨：卦與革文似顚趾者。有似悖禮。祭先滌出濁物。初巽、倒即兌爲少女、爲妾。初至五大坎之子、得妾以其子象。（妾事飪、子主鼎）母以子貴與！（訂詁否賤新潔爲貴）

姚配中案：殷失養人之道，莫能守其重器。紂爲君，帝乙立之，使立微子則殷未可量也。文王蓋以此喻微子不得立，殷道終衰與！自注：利出妾之子以爲子。否閉也。

吳汝綸：顚趾得妾、朱子云因敗以爲功、因賤以爲貴。雖顚趾而尙未有實、利出否惡之積也。又顚趾未悖、出否從貴。

丁壽昌：釋文顚倒。否惡也。公羊隱元年子以母貴、母以子貴。注禮妾子立則母得爲夫人。程傳訓主未知何據？蘇蒿坪曰巽潔故出否。乾老夫畜下陰妾象。初變乾子象。

曹爲霖：思菴葉氏曰子房博浪、顚趾之象，天卒老其才以成大用者，是出否以得子也。古之君子料能而行，度德而處，故惟吝去於身而名成於世。

星野恒：顚倒其趾。柔下應九四、洗濯舊惡、以得新功。猶鼎傾出敗惡以取潔。下賴上除敗、上有資乎下而受益。四得裨益猶娶賤妾得繼嗣、上下相交、鼎初與四乎？

馬通伯：宋書升曰祭先一日、溉鼎去舊污以取新，故利出否。其昶案程傳得妾謂得其人。與鄭注合，妾子賢用爲嗣、无咎。鄭杲曰子爲君、妾母不得稱夫人、周禮也。昶案公羊所謂子以母貴常道。母以子貴權道。

劉次源：初卑下、趾之形。竭力支鼎，顚有因也，利出否受新、轉敗爲功。得妾不以妾輕也。以子貴未悖于理也。

李郁：初趾。否穢物。傾出故利出否。鼎新伊始、除穢事小，建國事大。曰妾言子謂小事。大事有賴聖賢。巽顚爲兌妾、二動成震爲子、初顚得剛故无咎。象：在下爲小。

徐世大：初爻似指下沈貴族。二段似指上升之齊民或士族。譯作倒轉了腳的鼎，宜出還是不要？兒子得了個小老婆、湊巧。

胡樸安：利用鼎顚、出其不善之物。非自顚，顚鼎以出否。不善之物出，在鼎者皆是善物而可貴矣。自改革後相得而生子，故无咎。如詩江有汜、嫡能悔過之類。

高亨：溉鼎傾除穢污——采毛奇齡說。出讀爲黜，否指奸惡之臣，人君貶黜奸惡似之。以猶與。有人娶妾、有其先夫之子從焉，筮遇此爻、終歸无咎。

李鏡池：顚趾：鼎足壞了倒翻。以：與。鼎折足是占象。腳是走路的、折足故占出門是否有利？後來得到別人的妻和子作奴隸、貴族商人通過貨幣債務剝削來的。

屈萬里：正義：寫出否穢之物也。以、與也。此妾蓋再嫁者，故與其子俱來。所得之妾，蓋俘獲或拾得也。詳見損上九注。顚，倒也。否、王注以爲不善之物。

傅隸樸：初爻在卦下、陰爻中虛像兩足分立。趾足代名。初陽位陰居、位置顚倒、倒鼎出穢物。盛新潔。亡國舊臣分賢愚，蜚廉惡來如穢物，尊箕子喻子賢、妾低賤因子貴。

金景芳：鼎倒過來，趾在上了。倒過來也有好處，裡邊破爛東西倒出來了。妾賤、得妾這個事、也是不好的，好處是母以子貴、有子也好嘛。傳象折中按說：「去污穢自濯潔清，媒鬻如妾、因得廣嗣荐身嬪御。盛世无棄才，而入士君子之路者，此也。」是有道理。

徐志銳：初足趾應四、足趾上鼎身覆是不利、壞事。因覆鼎口便洗刷、不利變爲利。好比妾因事抬高身價。鼎上養下、所謂盛世无棄才、位卑不見遺、壞事變好事，不利變有利。初柔居下不利、能應四得其養被其用也。

張立文：初六，鼎塡（顚）止（趾），利（出）不（否），得妾以其子，无咎。譯：初六，鼎倒過來，鼎足在上，利於出門？可獲得婢妾與其子，無災患。塡假顚、倒也。

林漢仕案：象以「鼎顚趾」爲一事。「利出否」又爲另一事。以顚趾言未悖也；利出否謂以從貴也。王弼以後、混爲一事矣！覆鼎寫出否穢物，所謂顚以出穢是也。鄭汝諧云：「鼎重寶、不可顚。」姚配中案：「殷失養人之道、莫能守其重器。」然爻辭明白指鼎顚趾矣！「不可顚」者顚矣！不能守其重器、國且亡矣！奈何象傳云「未悖也。」象是單挑「鼎顚趾。」爲「未悖也。」「利出否」爲「以從貴也。」設象傳者之認知爲是、則王弼以下傳經文爻辭者、皆謂顚趾利出否爲立說當爲非。是二千年來學者之共議、則象傳當順爻辭鼎顚趾者、利出否也，未悖也；得妾以其子、以從貴也。奈何象傳作者獨唱違衆若是矣！非是象之遺世獨立也，而是後之學者因王弼孔穎達之說遂舍象而取便說、積非成是矣！然則何爲其鼎顚趾也？鼎有函牛之鼎、有羊鼎、豕鼎。以牛鼎、豕鼎言、其大其重可以想象，此其一。又鼎之烹，言洗滌垢穢、傾倒出否細微瑣屑之烹飪前必經過程、似嫌費墨無益美味之所自出，總不能見人洗刷鍋子即令汝食指大動、涎唾直淌！此其二。以古人用筆簡潔言、鼎之洗滌擧火、用料、當省則省。然則鼎顚趾該如何賦予新義？顚者頂也，趾者止也。許書無趾字，以止爲足。段注趾或爲後出之古文、止爲古文。易經則兩錄，凡言止者有二十五六見、如險而止、巽而止、止而說、時止則止。皆就居處待息俟時之義。而言趾者亦有六見、如履校滅趾，壯于前趾、艮其趾、賁其趾、壯于趾、鼎顚趾。皆謂足趾也。鼎之顚趾，當非鼎趾之顚倒言。其謂鼎之用乎？函藏全牛、全豕、全羊之意。故鼎有函牛之鼎。視祭祀而用牲、而用鼎。今謂鼎函容全牲、由頭頂顚至足趾、烹全牛、全豕、全羊耶？

利出否。高亨讀出爲黜，否指奸惡之臣。出之言黜可也，否之謂奸惡之臣則有未必。旣言烹飪牛羊豕大牢小牢，當就烹飪事言、黜出其鼎中有不善者、廚師膳夫巧知安排也。或謂鼎以祀天地山川、以養聖賢百僚、以函牛豕羊之全鼎祭祀養賢、即得人神福祐、否極泰來也乎？故利出否、否極而出也，出否則泰來、何爲不利耶？象之言「未悖」即得著落。以全鼎之大牢（或小牢）祀神養賢、未悖於禮也，未悖於行也。利出否、以從貴也者。從鼎顚趾言、利黜斥其不善處、存其善者、如以養聖賢言：牛豬之全身善者不過數處耳，今人謂牛排、全牛之善處不過六客耳、此膳夫宰夫知之也。挑選其善即去其不善者也。以從貴亦有二義，⑴謂其善處全牛不過六客、此六客牛排時嫩、特鮮、故從貴。⑵以之享尊者聖賢，亦曰從貴。象之「以從貴也。」觀二千年來學者、多以附下句「得妾以其子」解「母以子貴」、或「子以母貴。」而象之句讀似「未悖也」，言鼎顚趾。「以從貴也」，言利出否。象傳作者雖亦衆傳易者之一耳、然其近易經爻辭之著成時代、故或較接近易之作者原意。故利出否、仍對鼎顚趾言、出否即從貴、挑取鼎中之精美可貴者以養聖善至貴之客。得妾以其子之義亦然。以有二義：⑴因也。母以子貴也。⑵與也。子以母貴。與、許也。故得妾許其子、子從母貴也。利出衆而超類拔萃乎？春秋弑君三十六、亡國五十二，漢武之母王夫人、曹操因倉舒岐嶷幾立、勢必立母氏環夫人。史書不絕如縷、古今及千年萬世不易改變之人類脆弱感情事也。著一无咎、則知強似廢申生、走重耳之晉獻公、因愛驪姬之託孤也。鼎之爲言富貴、傳鼎不傳璽、故初無位無時而許與擁鼎者之始境如是。今錄衆賢著述以供後賢排比、較其勝處、亦一樂也乎？

象曰：鼎顚趾，未悖也；利出否，以從貴也。

荀爽：陰承陽故未悖。

鄭玄：顚踣，趾足。足承正鼎。初柔承乾，喻君夫人事君失正，側妾有順德子必賢，立爲世子又何咎！

王弼：陰在下是覆鼎趾倒否不善物，取妾爲室主亦顚趾義。得妾以爲子故无咎也。

孔穎達：下虛上實、鼎足倒矣，寫出穢物故利出否。妾若有賢子則母以子貴、以之繼室則得无咎。

李引虞翻：初陰下故否，利出之四兌妾、四變正成震、長子繼世爲祭主，故得妾以其子、无咎矣。

張載：柔牽於上義乃可顚趾出否、妾必有子、貴乃不悖於義。

程頤：六趾應四、趾向上覆其實。六卑故妾卑巽從陽，以其子致其主於无咎。

蘇軾：聖人論其今不考其素、妾從子貴、出於妾可忘也。

張浚：顚趾利出否，得妾利得子。初巽妾、三陽子、應四從貴。

張根：轉敗爲功之謂。

朱震：四下初顚、初往四震爲足、顚趾也。公羊妾以子貴、非也。得賤臣利社稷、不問其素可也。

鄭汝諧：重寶不可顚，然必顚出否、捨惡從善。猶妾子貴則母貴。初應四顚趾從貴。初居下乃鼎之趾。

李衡引陸：趾承鼎、顚悖也。妾不當貴、以子貴是也。 引介：顚趾變常、得妾詭正、而義而道可權也。 引陳：除不肖用賢、事顚、於義无害。

楊萬里：初六濁鼎、傾寫滌蕩、每覆每潔。惡盡珍膳來。巽長女居下故妾、初爲陽故爲子。陽光明象。

朱熹：鼎下趾象，應四顚矣！否惡因顚則利。得妾因得子、因賤致貴、因敗爲功，其占无咎。

項安世：初不正故顚趾。初未有實則顚利出否。妾可親爲其子貴。明人有小累、有時可用。

趙彥肅：初以賤從貴故爲出否，妾以賤得主、非貴有子、乃貴主。

楊簡：鼎初未亨飪也，顚出否焉。何害得妾！以子焉從其貴也，何咎。天下事其權可通也。

吳澄：占洗濯傾穢出否爲利。柔賤妾、四妾子、應四因子貴上達、非僭故无咎。

梁寅：顚趾非美，出否則利；妾有子則喜幸矣！初陰在下與四陽應、得妾以子象。

來知德：初洗鼎、占得此雖若悖尊卑之序，義无咎。洗鼎出穢、欲生子買妾。否，污穢。

王夫子：顚覆，倒持其足而傾之。初卑致養上、盡出其積。如妾佐主輔子，誰得以其卑屈而咎之！

毛奇齡：巽股兩開始雙趾，顚去其污、鼎烹、二女所主，兌妾、得妾並其子、並得主事主器何咎！

折中：初有接上之嫌、雖媒鬻如妾、因得廣嗣。盛世無棄才、觀易者知時義之爲要。

李光地：趾顚喩不上交、義雖失、猶妾雖非正、有嗣則以子貴矣！无咎之道也。

李塨：與革反似顚趾、似悖禮。巽倒即兌少女妾、大坎子、（妾事飪、子主鼎），母以子貴與！（新潔爲貴）

姚配中：殷莫能守其重器，使立微子則殷未可量。利出妾之子以爲子。否、閉也。

吳汝綸：顚趾尙未有實、利出否積。顚趾未悖，出否從貴。

丁壽昌：公羊隱元年子以母貴、母以子貴。注妾子立則母爲夫人。蘇蒿坪曰乾老夫畜下陰、妾象。初變乾子象。

曹爲霖：思菴葉氏曰子房博浪、顚趾象。天卒老其才以成大用、是出否以得子也。吝去於身名成於世。

星野恒：洗渥舊惡、以得新功、四得裨益猶娶賤妾得繼嗣。上不相交、鼎初與四乎？

馬通伯：宋書升曰祭先一日溉鼎去污故利出否。案公羊：子以母貴常道、母以子貴權道。

劉次源：初卑下支鼎、顚利出否受新。以子貴未悖理也。

李郁：初趾否穢物，傾出鼎新伊始、初顚得剛故无咎。

徐世大：倒轉了腳的鼎、似指下沈貴族；兒子得了個小老婆，湊巧。

高亨：人君貶黜奸恩之臣似之。有人娶妾、有其先夫之子從焉。筮无咎。

李鏡池：鼎折足故占出門是否有利？、得到別人的妻和子作奴隸。貴族商人剝削來的。

屈萬里：以、與也。此妾再嫁、與子俱來。蓋俘獲或拾得。詳見損上九注。

傅隸樸：初陽位陰居、位置顚到、出穢盛潔。蜚廉惡來如穢物。妾低賤因子貴。

金景芳：鼎倒過來、爛東西倒出來了。得妾好處是母以子貴、有子也好嘛。

徐志銳：覆鼎口、便洗刷。好比妾因事抬高身價。初應四得其養、被其用也。

張立文：初六鼎倒過來、利出門？可獲得婢妾與其子。

聖人作易、設以妾賤因子貴而揚眉吐氣、申張其出身曰所謂「聖人論其今，不考其素。」似爲賤妾賤臣一朝翻身、青雲有路終須到、作一「因敗爲功」最佳美美之表揚，然則又何爲作賤女子、淪爲婢妾、爲男子三妻四妾樹立正當性之理路？寄爲人妾者一希望耶？聖人不能領導風俗，吾知其非聖人矣！謂六卑故妾、之四兌妾、初巽妾、柔賤妾、毛奇齡謂巽兌二女所主，得主事，主器何咎！李塨云妾事飪、子主鼎。是妾也者老夫畜下陰、宣洩用、烹任用、幸而孕娠又寄望其賢勝出衆子，居心複雜而賢妾子千百不得其一也。豈孔聖人因顏聖母徵在之爲老夫叔梁紇小、得繼統勝孟皮立說耶？　其子之說有：初變乾、子象。四變正成震長子爲祭主。（虞云）三陽子。（張浚）初爲陽故爲子。（楊萬里）四妾子。（吳澄）大坎子。（李塨）徐世大謂兒子得了個小老婆。高亨、屈萬里謂娶妾與子俱來。李鏡池云得到別人的妻和子作奴隸。不管如何翻，大男人主義根深蒂固、由來久矣！父權社會確立矣！鼎之函容全牲由頭頂至足趾、一鼎一味、未悖於禮，唯以出否從貴養賢爲利、即挑選全牲中之佳、之貴處用以奉聖賢、養聖賢爲利。其餘養百僚也。因從貴而獲聖賢輸至誠、一切事皆否極泰來之可期也。猶之一家室內妻妾全而有之、嫡長之貴一如衆子、賢則表而出之、子可因妾母貴、妾母亦可因子貴也。妾與衆子競相爲賢善而表出也。何咎之有？

高亨、李鏡池、屈萬里俱謂由妾帶來「拖油瓶」，望文「得妾」「以其子」而生義，是掠奪他人妻耶？抑挑人寡母爲己婦？鄭玄嫁天子无出道、王弼之取妾爲室主，是嫁是取合乎六禮耶則本有名分、非卑也。謂「立賢為世子」，破嫡長承統之制、知此時已醞釀成氣候、且為社會大衆接納也。

徐世大謂：「兒子得了個小老婆」。老父想爬灰耶？唐玄宗與楊貴妃故事不足為訓也。馬通伯引宋書升：「祭先一日溉鼎去污故利出否。」鼎每煮後其未洗滌耶？每煮畢、必每洗滌是慣例。祭先一日準備烹亨上帝百僚所謂煮前之滌、亦是慣例、似毋須為慣例、常識而特書也。易家之極富想象力、讀易者從中不止可吸取豐美詞章文句、亦可從曲折委婉中、見其巧妙安排與卦爻辭接合詮釋、言之順理、然可服女口耶？如來知德之「欲生子買妾。」王夫之「如妾佐主輔子。」丁壽昌引蘇蒿坪：「老夫畜妾象。」徐世大之「兒子得了個小老婆。」高亨、屈萬里之娶妾與子俱來。李鏡池之得到別人妻和子作奴隸。至張根「轉敗為功」，朱子「因敗為功」。其謂鹹魚翻身、賤妾也有出頭天也乎？馬通伯引鄭杲云：「子為君、妾母不得稱夫人，周禮也。」自案「母以子貴、權道。」亦天下之通義也乎？人情言亦天下之通義也。丁壽昌引公羊隱公元年子以母貴，母以子貴、注、禮妾子之立則母得為夫人。

九二、鼎有實、我仇有疾。不我能即，吉。

象曰：鼎有實，慎所之也。我仇有疾，終无尤也。

鄭玄：怨耦曰仇。（釋文）

王弼：陽實處鼎中，不可傷加益之，溢反傷實。我仇謂九也。困於乘剛之疾，不能就我，則我不溢得全其吉也。

孔穎達：實謂陽，仇是匹，即就。九二陽質居鼎中，故鼎有實，復加則溢傷實，五我仇匹應我，困於乘剛不能就我，則我不溢，全其吉也。故曰我仇有疾不我能即吉。

李鼎祚引虞翻：二爲實，坤爲我，謂四也。二據四婦故相與仇，謂三變時四體坎，坎爲疾，故我仇有疾。四之二歷險，二動得正，故不我能即吉。

張載：陽居中有實，與物則喪多，故所之不可不愼。仇謂三，三爲革塞爲患，使其有疾則美實可保而吉可致。然四亦惡三，三常懼焉，是有疾而无尤也。

程頤：二剛實有濟才，從五則得正可亨！仇、對也，謂初，相從則非正而害義，是以有疾。二當自正。　傳象：二不暱初而上從六五之正應，乃是愼所之也。

蘇軾：九二始有實者，仇六五也、所謂耳。仇有疾不能即我，畏九四也。始有實以不食爲吉，惡其未足而輕用之也，故曰鼎有實，愼所之也。

張浚：陽爲實，剛中履正曰有實。怨耦曰仇，指四。四折足爲疾、四近臣亢滿不正，蔽二陽之進、我仇也。二懼四即之故獲吉，以其心之應五也。人臣應正，何尤之有！

張根：待時之謂。

朱震：陽爲實，二之五鼎有實。四怨耦曰仇、二四匹敵也。二比初，四比五、失應相與爲仇。九居四失位、仇有疾、不能之初則不能即我、二之五得實而吉、終无尤也。四兌爲口、尤之者，二往兌毀故終无尤也。

鄭汝諧：初足陰、中三爻腹陽、五耳、上鉉。二剛中乃實之美者、應五宜見食。三四間之而未合、仇有疾也。五仇對也。君子義不苟合，彼不我即，我得其所以自全者故吉也。我謹理之正，久必合，是終无尤焉。

李衡引子：剛以中應而承其實，任重者也。四近權惡我，敵我，四之覆餗正无幾矣。豈暇謀我、獲其終吉。　引何：居中應，有實者。三无應疾之我仇也、應不我就正吉。

楊萬里：非重鼎、重夫鼎中實。可薦上帝、聖賢、飽天下。三剛才、五離明主、三四同德之助，此鼎實。初六吾仇、有疾我之心，九二剛才實德不動志、故吉終无悔尤。

朱熹：剛居中實象。我仇謂初、陰陽相求非正則相陷。二能剛中自守則初雖近不能以就之。占爲如是則吉也。

項安世：九二剛居中有實矣，當謹其所之不可妄動，初雖我比成偶、然其人有顛趾之疾不可近。二能守實從黃耳之正應、則可免覆實之尤矣！實指鼎中餗也。在腹爲實。

趙彥肅：五不應、二不覆。始有實者或亨飪未熟，或調和未宜，故未取上出爲用。

楊簡：九奇畫在中、鼎有實也。事君不可二、鼎中有實不可遷動。仇有疾不我能疾則吉，彼有疾而自不至則無尤也。

吳澄：鼎有實在中謂牲，我謂六五卦主，仇言五應二匹配，以有疾不我能即。二不召之臣、五忘勢重賢得其道矣。占二不枉己、五能下賢所以吉。

梁寅：陽剛中實、鼎有實者也。二本與五應又近初、舍初爲仇矣！有疾謂初顛趾。二守中正不比初、初有疾不能從二，猶君子遠子人、小人亦无以親比君子之吉也。

來知德：陽實、仇匹、指初。陰柔之疾。即就。九二剛中、比初而不輕所與。初雖有疾、不我能即而浼我實德之象。占者如此則剛中之德不虧，其吉可知矣。

王夫之：二剛中六五應之，五擇賢輸誠享之，鼎有實也。怨耦曰仇。四二同類、四比五與二相拒，折足致凶則爲有疾而不能就我以爭、二可安受五實故吉。

毛奇齡：二當鼎下腹、陽爻中實。五我匹也。今居離中伏坎病、其心有疾、焉能我即哉？鼎失主飪、終無尤兮、此亦以家人之象而反對及之。

折中案：疾、妒害。所謂入朝見疾是也。小人託親愛以伺隙，故必不惡而嚴、使不我能即而後無隙可乘。九二剛中自守而取此象。不必定指一爻爲我仇也。

李光地：三陽鼎腹象。九二剛中、鼎實。仇猶匹。有實應上、其匹疾惡之，惟能愼正自守、使疾我者無因可干、無隙可乘、則可保所有而待時用矣、故吉。

李塨：二當鼎下腹而得陽爻則有實，其何之？五、二之所之、我也仇類同爲陽、同腹位、如行塞九三、覆餗九四未免嫉妒，然不能即我之身而害之，故吉而无尤。

姚配中案：二陰位陽居故有實。案象傳：二之五得位故愼所之成既濟，故終无尤。案虞注：二據四應三化時，二升五、四降初不及。故不我能即。

吳汝綸：二陽處鼎中故有實。仇、匹也。五也。有實不可復益，故以不我即爲吉。　又鼎有實、愼所之者、不往求益也。

丁壽昌：仇古通逑。詩君子好述、傳匹也。二五正應故仇。五乘剛不應故我逑有疾。程傳仇爲初，本義相陷于惡爲仇。非古人仇字義。蘇蒿坪變艮止不我能即。二變互坎疾象。

曹爲霖：以剛居中爲鼎有實象。我仇有疾謂小人之於君子、慇懃結納、不過爲籠絡計，原非好意也。不我能即如史彌遠籠絡力請、薛敬軒受爵公朝不拜恩私室、可謂愼所之矣。

星野恆：仇、偶也。指初六言。此爻陽剛中實與五應，往從則才不負委任。然密比初六、不能來就乃其所爲疾。從五則效鼎實之用。比初不能無尤、幸不能就我而得保其吉。

馬通伯：何楷曰疾即初所謂否。其祀案自此鼎目彼鼎曰我仇。蓋鼎實旣充、得所用、遠穢污。愼所之謂二不可變、正應在五、非初所能累。薰蕕不同器。士不可昧潔身。

劉次源：二陽有實奉五、四比五仇我、欲擅寵而惑蠱。幸有折足之疾不我能阻也。仇自有疾可无恙也。

李郁：陽實、仇匹。二五應故匹。我指九二、仇指六五。五未正、其心未安故有疾。二作實鼎、六五不能與之易位故不我即。鼎有實乃足以亨上帝亨聖賢故吉。

徐世大：鼎裡充滿東西，仇人病不起，走不近我這兒，快活。二爻似指團結之貴族，故云鼎有實。疾可訓爲嫉忌。人雖嫉視而無如何也。疾訓病、義亦通。

胡樸安：鼎中有亨飪物也。仇、匹也。詩君子好仇之仇。即、就。亨餁時我仇有疾，我因鼎有實、不能就而視之。不我能、我不能也。雖不能就而和諧有加。故終无尤。

高亨：我仇猶言我妻。蓋有人陳鼎、方將食而妻病不能就食，筮遇此爻，終歸於吉，故記之。

李鏡池：貴族說：鼎有食物、妻病不能一起吃。于是筮占得吉兆，表明病可望痊癒。　實：內容、食物。　仇：妻。即：字象兩人對食。

屈萬里：不可能即。即、就也。傳象：所之所往也。終无尤也，終疑應作中。

傅隸樸：二鼎腹爲陽實滿。仇音求、配耦。六五爲九二正配。五乘九四剛、乘陽是疾。五來、鼎實將外溢，今仇有疾不能來、這豈不是吉事嗎？

金景芳：九陽實居中、鼎中有實象。仇、配。逑仇一樣是匹配。二仇是初相比。程傳「仇對、陰陽相對謂初。相從害義是有疾。二當正自守則不正不能就之矣。所以吉也。」這樣講還是好的。

徐志銳：初足二腹，初經刷洗便塡肉于腹，陽實應五比初、應往比來。二只能往上不可比初。陽爲柔所累曰疾。仇敵對立又可匹敵統一、指初六。二與初可匹配但受牽累。二只有往上應五才能發揮作用。比初則埋沒豈能得吉！

張立文：九二，鼎有實，我栽（仇）有疾，不我能節（即），吉。　譯：九二鼎中裝了食物，我的仇人得了疾病，不能來吃我的食物，吉祥。栽疑爲仇異體字。集韻仇或作栽。左桓二年嘉耦曰妃、怨耦曰仇。　節假爲即。

林漢仕案：阿姆斯壯等未登上月球之前、月亮上無處不是寶、是鑽石、是吳剛伐樹、是嫦娥偷靈藥奔向夢中仙境。月兒遙不可及、故世人多存而不論、論而不必實而實有存焉。蓋明皇鵲橋已渺、無人證可堪仲裁也。即夢斷於阿姆斯壯大空之旅、人們反倒不能平靜視彼晶瑩剔透大玉盤爲黃沙岩石，一如你我所居主之陸地！是眞所謂眞相無奇耶？抑帶點夢幻浪漫之思有益其神祕可親？觀乎鼎卦、二千年衆賢接力傳承鑽研、浪漫之思、實有益於寄其理想社會境界之塑造也。何樂而不競相傳播？

鼎之造、蓋由先覺者之熟食而更精進、食數人至百千人。分等聚歛、賢愚不肖與焉、故能領一時代之風騷、福人福己、擁鼎者之所以元吉而亨也。其所以元吉而亨、分六時段記述其過程：　初之鼎顚趾、非謂三趾朝天、顚倒趾上口下之所謂滌鼎、乃以函牛、函羊、豚、從頭頂至足趾皆納入鼎中之烹飪也。父權社會確立。一鼎一味、祭神與享賢皆利出否、皆與事理順而无絲毫抵牾悖逆。「得妾以其子」，妾之本有、或至三數、若以權貴者多至數十、所謂二十七世婦，八十一御妻。妾之本所有，而以其子能賢、以、惟也，是也。惟其子賢、是其子賢而得妾。得者德也。德妾、妾德，則表而出之矣。猶是臣賢、函牛之鼎中、利挑精選肥甘以養之。出否則以精肥者享所謂賢臣，所謂出否以從貴也。得精肥之奉。故聖賢樂輸精神供女驅馳，妾子與妾德女而益聖益賢也。九二時段所稱鼎有實，即初之顚趾出否之餘、函牛函豚之百分九十九與焉存者。我仇即我逑、怨耦也。初爻所以德妾故是其子，子以母貴也。后妃之不怨者幾希？怨則不我親矣！故稱疾拒參加女以鼎俎祀天宴賢與百僚之會。我仇，不即我，應以九二時段言。因德妾而德其子、而原配不諒解、擁鼎者鬧家庭革命矣夫？原配及其所出不能即我、親我、似家庭風暴沙塵已現、與而著一「吉」

字者，明權力即一切也，鬼神莫可奈何矣！我，即九二時段之我。學者之見則人言人殊、茲輯而比較之以見其一斑也：

王弼：我仇謂九　。孔穎達：仇是匹、五我仇匹應我。李引虞翻謂坤爲我、四也。四體坎爲疾。張載：仇謂三、三革塞爲患、四惡三。程頤：仇、對也，謂初。非正害義、是以有疾。蘇軾：仇、六五也。畏九四、不能即我。張浚：怨耦曰仇，指四、四折足爲疾。朱震：四怨耦曰仇。二四匹敵也。失應相與爲仇。仇有疾不能之初即我。鄭汝諧：五仇對也。三四間之未合、仇有疾也。李衡引子：四惡我、敵我。引何：三无應疾之、我仇也。楊萬里：初六五仇、有疾我之心。朱熹：我仇謂四、陰陽相求非正則相陷。項安世：初雖我比成偶、然其人有顚趾之疾、不可近。趙彥肅：亨飪未熟、五不應，二不覆、故未取上出爲用。楊簡：彼有疾而自不至則無尤也。吳澄：我謂六五卦主、仇言五應二匹配。占二不枉己，五能下賢所以言。梁寅：二應五又近初。舍初爲仇矣。有疾謂初顚趾不能從二。來知德：仇匹、指初。初有疾不能浼我實德之家。王夫之：怨耦曰仇。四折足不能就我以爭。毛奇齡：五我匹也。伏坎病、心疾、焉能我即哉！折中：不必定指一爻爲我仇也。疾、妒害。不能我即而後無隙可乘。所謂入朝見疾是也。李光地：仇猶匹。有實應上、其匹疾惡之。能正自守、疾我者無因可干。李塨：　我之仇類同爲陽、如行塞、覆餗、未免嫉妒、然不能即我之身而害之。姚配中：二陰位陽居故有實。吳汝綸：仇、匹也，五也。有實不可復益故不我即爲吉。丁壽昌：仇逑、詩好逑、傳匹也。二五正應故仇。五乘剛不應故我逑有疾。程傳仇初、本義相陷爲仇、非古人仇字義。曹爲霖：小人慇懃非好意、不我能即、可謂愼所之矣。星野恒：仇偶指初。密比初六，不能來就乃其所爲疾、幸不能就我得保吉。馬通伯：何楷曰疾即初所謂否。案自此鼎目彼鼎曰我仇。非初所能累。劉次源：二奉五、四比五仇我，幸折足、仇自疾可无患。李郁：二五應故匹、我指九二、仇六五。二未正，其心未安故有疾。不能與之易位故不我即。徐世大：仇人病不起、走不近我這兒、快活。疾可訓爲嫉忌、訓病亦通。胡樸安：仇、匹也。亨飪時我仇有疾、我不能即就而視之、和諧有加。高亨：仇猶言妻、妻病不能就食、筮吉，故記之。李鏡池：妻病不能一起吃。筮古吉兆、病可望痊癒。即、象兩人對食。屈萬里：即、就。終无尤、終、疑應作中。傅隸樸：仇音求、配耦。六五爲九二正配。五乘陽是疾。五來、鼎實將外溢不來、豈不是吉事嗎？金景芳：仇、匹配。二仇是初相比。程傳仇對謂初、相從害義、是有疾。徐志銳：陽實應五比初、仇敵對立、又可匹配統一。比初則埋沒，豈能得吉。張立文：我的仇人得了疾病、不能來吃我的食物。救疑仇異體字。

按集韻仇或作救。仇義有：讐也，讎也，惡也。怨耦曰仇。合也。逑同也、相求之匹。救正也。

九二時段、鼎中有實。初函牛羊豬之各鼎、經烹飪選揀肥精以從貴矣。九二爻辭稱我、當指鼎之屬所有權人自述。我、九二也。九二正有寡人之疾、我九二不能親即以慰勞百僚群臣、共啖鼎實、無害也。我指九二。然自古賢哲因一仇字、我仇、指：

九五、仇、匹也。（王弼、孔穎達），蘇軾、鄭汝諧

坤爲我、四也。體坎爲疾。（虞翻）

仇謂三、四惡三。（張載）

仇、對也，謂初。（程頤、來知德仇匹，指初）

怨耦曰仇，指四、四折足爲疾。（張浚。朱震以二四匹敵、失應相與爲仇。李衡引子謂四惡我敵我。朱熹亦謂我仇九四、陰陽相求非正之疾。）

我謂五、卦主。仇言五應二匹配。（吳澄）

二應五又近初、舍初爲仇矣。（梁寅）

以上仇指初、指三、指四、指五、皆言之鑿鑿也。皆易學大家也。何去何從乎？周易折中李光地謂：「不必定指一爻爲我仇。」而自著周易通論又回歸爭點「仇猶匹、有實應上、其匹疾惡之。」蓋謂二應五、五惡二也。二能自守以正、五之疾我、無因可干也。李塨以後、能者另闢蹊逕、不能者則墨守承先可也、如：李塨我仇類、同爲陽。不能即我身而害之。

吳汝綸：仇五、二有實不可益，故不我即爲吉。

丁壽昌：五乘剛、不應，故我逑有疾。並責程朱仇、非古人義。

曹爲霖：小人慇懃非好意、不我能即、可謂愼所之矣。

馬通伯：自此鼎目彼鼎曰我仇。

劉次源：四比五仇我、幸折足可无患。

李郁：我指九二、仇六五、二未正、心未安故有疾。

徐世大：仇人病不起、快活。疾訓嫉忌、病。

胡樸安：我仇有疾、我不能就視。和諧有加。

高亨：仇、妻病不能就食。李鏡池謂筮吉、病可痊癒。即，兩人對食。

屈萬里：終、疑應作中。

傅隸樸：六五爲九二正配。五乘陽是疾。五不來、吉。

金景芳：二仇是與初相比。程傳相從害義是有疾。好。

如來之大掌、隨汝能而大、眞可謂無外矣乎。不聞至小無內、芥子藏須彌乎！仇、即依張立文本作「我栽有疾、栽疑仇異體字、集韻仇、或作栽。而栽、正也。則九二之鼎有實、我正有疾、我不能親即席共食、無妨也。蓋得衆卿百僚之諒解乎？卜著一吉字，謂相得乎？如是解則仇之義，不必強指匹配、逑耦、仇敵、怨耦。而濫指初六、九三、九四、六五之中找渣也。雖不能彌六合、平衆說、捲可藏於密矣夫！是九二時段之處境也。

九三、鼎耳革、其行塞。雉膏不食，方雨虧悔，終吉。

象曰：鼎耳革，失其義也。

鄭玄：雉膏，食之美者。（釋文）

陸績：九三成鼎之德。（京氏易傳注）

王弼：鼎虛中待物者，三陽守實无應、无所納受，宜空待鉉，反全其實塞。雖有雉膏不能食，若不全任剛亢，務在和通，方雨則悔虧，終則吉也。

孔穎達：鼎下實上虛，空以待物，鼎耳亦宜空以待鉉，今九三處實則塞矣。上九不應无所納，有其器无所用故不食。而陰陽交和，若不任剛亢，務在和通則悔虧終獲吉矣！

李鼎祚引虞翻：動成兩坎，坎爲耳。革在乾故鼎耳革。初四變，震行，鼎耳，震折入乾故行塞。離雉坎膏，三動體頤，離不見故雉膏不食。坤方坎雨，三動虧乾失位悔，復正故方雨虧悔終吉。

張載：耳革行塞，處二陽間，上下俱實，上下革塞。雖有美實、不見取。若使二應五，四應初則悔可虧，故曰方雨虧悔。不固塞則吉可召。九四之革其行不得上通，此鼎耳之失義也。

程頤：鼎耳六五也。三剛而能巽，足以濟，然正而非中，與五不合，其行塞，不得其任，膏象祿位，雉指五，有文明之德、方將雨言五三方將和合，終當獲吉也。三懷才不偶，故有不足之悔。雖不中，巽體故无過。

蘇軾：耳、上九也。鼎熟物以腹不以耳。熟物謂革，耳受炎不足以革、失其義也。九三實可食、其行廢、故有雉膏不食。六五得陰欲行而陽留、悔大矣。終吉陰陽之和玉鉉之功也。

張浚：四阻道爲耳革，乾金離火乘之爲革，獲應後吉。方雨言遇上吉也。忠德未獲信于上曰雉膏不食。小人扼君子進，謂舉鼎耳革鉉而行塞。是以古之君子貴夫汲引之助也。

張根：過剛不中故有耳革象。耳革故行塞，雖雉膏溢不能救。方雨溢象、與覆異矣，故曰虧，己悔則有存焉故終吉也。

朱震：三動坎爲耳，應上九鉉，耳虛受鉉則舉鼎而行。上之三不受是耳距鉉、行鼎者塞絕。離雉澤膏，兌口上不食、三自守不食、上感而動，水上澤流悔虧矣。始不正而正、終吉也。

李衡引石：雉膏八珍之數。三上无應，如雉膏不食。然在巽卦體猶屬陰，若與上九和通，不務剛亢，即是雨象。如此乃能虧除其悔而終獲吉。

楊萬里：三陽鼎實、九三實之中故謂雉膏。五鼎耳明君、不食九三雉膏者、爲九四所間塞。革言改，行塞則鼎不行、失君臣之義。四悟如雨下、則潤澤逢吉、豈終不食哉！

朱熹：陽居本美實、然過剛失中、居下極應上爲變革之時，爲鼎耳方革，不可舉移、雉膏不得爲人食。得正苟能自守則陰陽將和而失其悔矣！

項安世：三居下卦之上故爲耳。以剛自塞則耳道革，有賢不能用，雖有玉鉉而行不通，有雉膏不得爲食。三動坎雨與上應，雖有自虧之悔，終有得應之吉。上卦離爲雉。

趙彥肅：五應二者革而從上，上不援三則三之行塞，雖有美食不見食矣。五上方和、於三虧悔終吉者，六終有變也。

楊簡：三下卦之上耳象。革者失耳義。其行固塞不通、故雖有雉膏之美不見食焉。不虛中而受鉉、固塞者。不應上九有不食象。方雨今未雨，有遇之理，但有不足之悔爾。

吳澄：兌三柔易五爲鼎耳，今變革三故鼎耳革，震大塗，四陽塞其前故行塞。占居互兌口下故不食，剛變成坎爲雨，方、將也。陰虛爲虧、三變柔爲虧、改悔其舊故終吉。

梁寅：三才剛正、巽極與五非應、是未用者。五鼎變革不能舉。四應下陰反隔絕三進、此其行塞也。雉膏美祿也，三未食其祿。以五聰明非四能隔，三終進用陰陽和成雨，悔虧亡終得吉也。

來知德：三變坎爲耳，革變也。行塞者不能行也。離雉坎膏。雨水虧損。三陽居鼎腹有美實、烹太過故不食象。然剛得正，故有方雨虧悔象。占者始不利終則吉也。

王夫之：三得位剛正、爲進爻，固有進受享之意。乃以卦變言、柔自四進居五、五烹雉、三不得與。剛正道塞。但三上應伸三之直、悔可虧、終獲其吉。陰陽和、上剛居柔故方雨。

毛奇齡：凡鼎既實則鉉貫耳、扛食前，所謂扃鼎是也。未實撤鉉脫耳謂耳革。鼎以耳行、耳革則行塞。上離雉、三互兌不及口不能食。坎雨、缺塞能變未盡失故終吉也。

折中引易氏祓曰：三鼎腹有實。惟上無應、塞不行。君子處心不計通塞，其終也陰陽和雨兆。虧始終吉也。　引胡炳文：三下未爲時用，然五明主，終當有相遇之吉。

李光地：三居三陽之中、實之美者。然鼎以耳移、無應、有鼎革行塞象。雉膏之美不爲人食固可悔、然賢人得養、如爲雨澤下施、悔終虧失、所以得吉也。

李塨：三至五大坎爲耳，三正居坎中充連通者不通，鼎耳改矣。耳虛貫鉉、今塞則行亦塞，雖有上離之雉膏，焉得食哉！幸大坎將雨、陰陽和、革復塞通、悔變終吉矣。

姚配中案虞注引五行志師古曰鼎非舉耳不得行。又案革謂化。三得位不可化。兩坎皆在下、耳不可扛。動失位、兌口不見故不食。引潛夫論：「不嗜食且疾，不嗜賢將亂。」三五互坎成既濟故方雨虧悔終吉。

吳汝綸：三與五相對爲兩耳。鼎以耳行。革讀棘、稜廉也，以剛爲耳，稜廉不受鉉故行塞。悔晦，虧讀爲恑、變也。方雨變悔、終必見食故終吉。又失其受鉉之宜也。

丁壽昌：三五俱可稱耳。吳草廬曰三四五互兌口、三口下故不食。蘇蒿坪：中爻互革亦有耳革象、巽不果故行塞。

曹爲霖：劉青田初仕元、有功、爲權奸沮廢，此行塞而雉膏不食者。後青田聞太祖聘即赴，君契合，比之留侯、遂成一統之功。則方雨虧悔之終吉者也。

星野恒：鼎耳五象、雉膏謂恩澤、虧少其悔。三有才淪於下僚、伏于草莽、與革異、故鼎耳革、行塞不能亨通。然五有聰明之德、求賢必膺其器遇而少悔而吉也。

馬通伯：胡一桂曰三動爲坎雨。李椿年曰雉膏不食、離明在上无應象。孫奇逢曰獨三上无知遇故耳革行塞象。其昶案雉膏不食是荒年減膳時也。亢龍不雨自虧損自悔咎也。

劉次源：上欲越五養三、五爲阻革也。五爲耳、雉膏離出。上養士、三弗得與、命之塞也。

變坎雨則陰陽和、疑忌釋，三道可伸、故悔虧而終吉也。

李郁：鼎有耳不可舉是失能行之義。三重剛積重不易舉故行塞。耳失用故革。過乾不可食。化柔成坎雨，是調和燮理，過盈則虧之，過塞則通之。化柔失位亦終吉也。

徐世大：三爻似指傾軋之貴族。鼎削耳行不便，行塞迴旋無地，不食則失鼎用，方雨指緩急難恃，有恆心尚可得吉。懊悔來得及。

胡樸安：鼎耳空處變更而實塞也。亨飪而耳塞爲不宜。象故曰失其義。因耳塞不能貫鉉自火上移、不能食也。　亨飪時有雨滅火，悔恨雉膏爲雨浸。終吉、猶可食也。

高亨：按鼎耳革者，鼎之耳脫去也。革、獸毛脫去。鼎耳脫則不能行故行塞。膏、肥肉、虧損。適值天雨、耳損膏亦虧、可謂悔矣！然耳可修、膏可調是爲終吉。

李鏡池：鼎耳壞了。這是象占。是否意味打獵有阻礙？天正要下雨，倒雷，不能打獵，家裡的野味不要吃光、得留著。終吉、終于度過雨天、吃完、天就晴了。

屈萬里：革、雜卦傳「去故也。」謂鼎耳既無、其路又塞，莫得進食，又值雨日，故雉膏虧壞，雖有悔而終吉也。其行塞。行、路也。道也。　傳象失其義，言失其作用。

傅隸樸：單卦言三是鼎耳、不虛不中、不能扛動到食案前，雖烹雉膏也食不到。三陽居陽性猛燥急、惟有雨水熄滅燥性、悔可虧缺、故終吉。無鼎耳不能行動故行塞。

金景芳：程傳六五是耳。但是五三不相應所以鼎耳革、其行塞。五三沒關係、因行塞有好東西不能吃。　方雨虧悔之後嘛、還是有相遇之吉的。胡炳文說始雖有不遇之悔，終當有相遇之吉。胡氏解挺好。

徐志鋭：三剛有實者、應爻相敵如鼎蓋、肥美取不出來食用。只有應五才能得其所養被其所用。而三應上搞錯投靠對象、有失鼎卦卦時卦義故言失其義。九三懷才不遇者。

張立文：九三，鼎耳勒（革），其行塞，雉膏不食，方雨（虧悔，終吉。）　譯：九三鼎耳脫落，不能貫鉉舉鼎移之食處，雖有美味的野雞肉也不吃。天正下雨，虧毀美味，則有悔，結果卻吉祥。　勒假爲革。

林漢仕案：鄭汝諧謂初足陰，中三爻腹陽，五耳，上鉉。今九三言鼎耳革，耳位宜先界定、其作用又爲何？則因革而塞、而不食、因果關係自明也。

王弼、孔穎達以三陽守實无應、宜空待鉉、實則塞矣。似謂九三爲耳。

李引虞翻：坎爲耳。三動成兩坎。革在乾故鼎耳革。

張載：處二陽間、上下俱實、上下革塞。此鼎耳失義也。

程頤：鼎耳六五也。三正而非中、與五不合、行塞不得其任、懷才不偶。

蘇軾：耳、上九也。熟物以腹不以耳、耳炎不足革、失其義也。九三行廢故不食。

張浚：四阻道爲耳革。乾金離火乘之爲革。

張根：過剛不中故有耳革象。

朱震：三動、坎爲耳。上九鉉之三不變是耳鉅鉉。

楊萬里：五鼎耳明君、爲九四間塞、不食三雉膏。革言改。行塞、鼎不行。

朱熹：過剛失中、極應上爲變革、爲鼎耳方革。不可移。

項安世：三居下卦之上故爲耳。以剛自塞、有賢不能用。

趙彥肅：上不授三則三之行塞。雖有美食不見食矣。

楊簡：三下卦之上、耳象。革失耳義。行塞不通。

吳澄：兌三柔易五爲鼎耳、今變革三故鼎耳革。四陽塞其前故行塞。

梁寅：三才剛正、五變革不能舉、是未用者。四應下隔絕三進、此其行塞。

來知德：三變坎爲耳。革變也。行塞不能行也。

王夫之：三得位剛正道塞。五烹雉、三不得與。

毛奇齡：鉉貫耳、扛食前、扃鼎也。未實撤鉉、脫耳謂耳革、耳革則行塞。

折中引：三腹有實、上無應、塞不行。下未爲時用。

李光地：三實之美者、鼎以耳行、無應行塞象。

李塨：三至五大坎爲耳。三正居坎中充連通者不通，塞則行亦塞。

姚配中：師古曰鼎非耳不得行。革謂化。三不可化。兩坎在下、耳不可扛、兌口不見故不食。

吳汝綸：三與五相對爲兩耳。鼎以耳行。革棘稜廉也。以剛爲耳，稜廉不受鉉故行塞。

丁壽昌：三五俱可稱耳。蘇蒿坪：中爻互革有耳革象。

曹爲霖：劉青田仕元行塞、明太祖比之留侯。

星野恒：鼎耳五象。雉膏、恩澤。三有才淪下僚、與革異、故鼎耳革、行塞不通。

馬通伯引孫奇逢曰獨三上无知遇故耳革行塞象。其昶案：不食是荒年減膳時。亢龍不雨自虧損自悔咎也。

劉次源：上欲越五養三、五阻革。五耳。三命之塞也。

李郁：有耳不可舉是失行。三重剛不易舉故行塞。耳失用故革。

徐世大：三爻似指傾軋貴族。削耳行不便、迴旋無地。不食則失鼎用。方雨指緩急難恃。懊悔來得及。

胡樸安：亨飪耳塞為不宜。因不能貫鉉自火上移，不能食也。

高亨：鼎耳脫去也。脫則不能行故行塞。然耳可修。

李鏡池：鼎耳壞了，是否意味打獵有阻礙。這是象占。

屈萬里：革、去故也。鼎耳無、路又塞、莫得進食。行、路也，道也。傳象失義、失其作用。

傅隸樸：單卦言三是鼎耳。無鼎耳不能行動扛到食前故行塞。

金景芳：程傳五耳、三五不應所以鼎耳革，其行塞。

徐志鋭：三應上搞錯投靠對象，只有應五才能被用。應爻相敵如鼎蓋、肥美取不出來食。九三懷才不遇。

張立文：九三鼎耳脫落、不能貫鉉舉鼎移之食處。天下雨、虧毀美味。 勒假為革。

「鼎耳革」。孰是耳也？九三爲耳？三動成兩坎，坎爲耳。（虞翻）程子謂六五爲鼎耳。蘇軾指上九爲耳。張浚以四阻道爲耳革。張載、張根、朱震、項安世、楊簡諸大家、同王弼以九三爲鼎耳。吳澄亦以九三爲耳，或有憾於前賢耳鼎三理有未足，故謂「兌三柔易五爲鼎耳、今變革三故鼎耳革。四陽塞前故行塞。」準吳澄之說若三五易則成天水訟，此其一、吳原亦以五爲耳，易則五下爲三故三兌柔爲耳。故謂今變革三故鼎耳革。此其二。事實火風才是鼎、三並未變。吳澄之說繞一大圈仍不出九三當變未變之事也，欲圓前賢之九三耳似嫌牽強。其後來知德以三變坎爲耳、李塨三至五大坎爲耳。姚配中則以「三不可化、兩坎在下、耳不可扛。」按李塨「三至五大坎」、實則初至五才是大坎、三至五兌上缺也。三變五不變、是姚配中所謂「兩坎在下」。下坎耳不可扛、上坎爲何不可扛？又謂兌口不見、則五已化成乾矣、祇存初二三下坎，故下坎「耳不可扛」之象見，兩坎如何能並現？不云「三不可化」耶？不可化則下坎亦無坎象、半坎而已！至吳汝綸、丁壽昌直謂三五俱可稱耳。馬通伯之引謂「三上无知遇故耳革行塞。」劉次源謂「五耳、上欲越五養三、五阻革、三命之塞。」耳象模糊矣！李郁、徐世大、胡樸安、高亨、李鏡池、屈萬里等賢第云耳而略其爻象。如削耳、鼎耳脫去、鼎耳壞了，鼎耳無。傅隸樸以單卦言、三是鼎耳、張立文仍是高亨之九三鼎耳脫落。觀乎甲文金文之造字：甲[illegible]金[illegible]鼎耳位似當在上而非在鼎半腰、惜蘇軾之上九耳、幾成絕響、是九三耳、滔滔者天下皆是也，惟仍有疑於中故造坎耳、大坎耳。傅隸樸以單卦言、三鼎耳。三之耳則猶上九之耳矣、均在卦之上端也。是五爲耳者、程子著重五之權力，故與五不合爲行塞。吳澄之三五易爲耳。重心在五兌、下爲三則兌口下故不食。吳汝綸、丁壽昌順天下大勢三五俱可稱耳而是之。前賢之所以畏後生、觀徐世大、胡樸安、高亨、李鏡池、屈萬里等之略耳象、第言耳壞、耳脫、耳無爲鼎耳革、似勝強加三、五、上爲耳象之牽強附會。蓋九三時段言擁有鼎者之占爾！占得是卦、是爻段、猶鼎耳革、致行塞、致雉膏不食。斯時無以見鼎之用、祀天養賢皆需移鼎就神位、就賢者席、即擁鼎擁權力者之禮數缺於神人也。敬義之失乃膳夫之過。又值天雨有所毀損美食、是主事者憂虞之象也。非是主人不得展敬義得諒解、乃九三位正行中、臨時耳革致行塞、下人之過、值天不吾時、雨加膏食虧損美味、主人憂虞之象獲諒解。吳汝綸謂「方雨變悔。」劉次源謂「命之塞也。」胡樸安云「有雨滅火、悔恨雉膏爲雨浸。」高亨：「適值天雨、耳損膏虧。」屈萬里：「鼎耳既無、路又塞、又值雨日、雉膏虧壞。」

漢仕疑象之曰「失其義也。」可是以函牛之鼎之烹煮一雉雞？九三與上九不應无所納。（孔穎達）三懷才不偶。（程傳）三有才淪於下僚，伏于草莽。（星野恒）然九三得位得中、（三四爲卦之大中）時不濟兮運不通、雖擁鼎而鼎耳革、以函牛大鼎烹煮一雉膏、大鍋清湯而已矣。以之祀神養賢、其行塞隘也。然亦以實乎？蓋時窮也哉？又值雨而患難更見眞情。武王滅紂時旁沱大夜、無礙決心也，故云虧悔。憂虞之象虧損矣夫？然以臣伐君，亦失其義也乎？終吉者其占也，終必相得也。

「方其虧悔。」易家著錄如王弼之「方雨則悔虧。」孔疏「雨、陰陽交和、不任剛則悔虧。」張載謂「若使二應五、四應初則悔可虧。」程子之「方將雨、言五三方將和合。」張根：「方雨、溢象。其覆異故曰虧、已悔則有存焉。」朱震：「三自守不食、上感而動、水上澤流悔虧矣。」李衡引：「若與上九和通、不務剛亢即是雨象。如此乃能虧除其悔。」楊萬里：「五不食三雉膏、爲四間塞。四悟如雨下則潤澤逢吉。」朱子：「自守則陰陽將和而失其悔。」項安世：「三動坎雨與上應、雖有自虧之悔、終有得應之吉。」趙彥肅：「五上方和、於三虧悔終吉者、六終有變也。」楊簡：「方雨、今未雨，有遇之理、但有不足之悔爾。」吳澄：「剛變成坎雨，方、將也。陰爲虧、三變爲虧、改悔其舊故終吉。」梁寅：「五聰明非四能隔、三終進用、陰陽和成雨、悔虧亡、終得吉也。」來知德：「雨水虧損。離雉坎膏、烹太過，故有方雨虧悔象。」王夫之：「悔可虧、陰陽和、上剛居柔故方雨。」毛奇齡：「坎雨，缺塞能變、未盡失故終吉。」折中引易氏祓：「其終也陰陽和、雨兆，虧始終吉也。」李光地：「雉膏不食固可悔，如爲雨澤不施，悔終虧失，所以得吉也。」李塨：「幸大坎雨、陰陽和、革復塞通、悔變終吉矣。」姚配中：「三五互坎成旣濟，故方雨虧悔、終吉。」吳汝綸：「悔晦、虧讀爲恑，變也。方雨變悔，終必見食故終吉。」星曹爲霖：「劉青田仕元有功、爲權奸廢、明太祖比之留侯。方雨虧悔終吉者也。」

野恒：「虧少其悔。遇而少悔而吉也。」馬通伯：「不食是荒年減膳時，亢龍不雨自虧損、自悔咎也。」　劉次源：「三命塞、變坎雨則陰陽和、三道可伸、故悔虧而終吉也。」　李郁：「三重剛不易舉、化柔是調和燮理。過盈則虧之、通之、化失位亦終吉也。」　徐世大：「方雨指緩急難時、有悔心尚可得吉。」　胡樸安：「亨飪時有雨滅火，悔恨雉膏爲雨浸。終吉、猶可食也。」　高亨：「耳膏虧損，可謂悔矣！然耳可修膏可調爲終吉。」　李鏡池：「打獵、天正要下雨，得留著。」　屈萬里：「鼎耳無、路又塞、値雨日、雉膏虧壞、雖有悔而終吉也。失義、失其作用。」　傅隸樸：「三陽性猛燥急、惟有雨水熄滅燥性，悔可虧缺，故終吉。」　金景芳：「方雨虧悔之後嘛，還是有相遇之吉。引胡炳文曰：『雖有不之悔，終有相遇之吉。』解挺好。」　徐志銳：「應爻相敵如鼎蓋，三應上搞錯投靠對象。只有應五才能得養被用。」　張立文：「天正下雨、虧毀美味則有悔，結果卻吉祥。」

說有15種：

1. 雨、陰陽交和、三不任剛則悔虧。（孔、）
2. 若使二應五、四應初則悔可虧。（張載、）
3. 方將雨、言五三方將和合。（程頤、楊萬里、梁寅、姚配中）
4. 方雨溢象、與覆異故曰虧、已悔則有存焉。（張根）
5. 三上和通乃能虧除其悔。（朱震、李衡引、項安世、吳澄）
6. 雨水虧損、雉膏烹太過，故方雨虧悔。（來知德。）

7. 上剛居柔故方雨。悔可虧、陰陽和（王夫之。）
8. 雉膏不食、如雨澤下施、悔終虧失。（李光地）
9. 劉青田仕元、廢。任明比之留侯、方雨虧悔、終吉者也。（曹爲霖）
10. 不食是自減膳、亢龍不雨自虧損、自悔咎。（馬通伯）
11. 亨飪雨滅火，悔恨雉膏雨浸。（胡樸安）
12. 打獵下雨、得留著。（李鏡池）
13. 耳無路塞、値雨雉膏壞、雖悔終吉。（屈萬里）
14. 三陽性猛、雨水滅燥性。（傅隸樸）
15. 雖有不遇之悔，終有相遇之吉。（胡炳文）

三上本爲卦爻之應、兩剛兩柔則相敵。謂三爻與五爻應、似與一般說比應習慣不同。孔穎達之陰陽和、三不任剛、似謂九三變柔也。朱震之上感而動而三上和通」言、則上本陰位、如王夫之言上剛居柔、上可變也。或言陰陽和則雨澤下施、不明指孰是變爻也。然猶是以應爻說卦。程子、楊萬里、粱寅、姚配中、徐志銳等賢、第見五陰、五有權力、而三則得位宜與之相得益彰之益、未見九二應爻之咬牙切齒、痛心五妻之被奪也。二五本應而三揷花攪局，與三或有助而害九二剛中之應也。馬通伯言亢龍、上九也。胡樸安膏爲雨浸、馬謂亢龍有悔、與蘇軾云耳、上九。九三之敵應之爻也。蘇軾云「耳受炎不足熟物。（不足以革、熟物謂革）失其義也。」不能就九三爻辭解卦。而上九爻正「大吉、无不利。」矣！至李鏡池之「打獵下雨。」傳隸樸之「三陽性猛、雨水滅燥性。」皆極盡想像空間而望文生義。

九三時段猶鼎无耳致行塞、猶以函牛之鼎烹雉雞、雖膏而味淡故不食、失鼎養賢奉神之義。以烹煮大牢小牢之鼎煮雉雞、不有才大而用小乎哉！無怪乎其行隘也，蓋時窮迫乎！又値雨用兵、宜自窮反通、憂虞之象失，然以臣伐君、亦失其義矣夫！終吉者其占也。終必相得也。

九四、鼎折足，覆公餗。其形渥。凶。

象曰：覆公餗，信如何也。

子夏傳：其形握。（堂案握渥二字通）

京房：其形剭。　刑在頄爲剭。（晁氏）

馬融：餗，鍵也。（釋文）　餗謂糜也。（穀梁疏九）

鄭玄：糝謂之餗，震竹、筍，餗菜也。餗美饌是八珍，鼎三足、三公象、象若三公傾覆王之美道屋中刑之。（孫堂案餗通蔌）

九家易：鼎三足一體猶三公承天子。三公調陰陽，鼎調五味，足折餗覆猶三公不勝任傾敗天子之美。　傳象：渥厚大辠重，信有大辠刑罰當加、无可如何也。（集解）

王弼：處上體之下應初，既承且施，非己所堪，故折鼎足。初出否至四所盛已絜故覆公餗。

渥，沾濡貌。知小謀大，不堪其任，受其至辱，災及其身故其形渥凶。

孔疏：餗糝也。八珍之膳，鼎實也。初出否至四所盛，當馨潔矣！四既承且施，非己所堪，則足折覆公餗，體則渥霑也！知小謀大，力薄任重，災及其身也。

李鼎祚引虞翻：四變震足，折入兌故鼎折足。兌刑渥大刑，足折則公餗覆，言不勝任，象人大過死凶故其刑渥凶。　李案餗者雉膏之屬，公者四爲諸侯上公之位故曰公餗。

程頤：四大臣位、任天下事，當求天下賢智，應初小人，用之敗事猶鼎折足，覆公鼎實。形渥謂赧汗也。繫辭：德薄位尊、知小謀大、力小任重，鮮不及矣！德薄知小也。

蘇軾：鼎之量極於四，溢則覆矣！方其未及、告之不信、及其已信則无如之何矣！

張浚：四位不中竊上位，專應初，棄陽從陰，恣其邪心，上下莫之信。天下大器、付之匪人、蔽賢援不肖重違天心。應初陰爲折足、離餗、兌毀覆、渥沾濡。鼎覆餗則無以享上帝、養聖賢，至天下不得食矣！凶其大哉！

張根：據非其位，理之必然。

朱震：四近君，九不當位，下信初六小人，德智不足任重，故四動成震，兌折之、鼎折足也。餗鼎實。初之四乾首在下、二見離毀、覆公餗也。渥、鄭虞作剭，子夏作握。王泓曰剭古之大刑、凡爵者殺于甸。凶可知矣！

鄭汝諧：五藉四自安。四才剛然居柔應柔，上實下弱，是覆公餗也。故其形渥汙而凶也。五鼎主比四而合、從而信之，夫子之歎歟！

李衡引陸：信有此不可如何之事。引陸：初鼎足顚而上焉、是不承於四，四故折足也。餗、糝也。

楊萬里：實至四盈、持盈德薄、近君應初六小人，此其所以折足覆餗、霑濡其身也，焉得不凶乎！言信任小人、其禍何如哉？深以戒之也。

朱熹：晁氏曰形渥諸本作刑剭，謂重刑也。今從之。九四居上任重者也。下應初六之陰則不勝其任，故其占凶。

項安世：四本卦下故爲足、不正故折足。有實折足則餗翻而形汙矣！欲不凶得乎？明國之大任不可妄居也。

趙彥肅：初四相應，均於覆鼎。四以貴從賤故覆餗。四有實。

楊簡：九陽四陰、居大臣位。實則不稱、失許國之信！折足覆餗！德薄位尊、知小謀大、鮮不及矣！形渥、凶。言不勝其任也。四應初趾、折足覆餗象。形渥備言折足狀。

吳澄：足謂初、上應四則鼎顚趾向上、仆而橫臥。三公餗實、四應初而覆鼎中之餗。折足猶人刖足故刑剭。占四已實鼎故覆餗爲凶。

梁寅：四乃鼎之滿者，近君上公之位。恃小能、專美祿，遏絕善類、昵比憸人，如鼎折足覆公餗矣！餗、熟食。形渥程子言覆敗赧汗也。朱子作刑剭，義雖異皆可見其凶矣！

來知德：四變震足、兌毀折、震覆、羹糝、八珍鼎實以享帝養賢、故曰公餗。渥霑濡。四任天下之重、委任非人，卒至傾覆國家。占得此、敗國殺身、凶可知矣！

王夫之：覆傾。公餗，上儲於民以足國。渥霑濡汙穢貌。四應初而忘上取養於民，民不堪命、折其足。所謂害國凶于家也。占遇此當速遠言利之人以免禍。

毛奇齡：四鼎實、乾剛居之、剛必盈必覆。四過剛、初過柔、其覆非鼎盈、折足故。初固四所易。言不意其至于是。形渥舊作刑剭、重刑。剭渥不同將安從？刑渥淋瀝。

折中引易祓：應初顚故有折足象。引胡炳文曰：四有鼎實、故折足而覆餗。　案：四盈則傾。應初無輔。易例四應初有損而無助。形渥從王氏說爲是。渥赭顏發赤也。

李光地：四實盛滿應初、有折足覆餗象。凡九四應初六、義倒無吉。形渥作刑剭、說本漢書諸家、赧汗之義。詩謂渥丹赭是也。愧則發面而顏丹赤。居大臣忝厥職能無凶乎！

李塨：凡物能睿者必其餘地。四下有三陽、實滿、上逼耳鉉，鼎不勝足、斗然摧折。公餗覆矣！流漓沾濡，形模沃若。夫九四不嘗以爲鼎鼐之材乎！今果可知。

孫星衍引集解馬融曰餗鍵也。又曰糜也。鄭康成曰糝謂之餗。震爲足，竹萌曰筍，筍者餗之爲菜也。是八珍之食。又餗、美饌。鼎三足三公象。若三公傾覆王之美道屋中形之。又釋文渥於角反。沾也。鄭作剭，音屋。

姚配中案荀子注形刑同。鼎足象三公。形渥鄭作形剭。謂所殺不於市。屋誅，誅大臣于屋下不露也。筍餗之爲菜。折足覆餗喻殷之在位、不勝任、自注云：國家傾也。

吳汝綸：初內足、四外足。陰偶陽奇，三足象三公。折足、任非其人。餗美食。馬云鍵，鄭云菜。鍵即粥。形渥諸本作刑剭是也。信如何託料事辭、若今竟如何耳。

丁壽昌：餗虞八珍。馬鍵鄭菜。渥當作劇。古刑形通。覆公餗、信有大罪。劇重刑。馬作粥不得喻盛美。蘇蒿坪四變互兌跛有折足象、互兌毀。案初顚故四折足也。吳草廬曰初未實鼎、顚出否爲利。四已實鼎、折足以覆餗爲凶。

曹爲霖：自古小人攬權誤國，史不勝紀。而折足覆餗，莫甚于宋之賈似道。理宗相而南宋亡。鼎大烹養賢象、今覆、其所信者何等也？

星野恒：餗、虞曰八珍。程曰鼎實。渥赧汗。晁曰本作刑劇、重刑。四大臣應初六、舉柔、舉寵小人不勝其任、卒致折足翻覆公餗、誤公事而招形渥之凶，不亦宜乎！

馬通伯：柯劭忞曰刑者鉶之者、鉶鼎即陪鼎。其昶案昭六年鑄刑器、鼎也。刑以盛羹、大有折覆之患、小有滿溢之虞。董仲舒之晁折足者任非其人也。覆者國家傾也。

楊樹達：（春秋繁露）任非其人，主卑國危。易曰鼎折足、覆公餗。折足、任非其人；覆餗、國家傾也。故駑乘、雀疇、粢梲斗筲、不秉帝王之重。覆亂鼎實、刑將加之！

劉次源：鼎足之折、柔在初也。信任匪人，四之辜也。覆餗而渥、齷齪汙也。禍于國家、凶可知也。傳象：小人不遠、信如何也。

李郁：四宜柔、爲剛積重已極，鼎足不勝至于折矣！足折鼎傾。餗鍵也。餗覆全鼎淋漓故其形渥。所覆者非私物，乃公餗，此誤事之大。剛愎誤事至此，如何不凶！

于省吾：按虞翻以兌爲折是也。折足則餗自覆。形渥本作刑劇。周禮有屋誅。誅大臣於屋下，不露也。孟子逸象兌爲刑，坎爲罰，故曰刑劇也。

徐世大：四爻指覆亡之貴族。餗即今之粥。形渥猶言一團糟。譯作：鼎斷了足，菜倒了一桌，油膩膩的、惡心。鼎，貴族，亦預料貴族階級終必成人俎上肉、鼎中味。

胡樸安：公餗、公衆所食之糜也。所食糜覆。折足覆餗，眞無可如何事！治之以剭刑也。

高亨：王引之說餗即蔌、毛傳殽也。饘可爲鼎實。餗饘重文。鬻鬻也。鼎足折、公餗覆，此不勝任債事象。子曰德薄位尊、知小謀大、力小任重、鮮不及矣。言不勝任也。

李鏡池：餗，鬻的重文，即粥。奴隸不小心把鼎足折了，倒瀉了鼎裡的粥。結果受大刑，死去活來。反映貴族對奴隸壓迫的殘暴。

屈萬里：晁氏引京房曰刑大頄爲剭。虞翻曰渥，大刑。形渥、熹平石經作刑剭。子夏傳作握。餗鄭云菜也。又形渥，潛夫論引作刑渥。傳象信誠也，言誠哉無可如何也。

傅隸樸：二腹已實、三不能食、四已到溢的時候、不勝負荷、把足折斷。四陽居陰位、外強喜功、事一把抓、中乾德薄力少，折足覆餗形容失敗狀。渥義沾濡形、形指身體。

金景芳：四初相應、任初小人、敗事必然。如同鼎折足，覆公餗。繫辭說德薄位尊、知小謀大、力小任重。言不勝任也。形渥朱子謂重刑。程子認赧汗。王弼說沾濡，周易玩辭集解查慎行說鼎旁汁沈淋漓也。我看查解較好。

徐志銳：四居腹最上、陽實、滿滿一鍋、四近君、但與五逆比而正應初六，反其道而行，下行則佳肴覆地。如此之人何堪信任。四有才不求上進、不能被養用和信任者。

張立文：〔九四，鼎折足，〕復（覆）公芷（餗），其刑（形）屋（渥），□。譯：九四，鼎足折斷了，傾覆了公的佳珍美饌，有殺身之禍故凶。疋與正同。莡蔬音同相通。

林漢仕案：鼎爲重寶、代表權力富有、得人得天亦得時。以其用牲、出否從貴養賢之實用。今謂折足、知是鼎之爲烹煮如釜鬵鑊鍋之屬同、非指廟堂專作陳設寶器、傳鼎不傳璽之信物。以實用之鼎、一鼎一味之調和、方其可之時而折足、掃天地神祇與仰企百僚之興、功敗垂成也。九三以函牛之鼎以烹雉膏、不有才大而用小手哉！九四謂覆公餗、其形渥、憂虞悔吝深矣、其失也大，故著一凶字、謂有所失也。失敬於天、又失養於人也。 餗之義有：食也，饘也，糜也，鼎實也，雉膏之屬，八珍之具也，粥，菜也，糝也，美饌。鬻餗同。

渥字義有：沾濡、厚漬、厚大罪重，大刑，光潤，美，濁。鄭作剭，刑也。所殺不於市而以適甸師氏者也。

形義有：百骸九竅，非勢，見，體貌嚴尊，行，刑。

九四時段、實用畜一味之調和之鼎折足、覆公美饌。於體貌嚴尊言、不只司鼎者濡漬有罪、即鼎主亦不免於失禮人神而爻辭著一凶字可見，蓋有所失也。

茲輯前賢之寶共聚而議論之：

象謂：信如何也！ 子夏作形握。（孫堂案握渥通） 京房作形剭。（晁氏刑在頄爲剭。）

馬融：餗，饘也。糜也。 鄭云謂糝謂餗，菜也。餗美饌是八珍。 九家易：三公不勝任、傾敗天子之美。渥厚大辠重。 王弼：渥，沾濡貌。 災及其身故形渥凶。 孔穎達：

餗、慘也。八珍之膳。　李引虞：四變震足，折入兌折足、兌刑，象大過死凶。　程頤：應初小人敗事。形渥謂赧汗也。德薄知小也。　蘇軾：量極於四，溢則覆矣。　張浚：應初恣其邪心爲折足、離餗兌毀，無以亨帝養賢，至天下不得食、凶大哉！　朱震：鄭虞作剭，王沿曰古大刑。爵者殺于甸。　鄭汝諧：四才剛、屋柔應柔、上實下弱，故形渥汗而凶也。　李衡引陸：初顛不承四，故折足也。　楊萬里：持盈德薄，近君應小人，霑濡其身也，馬得不凶！　朱熹：晁氏曰形渥諸本作刑剭、重刑。今從之。　項安世：四本卦下故爲足，不正故折足，餗翻形汙矣！　趙彥肅：四以貴從賤故覆餗。　楊簡：形渥、凶。言不勝其任也。　吳澄：足初、四應初而覆餗，折足猶人刖足故刑剭。　梁寅：四鼎滿、恃小能，昵比憸人。餗、熟食。形渥、赧汗也。朱子作刲剭。可見其凶矣！　來知德：八珍亨帝故曰公餗、傾覆國家、敗國殺身、凶可知矣。　王夫之：渥霑濡汙穢貌。占遇此、當速遠言利之人以免禍。　毛奇齡：四過剛、初過柔，覆非盈、折足故。刑剭重刑，形渥淋漓，將安從！　折中引易祓：應初顛故折足象。案易例四應初有損無助。渥赭顏發赤也、從王說爲是。　李光地：凡九四應初六、義例無吉。居大臣忝厥職、能無凶手！　李塨：四下三陽實滿，斗然摧折、流漓沾濡、形模沃若。　孫星衍：馬餗饘，又曰糜。鄭糝。筍者餗之爲菜也。八珍之食。美饌。渥、沾也，鄭作剭。　姚配中：屋誅，誅大臣于屋下不露也。筍餗爲菜。喩殷在位不勝任。　吳汝綸：初內足、四外足。餗美食。饘即粥。　丁壽昌：古刑形通。覆公餗、信有大罪。馬作粥、不得喩盛美。　曹爲霖：折足覆餗、莫甚于宋之賈似道。理宗相而南宋亡。　星野恒：四舉柔、寵小人、卒致誤公事、招形渥之凶，不亦宜乎！　馬通伯：刑剭省、剭鼎即陪鼎、刑器盛羹，大有折覆之患、小有滿溢之虞。　楊樹達：折足、任非其人，覆餗、國家傾也。刑將加之。　劉次源：信任柔初匪人、四之辜也。覆餗而渥，齷齪汙也。　李郁：四宜柔，爲剛積重已極、足不勝至折矣！全鼎淋漓故形渥，剛愎誤事至此！于省吾：周禮有屋誅、誅大臣於屋下、不露也。兌刑故曰刑剭。徐世大：餗即粥。形渥猶言一團糟。四爻指貴族成人俎上肉。　胡樸安：公餗、公衆所食之糜。折足覆餗、治之以剭刑也。　高亨：王引之餗即蔌、殺也。餗鍵重文、鬻也。此僨事象。知小謀大也。　李鏡池：餗重文鬻也。即粥。奴隸把鼎足折了、結果受大刑，反映貴族殘暴。　屈萬里：形渥、熹平石經作刑剭。潛夫論作刑渥。　傅隸樸：四不勝負荷，外強中乾、形容失敗、沾濡形體。　金景芳：任初小人敗事、鼎旁汁沈淋漓。　徐志銳：四有才不求上進，不能被養用和信任者。　張立文：鼎足折斷了，傾覆佳珍，有殺身之禍故凶。

宴客祀神、鼎食之家當非止一鼎之獻。所謂刑剭、重刑，爵殺于甸、亦當非九四大臣恭厥職、誅于屋下，不露也。蓋食神、食賢、一鼎一味言、知非一鼎之覆即無以祭、無以養賢也。有司之失、罪又不至誅宴會主人九四、設四誅、則六五君、上九之爻辭空設矣！其卦進程至九四而絕也，有是卦爻耶？吾故曰鼎主失禮於人神，著一凶字、謂有所失也。象故總而言之曰：「信如何也」！至其形渥、字作形握。（子夏）作形剭。（京房）渥厚大臯重。（九家易）渥、沾濡貌。（王弼）形渥謂赧汗。（程頤）折劇、古大刑、爵殺于甸。（朱震）刑剭、重刑。（朱熹）折足猶刖足故刑剭。（吳澄）形渥、赧汗。（梁寅）渥露濡汙穢貌。（王夫之）刑剭重刑，形渥淋漓，將安從？（毛奇齡）渥赭顏發赤，從王說爲是。（李光地）流漓沾濡、形模沃若。（李塨）古刑形通。（丁壽昌）刑鋣省、鋣鼎即陪鼎，刑器盛羹，大折覆、小滿溢。（馬通伯）覆餗而渥，齷贓汙也。（劉次源）全鼎淋漓故形渥。（李郁）形渥猶言一團糟。（徐世大）此償事象。（高亨）奴隸把鼎足折了、受大刑。（李鏡池）熹平石經作刑剭，潛夫論作刑渥。（屈萬里）形容失敗，沾濡身體。（傅隸樸）鼎旁汁沈淋漓。（金景芳）傾覆佳珍、有殺身之凶。（張立文）漢仕以爲形渥仍應回到祀神宴賢之現場言，蓋謂現場所見、滿屋沾濡也。當然於主人體貌嚴尊上應爲有所失。來知德、王夫之謂占得此、占遇此如何！朱子之謂其占凶也。謂占有所失也。

至所覆之公餗爲鍵、糜、菜、筍餗、八珍、天子之美。離餗、熟食、糝、粥、殽也、餗重文鬻。丁壽昌謂：作粥，不得喻盛美。若以粥會、臘八粥、鮑魚粥、則其粥也貴矣！蓋主食也。故以鍵即粥、餗鍵重文、餗重文鬻、即粥也爲說者衆。按今說文鬻爲篆文、餗爲或體。注從鬻速聲、或從食束。而鬻或作餰、飦、鍵。鬻、鍵也、從鬻米。注作粥者俗字。

九四之應初六其言吉者如訟、大過、咸、遯、萃、未濟。九四未如李光地言「凡九四應初六義例無吉。」祗姤與鼎兩卦耳。至言九四時段、鼎之毋論爲陳設之鼎、烹煮之鼎、其足折也固非佳兆可以立斷。況其有實於其中矣！覆鼎實則現場情況必沾濡厚積、可食之菜筍、八珍、佳殽美粥翻為汙穢淋漓矣！瞬間之差、一物兩面矣、故言其形渥、九四是時有所失也必矣！故言凶。朱子、來知德、王夫之謂其占得此、凶可知，當速遠利之人以免禍。是正為君子謀也。

六五、鼎黃耳，金鉉。利貞。

象曰：鼎黃耳，中以為實也。

馬融：鉉，扛鼎而舉之也。（釋文）

宋衷：五當耳，中色黃故曰鼎黃耳。兌為金，又正秋故曰金鉉。公侯謂五也。上尊故玉，下卑故金，金者良可柔屈喻諸侯順天子（集解）

鄭云：金鉉喻明道能舉君之官職也。

干寶：凡舉鼎者鉉也。尚三公，王也。喻可貴故曰金鉉，鉉鼎得其物，施令得其道故曰利貞。

陸績：六五委任賢臣假之位也。得中承陽故曰中以為實。

王弼：居中以柔，能以通理，納乎剛正故曰黃耳金鉉，利貞。耳黃則能納剛正以自舉也。

孔穎達：黃中，金剛。鉉所以貫鼎而舉之。五中位故曰黃耳，應在九二，以柔納剛故曰金鉉，所納剛正故利貞。

李鼎祚引虞翻：離為黃，三變坎為耳故鼎黃耳。鉉謂三貫鼎兩耳，乾為金故金鉉。動得正故利貞。

司馬光：黃者中也，耳者所以聽也。君子虛其耳以聽于下，非則不受。金者剛而忍者也 五陰故尙乎剛。柔不失剛也。

張載：居中故其耳黃，體柔故其鉉金，柔故利於貞。（一作利於勁正）

程頤：五耳象，鼎舉措在耳、五中德故黃耳，鉉加耳者、二應從鉉也，二剛中色黃故爲金鉉、巽體、相應至善、利在貞固而已！六五本柔、戒以貞固於中也。

蘇軾：五上皆耳、五中而不亢，柔而有容故曰黃耳，所以爲鉉者、以金足矣！九二利不食、五耳利在貞而不行。

張浚：五德文明、下有剛臣正應、治有餘裕矣！鼎黃耳金鉉所以舉。金堅不變、剛德之譬、五柔位剛應曰金鉉、利貞勉貞固之道。天下之大、其治不難致也。

張根：鼎道既成，惟在舉而用之。　傳象：中以爲實，故非正不應。

朱震：黃者坤之中言有中德也。伏坎爲耳、虛而納，乾金剛德、二應五舉鼎耳而行爲金鉉、剛柔得中，鼎道行矣。二應不以正、居臣合不正可乎！故利貞。

鄭汝諧：五鼎主故耳鉉兼係，黃中色、金堅剛。位在中、黃耳。柔居剛、金鉉也。措安舉行皆耳鉉之功，故利堅正。

李衡引陸：文明德、黃中義。耳受鉉、鼎有實。九實、可養賢故利貞。五剛金鉉象、陰含陽耳受鉉象。　引胡：鉉貫鼎耳二也。五接二猶鼎虛耳、待鉉成鼎道。納物爲實。

楊萬里：耳者一鼎之主，鼎實過中必溢；鼎鉉剛舉、不剛必墜。君主天下中正爲利、不中正則驕生。黃中、金剛貞正。利為天下利。五⚋耳象、坤體黃中，得九二為金鉉。

朱熹：五於象為耳而有中德故云黃耳。金、堅剛物。鉉貫耳以舉鼎者。五虛中應二之堅剛。其占則利在貞固。或曰金鉉以上九而言更詳之。

項安世：六五中虛得為耳之道。故能受九二之金鉉以為實。五疑於柔懼其變故利貞。中者五之黃耳，實者二之金鉉。五本无實、用中受實即彖中應剛也。金鉉實用之物。二五相交治鼎事。在耳為鉉。

趙彥肅：柔乘剛故利貞。

楊簡：當耳象、得中故黃耳。得中何患不能舉鼎哉！故曰金鉉，不必九二為鉉。間失正故曰利貞，貞正也。

吳澄：黃中色居上卦之中，五耦在鼎口上為耳，鉉鼎之扃、以木貫而舉之者。上畫奇、鉉也。耳虛受上金剛以實其中，中虛能受外之剛相提挈故宜正主事。

梁寅：五鼎耳、文明得中故黃耳。上九以剛貫其上故謂金鉉。人君聰明无所壅蔽、賞罰彰明猶鼎耳明鉉舉。然柔中之君或貞不足、恐失於不斷故又必利於貞也。

來知德：五鼎耳、黃中色。變乾金鉉象、為鼎之繫。五有虛中之德、比上九、應九二、皆剛明故有黃耳金鉉象。中為實必美味、占者利于貞固。陰柔故戒以此。

王夫之：五黃金飾耳也。黃中色。金者自五柔視上之剛，則金堅勝舉之任也。五中柔待賢、得九二大賢任國事，義合情正，具此二德、吉可知矣。

毛奇齡：五偶畫象鼎之耳。離中有伏坎、坎爲耳。貫耳有鉉關舉鼎。離黃。五耳非實鼎之地。二爲五所易，二有即五有。故二鼎有實、五曰中以實。雖無實實在其中。

折中引王宗傳曰：受鉉舉鼎者耳，五也。貫耳舉鼎者鉉也。上九象。 引胡一桂：或曰金鉉以上九言，竊謂鉉所以舉鼎者，必在耳上。玉象以爻位剛柔相濟取。

李光地：六五尙上九。出乎君位之上是尊尙之象。非虛中主不能尙、非剛德之材不足尙。耳虛受鉉、鉉實貫耳故辭黃耳金鉉。任賢勿貳宜堅久、故占利貞。尙賢不謂九二。

李塨：此鼎耳、離中爲黃耳。以上九金鉉貫之、成烹飪之功，下與二正應得中虛納，二實即五實。中也、貞也是其利也。

孫星衍引釋文鉉、玄典反。又古玄反、古冥反、古螢反。（集解）馬融曰鉉、扛鼎而舉之也。
鄭康成曰金鉉喻明道能舉君之官職也。（唐律疏議注）

姚配中案：伏坎爲耳、離得坤中氣故黃耳。發成乾金坎一體、降成既濟、鼎耳在上以金鉉舉鼎、行不塞故利貞。案象：陽伏五中、發當位故中以爲實。

吳汝綸：五耳、居中故曰黃。鉉、扛鼎而舉之者、謂上也。五視上九金鉉、上九自視玉鉉。金以剛吉。玉以爻剛位柔言，故剛柔節也。 又五之中以上之九爲實也。

丁壽昌：今文扃爲鉉、扃假借字、鼏正字。鈃音義同字。五二正應、先儒皆以二金上九玉，取義不同。五鼎黃耳故受二金鉉。鼎有二耳二鉉、三革不受上玉鉉、上鼎道成自能大吉无不利，不繫九三也。

曹爲霖：誠齋傳曰挈鼎聽於耳，挈天下聽於君。陳氏曰六五柔中之德相孚也。照烈相諸葛、太宗於魏徵，明皇於宋璟、張九齡皆是。

星野恒：上以柔從下、下以剛事上，皆有中得、以任天下事，豈不可貞以守之哉！鉉貫耳以舉鼎。金黃、二剛中故金鉉。明君得賢、同德相助以任天下之事者也。

馬通伯：沈該曰離中爻對峙於上、黃耳象。王宗傳曰鼎上受鉉以舉鼎者六五耳也。鼎外貫耳舉鼎者上九鉉也。六五人君受人之實爲己之實、非有虛中之德不可。

劉次源：五耳、金飾黃、中色。虛己任賢，虛中待陽、虛而能實，故得二之良弼、柔能正、有坤德。大亨以養聖賢、鼎之職也。

李郁：五鼎耳象。離中爲黃，故黃耳。鉉貫也。亨食畢，鼎實亡、宜損之去、二來五以陽貫陰、外卦成乾金、故曰金鉉。陽居中正故利貞。

于省吾：易金象從无確訓。乾金，兌金，艮金。說文金五色金也。黃爲長，離爲黃。金取離象。與說文義符。

徐世大：五上兩爻指興盛貴族。譯文：鼎有黃澄澄的耳和金的檯槓，宜永久。

胡樸安：黃耳金鉉、公卿之鼎也。言亨飪之人，以鼎中有實，謹愼其事也。故象曰中以爲實也。

高亨：金色黃，云黃耳、其質金可知。金鉉、色黃堅貴吉祥象。故曰鼎黃耳、金鉉、利貞。

李鏡池：黃耳、銅耳。金鉉：銅鉉。關鼎蓋的橫杠。鼎耳用陶易壞、改用銅制，可堅固些。

蓋的橫杠也是銅的，就好多了。

屈萬里：鉉、釋文馬融曰「扛鼎而舉之也。」象：以爲實也。用鉉爲實。

傅隸樸：陰爻中虛象兩耳、耳鼎主、卦主。金鉉如耳上指上九。五親比上九、不重關係、只重功用。故鼎黃耳金鉉。定鼎重比、革重響應。五陰居疑不夠堅貞故曰利貞。

金景芳：鼎下趾、上耳。黃是中。金鉉用以抬鼎的。程朱指九二。折中引王宗傳說六五象耳。貫耳舉鼎者鉉、上九象。我認爲王氏是對的。竊謂鉉所以舉鼎者必在耳上、方可貫耳。我同意金鉉是上九的說法。

徐志銳：五柔爲鼎耳、居中爲黃。鉉爲鼎蓋通稱。細分有扃鼏之別。扃、抬鼎的木杠、金鉉、用金屬之杠貫鼎耳抬養聖賢。鼏蓋鼎口之物、用布或茅草編。六五柔居剛中正位爲有實、可享上帝、養聖賢。

張立文：六五，鼎黃〔耳金鉉，利貞。〕　譯：六五，，鼎耳是黃色的，黃銅製的鉉扛，有利於占問。　鼎耳飾以黃色，或曰銅耳。　鉉謂銅製的抬鼎扛，金黃吉祥象徵。

林漢仕案：金有黃金、白金赤金。漢以黃爲上、赤金、銅也。白金、銀也。觀六爻、初顚趾、烹金牛、或全羊、金豕、函牛之鼎，由頂至足趾、黜其否、廚夫膳師巧知手藝也。亦治大國若烹小鮮義也。二之有實，即準初之亨全牲言、有實可祀天宴賢矣、然我仇、仇、執也，正也。我正有疾，主人我不能即席參與祭享也。九三耳革，耳位宜在五上，觀程子耳六五、蘇軾耳上九。王弼孔穎達似以三爲耳。朱震三動坎耳。項安世三居下卦之上故爲耳。李塨三至五大坎爲耳。丁壽昌三五俱可稱耳。斷斷然說象，實不如直言九三之時占耳壞、耳脫、致無以扛移鼎之用，致行塞、致雉膏不食、又天不吾時。人事天命兩闕、然仍卜占得吉者、九三獲從前患難革命情懷也。九四之折足、一鼎一味之覆公美饌、鼎主失禮於神、亦失禮數於人、凶可知也。凶也者有所失也。朱子來知德之謂其占凶可知矣。至六五黃耳、金鉉、利貞。知鼎新事業、一群伙伴死心塌地之追隨擁戴、述鼎之黃耳、金鉉、從鼎準鍋鑊之用、逐漸轉型。從熟食器、鼎有俎、鼎鑊甘如飴之刑具、鼎煉丹、煮藥、煎茶、焚香器至爲鼐鼎有蓋、耳在蓋兩旁之擺設鼎、傳鼎不傳璽之國寶矣。與從前鼐鼎之特大、用函牛、函羊之鼎、截然有別！又鉉與扃通、儀禮扃鼎、鄭注扃爲鉉。陸德明扃爲鼎扛。鉉爲舉鼎具、穿入鼎耳、兩人共舉。鼎可銘功、鉉亦可功銘鼎鉉。後世以鉉司、鉉台、鉉席爲鼎食公輔之位。鉉耳爲秤與錘矣，稱不離錘矣！鼎黃中耳、鉉金剛且堅。以可見之中道、可感之剛堅傳國、利貞其戒也，亦以是以示信於天下乎？耳謂其位也。五正耳位、言五耳、位爲黃中、金鉉、仍須利貞以君人。茲依例輯前賢百口之辯、以窺其奧：

象：黃耳、中爲實。 馬融：鉉、扛鼎而舉之。 宋衷：五耳、中色黃。兌金鉉。金卑玉尊喻諸侯順天子。 鄭玄：金鉉喻明道、能舉君之官職。 干寶：凡舉鼎者鉉也。陸績：六五假之位、得中爲貴。 王弼：中柔納剛正故黃耳金鉉。耳黃則能納剛正以自舉。 孔疏：鉉所以貫鼎而舉之，應二，柔納剛故曰金鉉。 李引虞：離黃、變坎耳。鉉謂三貫鼎兩耳，乾金故金鉉。 司馬光：黃中、耳聽。金剛而忍。 張載：居中故耳黃、體柔故鉉金。柔故利貞。　程頤：五耳、鼎舉在耳、五中德故黃耳。鉉加耳者。二剛、中色黃故金鉉。　蘇軾：五上皆耳。柔而有容故曰黃耳。張浚：鼎黃耳金鉉所以舉。金堅、剛德。柔位剛應曰金鉉。　張根：鼎道成、惟在舉而用之。　朱震：二應五舉鼎耳而行爲金鉉、君臣合不正可乎！故曰利貞。　鄭汝諧、五鼎主、耳鉉皆兼。耳鉉之功利堅正。　李衡引陸：黃中義、耳受鉉、五剛金鉉象，陰含陽、耳受鉉象。引胡：鉉貫鼎耳二，五接二猶鼎虛耳、待鉉成鼎道。　楊萬里：耳者鼎之主、過中必溢，不剛中墜。五⚋耳象、坤黃中、九二金鉉。　朱熹：五耳有中德故云黃耳。金剛、鉉貫耳以舉鼎、占利在貞固。　項安世：五中虛得爲耳之道，故能受九二金鉉相交治鼎事。　趙彥肅：柔乘剛板利貞。　楊簡：當耳得中故曰黃耳，不必九二爲鉉。　吳澄：五在鼎口上爲耳、鉉、鼎之扃。上畫奇、鉉也。黃中色、耳虛、能受剛提挈，故宜正主事。　梁寅：文明得中故黃耳、上九剛貫其上故金鉉。人君耳明鉉舉，又必利於貞也。　來知德：五耳，黃中色。變乾、金鉉象。柔故戒、占利貞固。　王夫之：五黃金飾耳。五視上之剛則金堅勝舉之任。　毛奇齡：五偶象鼎耳、伏坎耳、貫耳有鉉關舉鼎。　折中引：受鉉舉鼎者耳、五也。貫耳舉鼎者鉉也，上九象。引胡一桂：鉉必在耳上、金鉉以上九言。　李光地：耳虛受鉉、鉉實貫耳，故辭黃耳金鉉。　李塨：離中爲黃耳、以上九金鉉貫之、成烹飪功。　姚配中：伏坎耳、離故黃耳。鼎耳在上以金鉉舉鼎。　吳汝綸：五耳、居中故黃。鉉扛鼎而舉之者、上也。五視上九金鉉、上九自視玉鉉。　丁壽昌：扃爲鉉、扃假借字。鼏，正字。先儒以二金、上九玉。鼎有二耳二鉉。　曹爲霖：昭烈相諸葛、太宗於魏徵皆是。　星野恒：上柔從下、下剛事上、皆有中得。二剛中故金鉉、鉉貫耳以舉鼎。　馬通伯引：鼎上受鉉以舉鼎者六五耳也，貫耳舉鼎者上九鉉也。　劉次源：五耳、金飾黃中色，虛中得二良弼。　李郁：五耳離黃。鉉、貫也。二來五以陽貫陰、外卦成乾金故金鉉。　于省吾：金象從无確訓。金取離象。　徐世大：鼎黃澄澄的耳和金的抬槓。　胡樸安：黃耳金鉉、公卿之鼎也。　高亨：金色黃。黃耳、質金可知。　李鏡池：黃耳、銅耳。金鉉、銅鉉。關鼎蓋的橫杠。　屈萬里：鉉、馬融曰「扛鼎而舉之也。」象用鉉爲實。　傅隸樸：爻中虛象兩耳、耳鼎主、卦主、金鉉加耳上、指上九。五親比只重功用。　金景芳：下趾上耳黃中。鉺舉鼎者鉉、上九象。鉉所以舉鼎者必在耳上。　徐志銳：五柔鼎耳、居中爲黃。鉉爲鼎蓋之通稱。細分扃、抬鼎木杠。金鉉、金屬之杠、貫鼎耳抬抬養聖賢。鼏、蓋鼎口之物、布或茅草。　張立文：鼎耳是黃色的、鉉扛黃銅製。金黃、吉祥象徵。

詩齊風著：充耳以黃乎而……，以黃玉塞耳。著蓋刺時也。與鼎黃耳義不相涉。耳與鉉應有分別、從爻文黃耳、金鉉中可見。易家謂扃爲鉉，鄭注儀禮扃爲鉉。陸德明謂扃爲鼎扛、鉉爲舉鼎具。穿入鼎耳、兩人共舉。鼎銘功、鉉亦可銘功。鉉可貶鼎矣。如鉉台、鉉席、鉉司爲公輔之位。

鉉、扛鼎而舉之。（馬融）凡舉鼎者鉉也。（干寶）

鉉所以貫鼎而舉之。（孔穎達）

金鉉喩明道、能舉君之官職。（鄭玄）

鉉謂三、貫鼎兩耳。（虞翻）鉉加耳者。（程頤，朱子）

五鼎主、耳、鉉皆兼。（鄭汝諧）耳受鉉。（李衡引）

九二金鉉。（楊萬里、星野恒）

上畫奇、鉉也。（吳澄）上九剛貫其上故金鉉。（梁寅）五耳、變乾、金鉉象。（來知德）

鼎有二耳二鉉。扃爲鉉、扃假借字，鼎，正字。（丁壽昌）

銅鉉、關鼎蓋的横杠。（李鏡池）

鉉爲鼎蓋之通稱。細分扃、抬鼎木杠。金鉉、金屬之杠。（徐志銳，張立文）

從上得知：①鉉爲貫鼎而舉之、鉉加耳者。②鉉即扃。③關鼎蓋的横杜。④鼎蓋。⑤抬鼎金屬之杠。

鉉謂九三。六五兼耳、鉉。　鉉謂九二。鉉謂爲上九奇畫。　鼎有二耳二鉉。

從鉉亦可銘功言、鼎鉉應爲一體；從舉鼎具言、似屬與耳相結合之環扣。然後今出土之鼎看、祇見鼎耳、而鉉、想先輩賢者亦未之見也、故人言人殊，即爻位、亦以二三五六皆可以鉉、而耳鉉爲兩物似可判定、鉉輔耳便於移鼎不傾溢也。又或耳加環擺設陳列器、以增美觀耳。從上九玉鉉知不便爲實用烹飪也可知。玉易碎、安能任舉鼎具之重！蓋傳國以鼎不以璽之器者乎！

六五時段、以黃金爲鼎耳、亦以金質爲鉉、爲環扣、戒以貞固幹濟爲利。諺曰：「築社者攆撅而置之，端冕而祀之。」今六五有其時位、宜端冕而祀之時乎！所謂正以治國、與馬上得天下之時段不同也。

又純金質亮麗而病不夠堅固、用以爲舉鼎似不能負荷其重、必混金銅然後堅、設鼎黃耳之黃爲純黃金、則其爲飾物也明矣。又金鉉、設黃耳不爲黃金之質爲耳，而金鉉當以黃金爲鉉邪？二者必有一，或兩者皆是，則其不爲杠抬鼎具也明矣！辯者又謂黃不爲金、金不黃（金），皆合金也，皆銅也、可以爲煮具矣！然則奈何上六之鼎玉鉉？玉鉉之不可扛杠也其毋辨乎哉！來知德云：「玉豈可爲鉉」！李郁之謂「以玉爲鉉，可謂大寶。」高亨：「以玉爲鉉，玉寶物也、則寶鼎可知矣。」胡樸安一面重玉鉉爲帝王之鼎、一面又仍用作亨飪、調和五味。徐志銳尤爲矛盾、一面謂鉉爲鼎蓋通稱，一面又謂鼏、蓋鼎口之物，布或茅草編。張立文諒亦無可如何矣，但仍稱「玉鉉、即鉉上鑲以玉。」即金鉉上鑲以玉爲飾也。

六五時段、卜以黃金爲鼎耳、以金質鉉環、戒以貞固爲利、以正治國也。

上九、鼎玉鉉，大吉。无不利。

象曰：玉鉉在上，剛柔節也。

宋衷：以金承玉，君臣之節，上體乾爲玉，故曰玉鉉，雖非其位，陰陽相承，剛柔之節也。（集解）

干寶：玉又貴于金。凡亨飪自鑊升鼎，載俎入口、香上達，動彌貴，故鼎義上爻愈吉也。鼎主亨不失和、金玉鉉不失所、公卿仁賢天王明聖、剛柔得節故吉无不利也。（集解）

王弼：鼎終鼎道成，體剛履柔，用勁施鉉，以斯處上，高不誡亢，得乎剛柔之節，能舉其任者也。應不在一。

孔疏：玉者堅剛有潤者也。上九體剛處柔，是用玉鉉以自舉者。應不在一即靡所不舉，故得大吉而无不利。

李鼎祚引虞翻：鉉謂三，乾爲玉鉉體大有上九、自天右之位，據五、三承上故大吉无不利。

司馬光：上九玉鉉，玉者堅而溫，上陽尙溫、剛不失溫、五柔不失剛，然後能舉其大器者也。

張載：剛居上，貞潔如玉以成鼎道，不牽陰柔以固其節則吉、无不利，鼎象也。足陰腹陽，耳虛鉉剛故曰剛柔節也。

程頤：井鼎以上出爲用，終鼎功成在上鉉。九雖剛居柔、剛而能溫者玉也，動靜不過爲大吉无所不利矣！上爲鉉，雖君无位之地，實當用也。與它卦異。井亦然。

蘇軾：上九之爲耳，炎而灼，不可以迫。无不利者、上與五與三之所利也。鼎盈憂溢、炎不可舉、非玉鉉不能。此鼎之所以養聖賢也。

張浚：玉溫潤而堅。曰玉鉉中有中和之道、中和之化，中和治，熙熙乎堯舜時矣！金鉉至剛，玉鉉至中，帝王之治於此分。乾爲玉爲金，剛柔節謂五承之也。
張根：是之謂大成。
朱震：上九遯乾不變爲玉、九三剛正應剛正應、其道上行故曰鼎玉鉉。九居三正大者吉，言上九爲三而屈則大者吉，小者无往不利，上下之道行故大吉无不利。
鄭汝諧：五金鉉、剛能變，上玉鉉、溫不變。二爻剛柔得節故大吉无不利。鼎至上成且定，周之定鼎其上九時乎？
李衡引石：上九卦外、如賢人在上不累於位者。玉言火炎不變其性、鉉取能舉其任。剛履柔不過亢、所以大吉，无不利、此爻周公告老之時當之矣。
楊萬里：鼎上九玉鉉剛也、隱色、柔也。九二在位爲金鉉，上九不在位爲玉鉉、質剛德中節。乾體爲玉。
朱熹：上以象爲鉉。以陽居陰、剛而能溫，故有玉鉉之象。其占爲大吉无不利。蓋有是德則如其占也。
項安世：上九德如玉无可戒爲文而已。鼎實已成无所復治故曰玉鉉在上、明設而不用。飾以寶玉陳之廟庭而已。離極文盛功成治定，當制禮樂文太平，此所以大吉无不利也。
楊簡：正當鉉象。玉溫潤物，玉鉉則剛柔節而和，剛柔和則中、事無不舉矣！故大吉無不利。
吳澄：上鼎鉉，剛而位柔故爲玉，剛柔兼有。占陽大在上舉鼎而行故其占吉。於事无不利也。
梁寅：上九自觀曰玉鉉以其剛而能溫。在人上苟非剛而能溫，其免於禍乎？上如是宜其爲吉利之大也。

來知德：上居鼎極、變震玉鉉象。承鼎足、實鼎腹、行在耳、舉鼎在鉉。玉豈可爲鉉？上九剛能柔故溫潤玉鉉象。占者凡事大吉，行无不利。占者有玉鉉之德斯應是占矣。

王夫之：文明外發、力任國事成君之美。宜受大烹之養、吉矣、利國利民、无不利也。　傳象：以剛節九五之柔，乃能舉大器而成其美，君所敬養宜矣哉。

毛奇齡：上鉉舉鼎器、馬云扛、儀禮扃。耳可兼鉉、金可兼玉。此玉鉉、兼言玉也。剛柔相兼、尊卑相錯。誰謂離上之剛非即前兌上之柔而相節後有此！

折中引易祓曰鼎井用在五、功在上、至上而後大吉。熊良輔曰：水以汲出井爲用；食以烹出鼎爲用。　案：爲尚賢之卦。六五尊而尚之，君正莫不正也。

李光地：玉象以居柔取自上九之剛言之。尚賢之時，以是德居其位、吉利可知。大有鼎及其上爻、兩卦尚賢兩爻當之也。彖辭直曰元亨、爻曰吉无不利。

李塨：乾金、又爲玉、上九玉鉉通五耳、鉉耳通即剛柔節，推之水火之齊、寒煖之節，聖人與上帝感格皆此節也。不大吉无不利歟！享上帝養聖賢、是鼎非聖人其孰與歸！

姚配中案：五發成乾爲玉、坎一體俱發成既濟、故大吉、无不利。　傳象：發成乾復成既濟、一陰一陽發皆中節，故剛柔節也。

吳汝綸：玉以爻剛位柔言、剛柔節也。又五中以上九爲實也。

丁壽昌：宋仲子曰上體乾爲玉故玉鉉。干曰玉貴於金。鼎主烹飪，不失其和。天子聖明之象。

君臣相臨、剛柔得節，故曰吉，无不利。

曹爲霖：宰相稱鼎鼐臣。上居事外則已謝調燮之勞，備公孤之位、所謂鼎玉鉉也。郭令公功蓋天下、主不疑、衆不忌、爻曰大吉无不利、洵足當之。上九功成身退之大臣乎！

星野恒：上者過剛則傷物，過柔則民慢。剛柔得中，能舉天下大事、猶鼎之玉其鉉能舉物、大吉无不利。剛柔有節也。

馬通伯：李過曰玉和物、鼎道貴和。包彬曰鼎取新、五上天位取象金玉。忠信之質金玉也、自新以此新民。案玉鉉享上帝、金鉉養聖賢。上剛五柔相資爲用，皆不可化。

劉次源：玉鉉堅潤、誠華貴也。鼎成中節、文明風于天下、宜受大烹、養國與民皆利、故大吉也。

李郁：玉貴於金。以玉爲鉉可謂大寶。此國家之耆勳碩彥也。放下吉无不利。 傳象：以剛居柔，居調節之位。曰金曰玉、所以深贊美之也。

徐世大：鼎有玉抬槓，大吉祥。沒有不相當。

胡樸安：以玉爲鉉，帝王之鼎也。言亨飪之人，調和五味，剛柔有節。故象剛柔節。勝任而大吉，以此亨飪，无不利矣。鼎本家用，其象國之重器。周法長子主重器。

高亨：以玉爲鉉也。玉寶物也。則寶鼎可知矣。寶鼎乃吉利品、筮遇此爻，大吉而無不利。

李鏡池：鼎鉉還有玉製的，和銅製都屬貴重，表示富裕。所占都是吉兆。 本卦談到奴隸來源，還不起債的，把妻與子頂債，成了貴族家庭奴隸。

屈萬里：節，疑應作接。上九與六五相比，故曰剛柔接。又節、調協。

傅隸樸：鼎井功用在上出。鉉舉鼎槓子，移鼎筵前才能養聖賢。金玉鉉實同一鉉，玉質溫潤不炙手，以玉爲把手，意取調和。鞏固革命成果，恩威並用，故曰剛柔節也。

金景芳：金以九爻取、玉以爻位剛柔相濟取。表示剛柔節叫玉鉉。鼎至上爻，大吉无不利，成功了。折中引丘富國曰初足、四應初亦足，四之足即初也。上鉉五亦鉉，五附上五鉉即上也。五耳三亦耳，三无應五而有鼎耳革象。

徐志銳：六五金鉉爲抬鼎用的鐵杠扃，上九玉鉉爲鼏、罩鼎口的防塵蓋。此蓋用玉製，說明貴重。剛柔節猶說火候掌握適度，鼎肉可口，聖賢得其養。上九揭開鼎蓋，美味共餐，太平鼎盛景象而鼎道大成。

張立文：〔上九，鼎玉鉉，大吉。〕无不利。譯：上九，舉鼎鉉扛上鑲以玉，很吉祥，沒有不利。玉鉉即鉉上鑲以玉。

林漢仕案：鼎鑊之用，由生活之提升，進至調和陰陽，撫育百姓，亨飪之外，實用於陳列之寶鼎分途矣。姚配中謂「非指陳設之鼎。」則知鼎有陳設之鼎矣！鼎之爲用，亨上帝，養聖賢，更提昇權力象徵。毛奇齡謂古帝王傳鼎不傳璽。故上九之鼎可以玉鉉。六五之鼎黃耳、金鉉，說者「玉又貴于金。」（干寶）項安世云：「玉鉉在上，明設而不用，飾以寶玉，陳之廟庭而已！」來知德云：「玉豈可爲鉉！」鼎之用，由實用價值進至象徵意矣！鑄鼎銘功是何等氣象！鼎食之家，是何等排場！雖然，仍按舊規矩，得輯前賢衆議，以見上九、鼎玉鉉何爲大吉？无不利也。

象謂「玉鉉在上、剛柔節也。」　宋衷云「以金承玉、君臣之節。」

干寶云：「凡亨飪升鼎，香上達，故鼎義上爻愈吉也。」「玉又貴于金。」　王弼：「鼎終鼎道成，體剛履柔，得乎剛柔之節。」　孔疏：「玉堅剛有潤，靡所不舉，故得大吉而无不利。」　虞翻：「鉉謂三、乾爲玉鉉、三承上故大吉无不利。」　司馬光：「玉堅而溫，上剛不失溫、五柔不失剛，然後能舉其大器者也。」　張載：「上貞潔如玉以成鼎道。足陰、腹陽、耳虛、鉉剛放剛柔節也。」　程頤：「終鼎功成在上鉉。雖剛居柔、剛而能溫者玉也。上鉉无位，實當用也，與他卦異。」　蘇軾：「上九爲耳、炎而灼、炎不可舉、非玉鉉不能、此鼎之所以養聖賢也。」　張浚：「曰玉鉉必有中和之道、之化之治。金至剛、玉至中、帝王之治於此分。剛柔之節謂五承之也。」　朱震：「遯乾不變玉、九三剛正應剛正、其道上行故鼎玉鉉。」　鄭汝諧：「五金剛能變、上玉溫不變。周之定鼎其上九時乎！」　李衡引石：「上卦外不累位。玉火炎不變其性。此爻周公告老之時當之矣。」

楊萬里：「九二在位金鉉、上九不在位爲玉鉉。質剛德柔中節。乾體爲玉。」　朱熹：「上象鉉、陽居陰、剛能溫。占大吉无不利。」　項安世：「上德如玉、无可戒。玉鉉在上、明設而不用、飾玉陳之廟堂而已。功成治定、此所以大吉无不利也。」　楊簡：「玉溫潤物、剛柔節而和則中、事無不舉矣！」　吳澄：「上剛柔兼有、占陽大在上、舉鼎而行故占吉。」　梁寅：「上九自觀玉鉉、以其剛而能溫。」　來知德：「上變震玉鉉象。

舉鼎在鉉、玉豈可爲鉉？占者凡事大吉、行无不利。有玉鉉之德斯應是占。」 王夫之：「文明外發、力任國事成君之美、宜受大烹之養、吉矣。」 毛奇齡：「耳兼鉉、金兼玉。剛柔相兼、尊卑相錯。離上剛非旣兌上柔相節後有此！」 折中引：「食以烹出鼎爲用。鼎尚賢之卦、六五尊而尚之、君正莫不正也。」 李光地：「玉象、以居柔，取上九之剛言之。」 李塨：「上九玉鉉通五耳、鉉耳通即剛柔節。齊水火、節寒煖，鼎非聖人孰與歸！」 姚配中：「五發乾爲玉、復成旣濟、一陰一陽皆中節，故剛柔節也。」 吳汝綸：「玉以爻剛位柔言。又五中，以上九爲實也。」 丁壽昌：「鼎主烹飪、不失其和。天子聖明象。故吉无不利。」 曹爲霖：「宰相稱鼎鼐臣。上居事外備公孤之位、所謂鼎玉鉉也。上九功成身退之大臣。」 星野恒：「過剛傷物、過柔民慢。得中猶玉鉉能舉物、大吉无不利。」 馬通伯：「玉鉉享上帝，金鉉養聖賢。相資爲用，皆不可化。」 劉次源：「玉鉉堅潤，誠華貴也。」 李郁：「以玉鉉可謂大寶此國家之耆勳碩彥也。」 徐世大：「鼎有玉抬槓，大吉祥。」 胡樸安：「以玉爲鉉、帝王之鼎。國之重器，周法長子主重器。」 李鏡池：「鼎鉉還有玉製的、表示富裕，所占都是吉兆。」 居萬里：「節疑作接。上九與六五相比，故曰剛柔接。又節，調協。」 傅隸樸：「鉉、舉鼎槓子。金玉鉉實同一鉉。以玉爲把手、溫潤不炙手。恩威並用故曰剛柔節。」 金景芳：「玉以爻位剛柔相濟取。表示剛柔節叫玉鉉。五附上，五鉉即上也。」 徐志銳：「六五鐵杠扃，上九玉鉉爲鼏，罩鼎口的防塵蓋。此蓋玉製、說明貴重。剛柔節猶說火候適度。」 張立文：

「上九舉鼎鉉扛上鑲玉、很吉祥，沒有不利。」

楊簡謂：「學者斷不可索義於亨飪之外。」九家易所謂施德者不在鼎、葉恩庵曰鼎猶後世璽也。問鼎大小、問鼎中原、似又出亨飪之外寄其鼎義矣！定鼎中原、安撫四海、天子以天下爲鼎，鼎又不可只視作如鍋鬻鑊釜煮具矣！今上九鼎玉鉉，象謂剛柔節，於是從中發揮出：

君臣節，以金承玉、王貴于金。玉堅剛有潤靡所不舉。乾爲玉、貞潔如玉。程子謂「上鉉无位」似疑上九之玉貴於六五之金鉉乎哉？ 蘇軾之「炎而灼、炎不可舉、非玉鉉不能。」李衡引「玉炎不變其性。」至來知德又疑：「舉鼎在鉉、玉豈可爲鉉？」 曹爲霖：「上九功成身退之大臣。」是疑玉豈眞貴于金乎？星野恒之「猶玉鉉能舉物。」是睜眼說瞎話也，玉之易碎、豈寧爲玉碎耶？劉次源謂「玉鉉誠華貴也。」徐世大謂「鼎有玉抬槓。」胡樸安云：「以玉爲鉉、帝王之鼎。」李鏡池云：「鼎鉉還有玉製的，表示富裕。」傅隸樸云：「金玉實同一鉉、以玉爲把手。」徐志銳云：「上九玉鉉爲鼏、罩鼎口的防塵蓋、此蓋玉製、說明貴重。」張立文謂「舉鼎鉉扛上鑲玉。」以上衆賢、不豈正疑上九玉鉉、用諸烹飪鑊鼎上之唐突而爲之辯說耶？

象之判上九玉鉉、剛柔節。其下即準此解上九如何剛柔節。 宋衷謂金承玉、君臣節。

王弼云體剛履柔、得乎剛柔之節。 司馬光：玉堅而溫、上剛不失溫、五柔不失剛。

張載：耳虛鉉剛故剛柔節。程頤：剛居柔、剛而能溫者玉也。 蘇軾：上九耳、炎灼不可舉、非玉鉉不能。張浚：金至剛玉至中、剛柔之節謂五承之也。鄭汝諧：五金剛能變、上玉溫不變。李衡：玉火炎不變其性。楊萬里：二金鉉、上玉鉉、質剛德柔中節。朱熹：陽居陰剛能溫。項安世：上德如玉、飾玉陳之廟。楊簡：剛柔節而和則中、事無不舉。吳澄：上剛柔兼有。來知德：玉豈可爲鉉？有玉鉉之德斯應是占。毛奇齡：金兼玉、剛柔相兼、尊卑相錯，離上剛、非即兌上柔相節後有此？李塨：鉉耳通即剛柔節、齊水火、節寒煖、鼎非聖人孰與歸！姚配中：五發乾爲玉、復成旣濟、一陰一陽皆中節，故剛柔節。吳汝綸：五中、上九實也。曹爲霖：上九公孤之位，功成身退之大臣。馬通伯：玉鉉享上帝，金鉉養聖賢，相資爲用。李郁：玉鉉大寶、國之耆勳。胡樸安：玉鉉帝王之鼎。屈萬里：節疑作接，上九與六五相比，故剛柔接。又節、調協。傅隸樸：金玉實同一鉉、恩威並用故剛柔節。金景芳：玉以爻位剛柔相濟取、表示剛柔節叫玉鉉、五附上、五鉉即上也。徐志銳：上九玉鉉爲鼏，罩鼎口防塵蓋、此蓋玉製、剛柔節猶說火候適度。

是象所謂剛柔節、繼續發揚光大、解釋剛柔節者如：

金承玉、君臣節。(宋衷、毛奇齡)

體剛履柔、得乎剛柔之節。(王弼、程頤、朱熹等)

上剛不失溫、五柔不失剛。(司馬光、張浚、李塨等)

玉炎不變其性。（李衡）

二金上玉、質剛德柔中節。（楊萬里）

五發乾爲玉、復成旣濟、一陰一陽皆中節故剛柔節。（姚配中）

節疑作接、上九與六五相比故剛柔接。（屈萬里）

節、調協。（屈萬里）

火候適度。（徐志銳）

干寶言「玉又貴于金。」曹爲霖以「上九公孤身退之大臣。」馬通伯「以玉鉉享上帝、金鉉養聖賢。」胡樸安「以玉鉉爲帝王之鼎。五金上玉。」依易例、曹爲霖之言是也。玉貴于金、現實之言是也。鼎卦豈破例言五附上？五賤于上？鄭汝諧云：「周之定鼎、其上九時乎？」宋衷之「公侯謂五、上尊故玉、下卑故金。金可柔喻諸侯順天子。」宋以上九爲天子矣！然李衡引石謂「此爻周公告老之時當之。」楊萬里以「上九不在位爲玉鉉。」折中案爲「尚賢之卦、六五尊尚之、君正莫不正也。」曹爲霖云「宰相稱鼎鼐臣，上公孤位。」上之位又不爲天子共主矣！

鼎爲傳國重器，鼎、主飪器，旌功器，煎茶器，盛牲器，酷刑具，煉丹、煮藥、和食、焚香。鼎功用不一而足矣！鼐爲特大之鼎、鼒爲小鼎、鼏爲鼎蓋、音密、音坰、徐志銳謂「玉鉉爲鼏、此謂鼎蓋爲玉製。鼏蓋用布或茅草編。」

言上九鼎玉鉉最爲勁爆者爲干寶玉貴於金。金景芳之五附上。徐志銳之玉鉉爲鼏、鼎蓋玉製。屈萬里以節字疑當作接。如是則上九剛可接六五柔矣！徐以鼎蓋玉製、謂火候適度、揭開鼎蓋、鼎肉可口。

鼎之用，由生活之日臻細密提昇，實用之煮鼎進至權力象傳國不以璽而以鼎，此鼎之可寶、天下共仰、金鉉、玉鉉、正是寶鼎之鑄造技之更上一層樓，而其爲象徵意義、爲廟堂之擺設陳列物可知矣！左傳宣公三年「楚子問鼎之大小輕重。」敢情楚子之從未見過特定傳國之鼎矣！故答以在德不在鼎、天命未改、鼎之輕重未可問也。易六五、上九之金鉉、玉鉉、亦當爲時定之寶鼎，故可套以朱子之言、「蓋有是德、則如其占也。」初、鼎烹全牲由頂至足、黜其不善、出否存貴、猶得妾並鍾愛其子也。二、鼎有實我正有疾、不能與賢共食、無妨。三、鼎無耳而行塞、以函牛大鼎烹雉雞而味淡、鼎不行、膏味淡、又値雨而更見情義眞，占終相得也。四鼎折足、覆公美饌、失禮人神、蓋有所失矣。五以黃金造爲鼎身、以金質鉉蓋環扣、戒以正爲利也。上、鼎以玉製之鉉蓋擺設在宗廟、大吉、无不利，象徵有鼎者亦有其德也。必有大得矣夫。

䷲ 震（雷雷）

震，亨。震來虩虩，笑言啞啞，震驚百里，不喪匕鬯。

初九、震來虩虩，後、笑言啞啞，吉。

六二、震來厲，億喪貝，躋于九陵，勿逐，七日得。

六三、震蘇蘇，震行无眚。

九四、震遂泥。

六五、震往來厲，意无喪，有事。

上六、震索索，視矍矍，征凶。震不于其躬，于其鄰。无咎。婚媾有言。

䷲震，亨。震來虩虩，笑言啞啞，震驚百里，不喪匕鬯。

彖曰：震，亨。震來虩虩，恐致福也。笑言啞啞，後有則也。震驚百里，驚遠而懼邇也。出可以守宗廟社稷，以爲祭主也。

象曰：洊雷震，君子以恐懼脩省。

馬融：虩虩，恐懼貌。啞啞，笑聲。（釋文）

荀爽：震來愬愬。（釋文）

鄭玄：雷動，物之氣也。雷聲猶君出政教動國人，君有善聲則嘉會之禮通矣！諸侯教令能警戒疆內，守社稷爲祭主，不亡匕鬯也。虩虩，恐懼貌。啞啞，樂也。

王肅：有靈而尊莫若天，有靈而貴莫若王，有聲而威莫若雷，有政而嚴莫若侯。雷不過百里，政行百里則匕鬯不喪、祭祀不喪，宗廟安、處則諸侯執其政、出長子掌其祀。

干寶傳彖：周木德震正象。殷制諸侯百里，是以文王小心翼翼昭事上帝，故以百里而臣諸侯。主社稷而爲祭主。經言不喪匕鬯者上牲體薦鬯酒，人君所自親也。（集解）

陸績，震爲雷聲，驚于百里，春發秋收，順天行也。取象定吉凶。（京氏易傳注）匕者棘匕橈鼎之器。（正義（補））

王弼：懼以成則亨。威至乃懼。虩虩恐懼貌。驚駭怠惰，以肅解慢者。笑言啞啞後有則也。匕載鼎實，鬯香酒奉宗廟之盛。

孔穎達：象雷，天之威。威嚴之教行天下，莫不恐懼，不敢爲非，保安其福故笑語之盛。鄭玄以鬯爲秬黍之酒，詩傳則爲香草。天雷不止聞百里，古啓土百里爲極。

李鼎祚引崔憬傳序卦：鼎亨飪享上帝，主此器者冢適以爲祭主。 引虞翻曰：啞啞笑且言，謂初。陽從臨二陰爲百二十，舉其大故當百里。坎棘匕，震鬯，坤喪，二上之坤成震體坎，得其匕鬯，故不喪匕鬯。

司馬光：夫主大器者不可以無威也。無威則民不服，民不服則所守喪矣，故曰震驚百里、不喪匕鬯。

張載：此卦純以君出子在而言，則震之體全而用顯故曰出可以守宗廟社稷，不雜言君父共國之時也。

程頤：陽生於下、進有亨義，又震動恐懼，奮發進修保大皆可致亨。虩虩不自安則能保安裕，啞啞笑和適貌。雷震聲及百里，唯祭執鬯者不至喪失，致其誠敬，處震道也。蠅虎謂虩，祭匕載鼎實升於俎鬯以灌地降神。

蘇軾：震者陽德，震陰達陽故亨。震驚百里言其及遠，不喪匕鬯、言其和也。不和則必有仆墜者矣！匕鬯祭器，見長子威而不猛，可以爲祭主。

張浚：震內外俱動，四應下是震來，動而畏天必獲福。陽未升不无虩虩憂也，陽動爲笑，中和之氣自達。此繼天爲子事也，震驚由邇而遠及千萬里。匕舉鼎實、宗廟以享，子孫以保。

張根傳彖：繼體之主，未有不更憂患而能恐懼者，未有不恐懼而能有守者也。居有威然後出可以守，蓋主器之難如此。

朱震：震動於積陰之下、奮擊而出、亨也。震來九四來也。虩、許愼曰蠅虎。周旋顧慮不自寧。四之三成離目笑，之二成兌口言，驚遠懼邇以初二三四言震。乃能不喪匕鬯，出守宗廟社稷爲祭主。六宗廟。長子監國不失職矣。

李衡引陸：虩蠅虎始穴中跳躍出，象人心之恐動。　引石傳彖：但言出即可承祭祀。

楊萬里：懼敬也。當震來虩虩、求所以應轉禍爲福、移懼爲喜笑啞啞矣！蓋執匕鬯祭者、一敬外无餘念、敬甚懼忘。震長子又爲雷，舜烈風雷雨弗迷，敬也。

朱熹：一陽始生二陰之下、震而動也。其象爲雷。爲長子。震有亨道，當震來時。虩虩恐懼驚顧貌。驚百里以雷言。不喪匕鬯以長子言也。舉鼎實以酒灌地降神者。占恐懼致福而不失其所主之重。

項安世：震有二義：自畏震，震使人畏。二者皆足致亨。震來虩虩、自震致亨者：震驚百里、猶威震其國、震人致亨者。　傳彖出即帝出乎震之出。先儒謂君出、非也。

趙彥肅：陽氣動而爲震，聖人以雷立象。蓋徵其顯名。雷霆之威所以生物，聖人贊易常以其顯者示人。出守宗廟、出、猶作也。恐懼修省，動合天理，非止見威而懼。

楊簡：震有動，恐懼義。慢易則放肆、震懼則收斂故曰虩虩恐狀。放肆致禍、恐懼致福，笑啞啞致福可驗也。禹會諸侯何止驚百里！主器長子守宗廟社稷，匕登鼎實，鬯通神明、祭始禮也。

吳澄：二雷相踵而動。占人聞雷恐懼修省致亨。震象諸侯、地方百里。一陽象聲、二陰象百里。聞雷皆驚。喪失、匕升肉於俎、鬯灌地降神。祭者不驚懼而失其匕鬯而亂所守也。

梁寅：陽動則有亨道。震來虩虩驚恐、始雖不安而後乃亨。故笑啞啞。此所謂生於憂患者也。當祭執匕鬯、聞雷不失容。不爲之變，其於事變之小者无所屈撓可知也。

來知德：震動象雷、屬長子。虩虩恐懼。壁虎。啞啞笑聲。匕匙也，長二尺。易理危使平、易使傾、安不忘危、虩恐无慢、言笑自如。言能恐懼致福。非眞有是事也。

王夫之：陽欲起陰閡上，震來陰虩虩也，陽亦未嘗不虩虩也。非傷陰，使散蔽固、以受交資生。榮而笑啞啞。匕升肉俎鬯、受命奠宗社。交神治民、共贊敉寧、所以日進高明。

毛奇齡：重雷兩剛皆爲震主、一往三來皆謂之來，剛之攝柔。下以初往、四往皆謂來、無非外來之震動。故震恐言笑如故、匕箸不失。常度從容、肉在匕酒在斝匕鬯不喪也。

折中集說引蔡清曰：當震之來時、虩虩以心言，狀其震來。來猶至也。震驚百里以事言，常存敬畏、執事便敬。不喪匕鬯、不懼也。不懼由於能懼。案震來義蔡氏得之。

李光地：一陽壓於二陰勢必奮上、其德震、其象雷。天地之氣周流和豫以成天功、故震來恐懼敬愼、其後笑言自適，雖變故大、驚百里亦不失其所守之重。彖虩虩致福也。

李塨：震、動也。重震則二雷相逐故虩虩然（恐懼）。震爲言、爲笑故有啞啞象。匕以棘爲之，鬯秬釀鬱草爲酒以降神。主鼎者長子守宗廟社稷。恐懼致福后自言笑不失則矣。

孫星衍引釋文虩虩荀作愬愬。引集解馬融鄭康成曰虩虩恐懼貌。 陸希聲曰虩、蠅虎。始在穴中跳躍而出，象人心之恐動。（撮要）馬融啞啞笑聲。鄭康成樂也。虩虩戒也。又鬯、秬黍之酒，其氣調暢。先儒云雷發聲聞乎百里，故公侯百里以象焉。又匕形似畢，但不兩歧耳。棘木爲之、長三尺。刊柄末詩云有捄棘匕是也。用棘者其赤心之義。

姚配中案：雷出地、陰陽氣交萬物達故亨。萬物震驚故虩虩，鬱氣舒故啞啞。春生之氣也。（注後漢酈炎以陽九陰八數知驚百里。初世子居士位、四諸侯。出則長子掌祀。）

吳汝綸：震懼成則是以亨。諸侯封不過百里象雷震百里。不喪匕鬯、言當大變而不驚。喪匕鬯猶後世失箸耳。後儒衍爲長子主器說、經無此義。傳彖則、常也。

丁壽昌：虩、馬恐懼貌、荀愬愬。陸蠅虎。古虩愬通。雷震百里是相傳古義。震爲鬯爲守、艮宗廟、長子爲祭主也。

曹爲霖：魏冰叔曰宴安酖毒，管仲戒桓公而齊霸；懷安敗名，姜氏戒文公而晉興。震長子主器、必恐以致福，笑言啞啞後乃有則。唐太宗畏天鑒臣瞻，魏徵願謹終如始則善矣。

星野恒：一陽動于二陰之下。其象雷、德動，又長男。陽欲動上、宜無阻滯故亨。虩虩周旋顧慮。啞啞言笑和適。手執匕鬯，極其誠敬，可以守世祀承國家之統也。

馬通伯：說文引易啞、笑也。蔡清曰凡事皆當懼、懼便是震來。酈炎曰古者封建諸侯皆百里。陽九其數三十六、陰八其數三十二，震一陽二陰故百里。案長子周傳子法。

楊樹達：〔論衡〕千里不同風、百里不共雷，易曰震驚百里。〔漢紀哀帝紀論〕百里……象諸侯之國。〔古文苑〕陽數卅六，陰數卅二，震一陽動、二陰靜故曰故里。

劉次源：震長子、司春主大器、震可觀天心氣象新也。戰勝陰是以亨。虩驚啞笑、死安樂生憂患。重震狀雷多、故天下咸驚其神。不喪、心意寧也。

李郁：震懼奮勉、自強之功也。陽起於下故亨。來謂乾一來交坤。虩虩恐懼，初晉五成兌口笑聲啞啞。震長子建侯故百里。匕牲體薦鬯酒、守器之固、不因震舉措失常也。

徐世大：娠通震。虩虩形容產婦臨產既恐懼又羞澀。笑指家人、尤指望孫心切祖母。譯作臨產、普遍。動螯螯、笑嘻嘻。驚動了百里，沒有丟掉一個瓢兒罐兒。

胡樸安：長子主器。宗法既立、主一國重器當以長子、恐懼脩省、自治治人是以亨。臨民既嚴肅使民畏威、又和靄使民懷德。匕鬯祭器、守器不失也。可為祭主君臨天下也。

高亨：亨即享。震來虩虩、笑言啞啞疑衍。刪則亨下正記享祀時迅雷大作、祭者從容行禮、不失匕鬯。有此八字則辭意隔閡。雷百里言雷聲之大。匕、匙也。匕鬯祼祭所用。

李鏡池：談到雷電和人們的認識。有三種反應：一聽到雷聲害怕哆嗦。一言笑自若、滿不在乎。一聽到大響雷還是鎮靜、手拿勺子、沒有灑出一點酒來。

屈萬里：春秋隱公九年大雨震電。穀梁震、雷也。言恐懼致福。鬯、正義香酒也。左襄十四年民奉其君畏之如雷電。逸周書：不始電、君無威震。經義述聞有則猶言有常。

傅隸樸：笑啞啞是太子德、震百里是太子之才。不喪即不失、保宗廟社稷。匕撈工具、鬯灌酒圭、祭器。震長子、又震驚懼、臨危不亂鎮定工夫、從識量說可判定能否擔當得國家的重任了。

金景芳：鬯是高質量的酒，匕宗廟器。干寶說祭荐陳多、獨言不喪匕鬯者、人君所自親也。祭主親自做。呂坤話可品味、他說：大事難事看擔當，逆事順事看襟度，臨喜臨怒看涵養，群行群止看識見。看來震卦是一種考驗。

徐志銳：卦義震動、卦象雷。陽動進、陰靜退。激蕩成雷。陽必進于上故震有亨通之道。震雷隆隆、知恐懼可保安全致福。而后以容自若啞言而笑。匕是羹匙、鬯香酒。主祭者專一似沒聽見雷聲、鎮定不失常態，這樣的人可繼王位了。

張立文：辰（震），亨。辰（震）來朔（虩）朔（虩），笑言亞（啞）亞（啞），辰（震）敬（驚）百里，不亡（喪）釓（匕）觴（鬯）。譯：震，祭祀時巨雷響，人們很恐懼，後又歡笑言語，雖巨雷震驚百里外、但仍不失手中的勺子和酒器。辰假為震。

林漢仕案：荀爽之謂「震來虩虩。」虩虩有六解：⑴危懼：戒懼。⑵本作虩虩，懼也。⑶蠅虎從穴中跳出、象人心恐動。⑷敬慎。⑸訴之或字。⑹悉悉。（見履九四、愬愬注）竊以為虩虩，其或作愬愬、顛顛。覤覤、猶啞啞笑聲、形容一種狀態、從文字結構上言、皆著一虎字、此虎非籠中虎、孰可與之對立而不心驚？衆際見虎貌故作虩。而顛、覤則無障礙矣，尤險尤可懼也。以之狀奮怒雷虩虩來。尤可懼者，曹為霖謂：「昔人登天目山視雷雨，但聞雲中如嬰兒聲。故坡公詩「山頭只作嬰兒看、無限人間失節人。」雷轟薦福碑，雷擊世間不孝子、其頭額皆有字樣。震雷活現，其不為龍矣、為天上包黑子、天上閻羅王矣！其為嬰兒也尤屬兒嬉、豈雷母帶著兒女佈雷？古人不知雷電、非古人之過也，今人仍以「無限人間失節人」以勉自然現象而恐懼修省，修則修矣、郢書燕說而未嘗無益於修也。蓋神權之餘緒有益於治、亦有益於中人以下。天威不可犯。故古人聖者籍天垂象、不只教人主君王敬畏天威、要脩身刑於寡妻至于兄弟而至于四海、作之君、作之師，士庶人之脩省在夙興夜寐、謹身節用，至毋忝所生，是即虩虩而後嘻嘻象也。孟子所謂樂以天下，憂以天下，范仲淹因之而有先天下之憂而憂，後天下之樂而樂名言。普天同慶之遠景，可望亦可即也。六二坤爲富，聞突發迅雷、抑如喪亂蔑資、如失憑藉、如墜九原，毋須驚，卜待七日週期可恢復常態、其得吉也。六三天雷仍蘇蘇震、似有意志之在天際巡狩、寄怵惕告誡之威勢、朱子云占者若因懼而去不正、可以无眚。作易者亦逕判定三爲无眚也。九四經一再震，雖是餘震、規模小於主震，偶然亦可警驚弓之鳥，然所謂牿之反覆，遂因上事而生下事，震遂泥於一成不變，不能再渙發人心矣！不能予人耳目一新矣！六五君也，人人可爲堯舜，可有爲天下得人之志？天授予柄、震之可往來厲、謂可隨地而起也。然而不飛不鳴者何與？妄以飛鳴不自忖知己、逕行征伐之事實、以暴易暴，以愚制愚，其勝其敗皆無益於生民故無特殊意義也。程子判以无喪爲大。謂五居中而無可用之人乎？抑以勉浩然之氣，是集義所生、必有事焉而勿止乎？六五之有事，姑不論其祭，其戎，有其集義所生之事、占者者皆能免於咎也。（孔穎達）上六時過境遷，處消沉索索之震，目光驚駭四顧，不能自正猶盼正人、必有所失也。是不祇衆叛、即親亦疏矣！故婚媾毋論其嘉耦怨耦之有怨言也。震爲自發軔者、自寢其震則人亦不我犯、上六爻辭之所以无咎者其如是乎？

卦辭　震、亨。震來虩虩，笑言啞啞，震驚百里，不喪匕鬯。似不能與六爻爻辭所敘、其進程吻合。

茲聚二千年學者高見：

彖：震恐致福，笑有則也。驚遠懼邇。可守宗廟爲祭主也。

象：洊雷震、君子以恐懼脩省。

鄭玄：雷聲猶君出政教動國人。　王肅：有靈而尊莫若天、有聲而威莫若雷、雷不過百里。　干寶：殷制諸侯百里。　陸績：震爲雷聲，驚于百里。春發秋收，取象定吉凶。　王弼：虩虩恐懼貌。　孔疏：雷威教天下不敢爲非、保安其福故笑。　虞翻啞啞笑且言。　張載：卦純以君出子在言，不雜君父共國時也。　程頤：奮發進修保大可致亨。虩虩不自安則能保安裕。啞啞笑和適貌。　蘇軾：震陽德逮陰故亨。　張浚：虩虩憂，陽動笑。驚由邇及遠千萬里。此繼天爲子事也。　張根：未有不更憂患而能恐懼者。居有威然後出可守。　朱震：蠅虎不自寧，長子監國不失職。　李衡引：蠅虎穴中跳躍出，象人心之恐動。　楊萬里：懼敬、求轉禍爲福。敬甚懼忘。舜烈風雷雨弗迷、敬也。　朱熹：震動、其象爲雷爲長子。　項安世：自畏震，震使人畏皆足至亨。彖帝出乎震。先儒謂君出、非也。　趙彥肅：雷威所以生物。聖人常以其顯示人。脩省非止見威而懼也。　楊簡：慢易放肆、震懼收斂，禹會諸侯何止聲百里。　吳澄：占人聞雷恐懼修省。　梁寅：虩虩啞啞此所謂生於憂患者也。　來知德：虩壁虎。恐无慢、言能恐致福、非眞有是事。　王夫之：陰虩虩、陽亦虩虩，以受交資生。　毛奇齡：震恐言笑如故、匕箸不失。　折中引：虩虩以心言。驚百里以事言。　李光地：一陽壓於二陰、勢必奮上。　李塨：二雷相逐故恐懼。　姚配中：陰陽氣交萬物達故亨。春生之氣也。　吳汝綸：諸侯卦不過百里。後儒衍爲長子主器說、經無此義。　丁壽昌：雷震百里是相傳古義。　曹爲霖引：宴安酖毒，必恐以致福。星野恒：虩虩，周旋顧慮。啞啞言笑和適。　馬通伯引：古者封建諸侯百里。長子周傳子法。　楊樹達：千里不同風、百里不共雷。易曰震驚百里。　劉次源：重震象雷多、天下咸驚其神。震長子主大器、勝陰是以亨。　李郁：震懼奮勉、自強之功也。　徐世大：娠通震。臨產恐懼、笑指望孫心切祖母。　胡樸安：長子主器、自治治人、既嚴又和靄、可爲祭主君天下。　高亨：震來虩虩、笑言啞啞疑衍。刪則亨下正記祀時迅雷大作。　李鏡池：人們對雷電有三種反應：一害怕哆嗦。二滿不在乎。三鎮靜。　屈萬里：言恐懼致福。左襄十四年民奉君畏之如雷電。　傅隸樸：啞啞是太子德、震百里是太子才。臨危不亂、識量可判定。　金景芳引：大事看擔當、逆順看襟度、喜怒看涵養、行止看識見。看來震卦是一種考驗。　徐志銳：陽進陰退，激蕩成雷、雷隆隆知恐懼可保安致福。　張立文：祭祀時巨雷響，人們很恐懼，後又歡笑言語。

從以上集註中可發現一共同點：因震雷而恐懼脩省，即孟子之所謂生於憂患之意。雷聲代表天之威靈，君之政教。（鄭玄、王肅）修省又非止見威而懼。（趙彥肅）天下咸驚其神。（劉次源）震懼奮勉、自強之功也。（李郁）君子所以恐懼修有：君子指時君。諸侯封不過百里。君出子在言，謂震長子主器、謂繼天爲子事。吳汝綸以爲經無此義。丁壽昌以雷震百里是相傳古義。楊樹達以千里不同風，百里不共雷。屈萬里引左傳民奉君畏之如雷電。金景芳以震卦是一種考驗。姚配中謂陰陽交，萬物達、爲春生之氣。言在李鏡池之前、人們對電害怕，不在乎，鎮靜之外，多一份喜悅。徐世大以爲娠通震爲臨產恐懼。項安世提出震雷：自畏、亦使人畏。震百里猶威震國。總上震之爲：帝出乎震，君出政教，諸侯封不過百里，長子主器，君子修省，相傳古義，百里不共雷，民奉君畏之如雷電，是一種考驗，春生之氣，臨產。以上十一說皆言之成理也。項安世之是「帝出」而斥「先儒謂君出、非也。」吳汝綸謂「諸侯封不過百里、象雷震百里。後儒衍爲長子主器說、經無此義。」來知德之謂「恐无慢、因恐致福非眞有是事。」則無關乎天子諸侯、長子、民畏之其身分之爭也。趙彥肅之修省非止見威而懼、要動合天理也。楊簡之「禹會諸侯何止驚百里。」仍落入身分之辨。今人皆知雷電之所以生、無關乎坡公詩「山頭只作嬰兒看、無限人間失筯人。」有雷公雷母，奉天意志擊天下不孝子、爲非作歹者、然聞迅雷仍不免張皇、古人藉以設教、藉以檢討、約束、人人皆是「烈風雷雨弗迷」之舜也。所謂不喪匕鬯也者、藉天垂象以設教之聖賢、自然不落入虩虩天威外而失其所守也。來謂「非眞有是事」。而是事之來諒必如是也。蓋一切在掌握中矣！

初九、震來虩虩，後、笑言啞啞，吉。

象曰：震來虩虩，恐致福也。笑言啞啞，後有則也。

干寶：得震之正。震來虩虩，羑里之厄也。笑言啞啞，後受方國也。（集解）

王弼：體夫剛德爲卦之先，能以恐懼脩其德也。

孔穎達：初九剛則不闇於幾，先則能有前識，故能恐懼自脩獲吉。卦主威震令物恐懼致福。爻論遇震而懼，脩省致福。其事一也。

李鼎祚引虞翻：虩虩謂四，初在下故後笑言啞啞，得位故吉。

程頤：初震主，致震者也。震始能恐懼周旋顧慮，虩虩然不敢寧止、則終必保其安吉，故然後笑言啞啞也。　傳卦辭蠅虎謂虩者，以其周環顧慮不自寧也。

蘇軾：震以威達德、可試不可遂。試則養无窮，遂則玩不終。初九不遂者也。虩虩之震、繼之笑、明其不常用也。惟不常用故四陰莫敢犯其鋒，皆逃避而後免也。

張浚：初爲震動主，動以欽畏，道不違天，故天下取則而說在動後，其理固然也。

張根：恐懼當在初故。

朱震：初九先畫之爻九四後也，於爻言後笑言啞啞、與卦辭互發之。

鄭汝諧：其辭與繇辭同，震之旨在焉。餘從程氏。

李衡引石：初九陽明、能先戒懼者，故繇彖所言，此爻當之。　引范：君子懼心必慎始，百志弗違道，懼身不履危、百行弗罹禍。初六震來致福、愼始也。　引房：初九愼始所以致福。

楊萬里：彖辭已言之矣。爻彖辭同，或者其一重出，後有則者，喜而不失節也。

朱熹：成震之主，處震之初，故其占如此。

項安世：初九震在己爲恐懼。下卦震之主。自震也。震來恐甚、笑言樂亦稱之。百里猶威震其國也。

趙彥肅：初九爲一卦之主。盡震之義，故以卦辭明之。

楊簡：知所懼者誠鮮其人，惟聖智而後知。咨憂、克艱、兢兢、孔子曰人皆曰予知、驅納穽中莫知辟！聖人後用卦辭於此爻，覬人之少省也！

吳澄：下震主、四上震主、雷威皆此二陽所爲。人外來至雷震之所、初恐懼、後安樂。始懼不寧、終保安吉故笑言啞啞。

梁寅：卦唯初四二陽，而四陷陰中不能震動，則下卦之陽乃全卦之主也。故爻與彖辭同。

來知德：震言虩虩存于先而笑言啞啞在其後也。初乃成卦之主。初九、九四陽、乃震之所爲震者，震動之震，二三五上陰也，乃爲陽所震者、震懼之震。震初其占如此。

王夫之：初九震主，故象占同。此爻有笑言之喜，通二三言之，而初已裕其理也。變亨。言吉者、此但具吉理。蓋人心初動之幾，堅守以正幾微之過、乃吉。

毛奇齡：虩虩恐也。自註或以蠅虎、非是。增一後字、明非震前。彖震後、象傳笑言後也。

折中集說引胡炳文曰：初九震主、在內卦之內，故辭與卦。蓋震之用在下，初又最下、所以爲震之主也。

李光地：此爻爲卦主，故其辭與彖同而傳如之。

李塨：重震以內爲主。內震以初爲主。居下能恐，彖震來虩虩而后啞啞者正指此爻也。

姚配中案虞注：初爲震、始得正，故卦辭復發於初、以見恐懼修省、无在不宜然者也。

吳汝綸：初繇與卦同、卦之主也。六三以下皆以震言懼，初、二皆曰震來。王云威至而後乃懼。

丁壽昌：虞虩虩四也。初位下故笑言啞啞，得位故吉。胡雲峰曰初內卦之內、震主，故辭與卦同。蓋震之用在下而重、震主又窮下者、所以爲震之主也。

曹爲霖：啞啞小兒笑聲，二至四互艮、初爻山下雷。昔有人言登天目山視雷雨，但聞雲中如嬰兒聲。故坡公詩山頭只作嬰兒看，無限人間失筯人。其虩虩啞啞之謂也乎！

星野恒：剛才處震初爲卦主、能虩虩恐懼、不失其度、所以致福而有則。

馬通伯：房玄齡曰震初恐懼致福、豫初倡逸貽凶。范仲淹曰懼於心則百志弗違於道、懼於身則百行弗罹於禍。劉啓琳曰笑言范文正所謂後天下之樂而樂也。

劉次源：初震主、人心始動之幾也。宜恐懼以保持。後有笑言吉、由兢翼來也。傳象恐懼致福、福在後也。

李郁：震所以成始也。初爲卦主。是故與卦同辭。傳象：凡事先艱後易，先危後安。詩云：

「不震不動，不戁不竦，百祿是總。」此之謂矣。

徐世大：有婦臨產、上香神堂祈福祐。故譯作：動得來蝎蝎螫螫之後，啞啞地又笑又說的。好。

胡樸安：初九辭與卦辭同。主器長子，溫而厲之態度也。爻特再言著其重也。多一後字、吉字。震後笑言而吉也。

高亨：馬云虩虩恐懼貌是也。啞啞笑樂、馬鄭說是也。先懼後喜之象。故震來虩虩後、笑言啞啞吉。

李鏡池：這是第四種反應：開頭害怕、後來懂得自然現象就不怕了、能談笑自若。

傅隸樸：初九卦主故卦德是初九之德。初居一卦之先、九剛明、能自勉、能推理。所以聞雷即能恐懼修省。震知懼、懼後得笑。爲恐爲懼、天德及物故亨。有疑後字衍文。卦無後字應是上句的省文。

金景芳：書經說：烈風雷雨弗迷。這是一種考驗。身閑氣靜坐如泰山。可以出而嗣位矣。

徐志銳：震主爻在初、四。剛奮進有聲爲雷。初九聞其聲知恐懼、這就不致招禍而能得福。震雷後能立刻恢復常態、因此啞言而笑。范仲淹：君子懼于心則弗違道，懼于身弗罹于禍。故初九震來致福、愼于始也。

張立文：初九，辰（震）來朔（虩）朔（虩），後芺（言）啞啞，吉。　譯：巨雷響，人們很恐懼，後又愉快地言笑，吉祥。

林漢仕案：震雷之來、爲言爲聲、爲動爲鼓、爲驚爲懲。（孟氏、九家、虞氏逸象）八卦以象告。爻彖以情言。（繫辭下）象曰震來虩虩、恐致福也。所謂小懲而大誡，此小人之福也。又不止小人之福也、君子亦因之安其位、身安國治矣！斯之謂因恐而致福也。茲輯衆說如后：

干寶：震來虩虩、羑里之厄也；笑言啞啞、後受方國也。

王弼：體剛德爲卦先，能以恐懼脩其德也。

孔穎達：卦主威震、令物恐懼致福。與爻脩省致福一也。

虞翻：虩虩謂四、初笑言啞啞、得位故吉。

程頤：震始虩虩然不敢寧止，蠅虎周環顧慮不自寧必保其安吉，故然後笑言啞啞也。

蘇軾：虩虩之震、明不常用故四陰莫敢犯鋒、皆逃避而後免也。初不遂者、震繼之笑。

張浚：動以欽畏、道不違天，故說在動後。

朱震：初先畫、九四後、於爻言後笑言啞啞。

李衡引石：初能戒懼。引范：君子愼始弗羅禍。

楊萬里：後有則者，喜而不失節也。爻彖同、或重出。

朱熹：震之主、處震初，故其占如此。

項安世：下卦震主自震，恐甚、樂亦稱之。百里猶威震其國。

楊簡：惟聖智而後知。聖人覬人之少省也。

吳澄：初恐懼、後安樂、終保安吉故笑言啞啞。
梁寅：四陷陰中不能震動，初陽乃全卦之主。故爻彖辭同。
來知德：虩虩存于先、啞啞在其後。二三五上為陽所震、震初其占如此。
王夫之：初震主。此但具吉理，正幾微之過乃吉。
毛奇齡：虩虩恐也。註蠅虎、非是。後、明非震前。
折中引：震之用在下，初又最下、所以為震之主也。
李塨：居下能恐。彖震來虩虩而后啞啞正指此爻。
姚配中：初震始得正，以見恐懼修省，无在不宜然者也。
吳汝綸：六三以下皆以震言懼。王云威至而後乃懼。
丁壽昌引：震之用在下而重，震主又窮下者，所以為震主也。
曹為霖：啞啞小兒笑聲。昔人登山視雷雨、聞雲中如嬰兒聲、故坡公詩「山頭只作嬰兒看，無限人間失筯人。」
星野恒：初剛才卦主、能恐懼不失度、所以致福而有則。
馬通伯：房玄齡曰震初懼致福，豫初逸貽禍。范仲淹曰懼則不違道、弗罹禍。劉啓琳曰笑，所謂後天下樂而樂也。
劉次源：初人心始動之幾、恐致福、福在後也。後笑言吉、由兢翼來也。
李郁：震所以成始。凡事先艱後易、先危後安。詩云：「不震不動，不戁不竦，百祿是總。」此之謂矣。

徐世大：有婦臨產，上香神堂祈福祐。啞啞笑說好。

胡樸安：主器長子溫厲態度。震後笑言而吉也。

高亨：先懼後喜之象。故虩虩後笑言啞啞吉。

李鏡池：開頭害怕、後來懂得自然現象就不怕了、能談笑自若。

傅隸樸：初九卦主剛明、能推理，所以聞雷能恐懼修省，懼後得笑。卦無後字、疑衍文。

金景芳：初九聞雷聲知懼。范仲淹云君子懼于心則弗違道，懼于身則弗罹于禍。故震來致福、愼于始也。

張立文：巨雷響、很恐懼、後又愉快地言笑，吉祥。

因爻與卦辭同，故彖之言恐致福，象之言君子以恐懼脩省、易家全盤接收。如王弼之能恐懼脩其德也。孔穎達謂卦與爻脩省致福一也。

干寶謂羑里之厄；後受方國。

虞翻謂虩虩四、初得位吉、笨言啞啞。

程子謂蠅虎不自寧，必保吉然後笑言啞啞。

蘇軾：四陰莫敢犯鋒，皆逃避。初不遂者繼之笑。

說在動後。（張浚）君子愼始弗罹禍。（石引范仲淹）

以下之演爻義、蓋不出初懼後安樂、愼于始、致吉祥故福在後也。異乎以上君子之訴說者有：

毛奇齡謂注蠅虎、非是。

曹爲霖：啞啞小兒笑聲。謂昔有人登天目山視雷雨、聞雲中如嬰兒聲。故坡公詩：山頭只作嬰兒看、無限人間失筯人。

徐世大云：有婦臨產、上香神堂祈福祐。笑說好。

李鏡池：開頭怕、後懂自然現象就不怕了。

戰慄恐懼如履春冰、如臨深淵、取其戒而已、未必保證不陷不墜也。如隱晦韜光、孤介守貧、冀人不我犯、人果不犯我乎？然能臨深履薄之戒心處世、傷亡可減至最低，成功幾率可往上提也。房玄齡之曰懼致福、逸貽禍。懼未必致福、逸必貽禍。佛家所謂「欲知前世因、今生受者是。欲知來世果、今生作者是。」故有現世報、來生報、或无邊劫后報。不是不報、日子未到。又有所謂宿世因緣在也。然而吾人確信不畏天威，放棄脩省，雖有無邊福報、終有用罄而招禍；雖有無盡業障、終因恐懼而減輕罪孽。故初之雷震因恐致福、作易者其知道也。干寶以羑里之厄方之文王、後受方國故笑。曹丕之勝出得立、抱辛毗頸而喜曰：「辛君知我喜不？」有人嘆代君宜戚而喜、知魏其不昌矣！文王豈經羑里之厄、受人方國即笑言啞啞矣！雖非代君、而君之不才暴虐依舊也。程子謂蠅虎不自寧。初從人中至聖之文王、徙降爲連禽只不如之小蚊蠅、落差太大。曹爲霖之雲中如嬰兒聲、雷有意志矣！雖然坡公詩助之證雷擊只作嬰兒看、人間聞雷而失箸者、豈皆小兒佈雷發聲之戲弄下笑料？雷擊眞兒戲矣！天有意志矣！敬畏天威成立矣！是知識份子士大夫之可哀也！李鏡池故云謂：「後懂自然現象就不怕了。」「不怕」亦非本爻虩虩啞啞之意，蓋以今駁古也。徐世大從文字上震之從辰得聲，故謂女子懷孕曰娠、通震、言妊而動，特敍臨產事、徐徐自謂「說易解頤」也。姑不論。

上古神權時代、得天垂象、天子扮演刑於四海、兆民賴之角色，士庶人扮演風興夜寐，謹身節用角色，都能具如諸侯章之勉戰戰兢兢從事和睦上下之工夫，是正震來虩虩後、天下和樂、天下嬉嬉景象是普天同樂之遠景也。可望亦可即。卦示遠景、初爻再敍，是勉可及之象乎？

六二、震來厲，億喪貝，躋于九陵，勿逐，七日得。

象曰：震來厲，乘剛也。

荀爽：貝，覆也。（群經音辯）

鄭玄：十萬曰億。（釋文）

干寶：二木爻震身，得位无應，乘剛爲危。託文王積德被囚故震來厲，億歎辭。貝寶貨，喻拘文王，閎夭之徒以賂紂也，故曰億喪貝，雖喪勿逐，七年之日文武受命也。

王弼：震義威駭怠懈，肅整惰慢者。二乘震來，喪其資貨，亡其所處矣。億辭也。无應而行，无糧而走，陵險必困于窮匱，不過七日得也。

孔穎達：貝，資貨糧用之屬。六二陰賤反乘之，傲尊陵貴，有危亡喪其資貨。无應而行，超越陵險，必窮匱，不過七日爲有司所獲矣！

李鼎祚引虞翻：厲，危也。乘剛故厲。億惜辭。坤喪，三動離爲蠃蚌故稱貝，艮下故陵，震足乘初九故躋于九陵，震爲逐，謂四已體復象故勿逐，三動離日震數七故七日得。

張載：初動而之上故曰躋于九陵，億必也。

程頤：二居中得正，乘初剛震來之厲，度不能當，必喪所有，升至高以避之。九言重岡。二中正遠避以自守，時過事已則復常，戒勿逐故云七日得。自得也。

蘇軾：初九威不可犯，來危往安，故喪貝勿逐，躋于九陵以避之。以初九不遂其震、繼之以笑，故可得所喪、明初九之威，七日得明初九不以威窮物。

張浚：剛動于下，二以陰乘之，剛陽必喪其資。惟應五斯不失臣道之常。七日爻之一氣周也。居震動時，臣當一心應君，不然名實俱喪。五在互艮上爲九陵，貝所資之利。周公遇管蔡之變，當是時，厲其孰大。

張根傳彖：乘剛不能無失得，位不能不復。

朱震：四震上來乘初剛、二所以危厲不安。二動成兌口億，虞作噫、惜也。二惜所利、之五上躋九陵，逐利往、離毀貝喪。二中正自守、不逐自得。二數至上又自初數七。

鄭汝諧：二雖中正、柔不果動。初迫不動則危矣！億度寶貨可喪，不懷利後動。不憚九陵之險，不逐逐安利，七日卦變、事定必得安利。重耳安齊、子犯爲能知幾也。

李衡引陸：萬萬曰憶，言理必不易也。引介：億安。貝寶位則喪，陵高大動主，勿逐復。引薛：七日初爻。引簡：未有畏威愼命不能保位者。引石：震失位戒、二得位不吉。引牧：億辭也。貝寶貨得位也。躋升。九陽極。凡陰奔七日得。

楊萬里：二柔乘初剛，險也；二靜應初動，詘也。以柔避剛、靜馴動、勿逐、險易詘伸有得矣！厲、猛也。躋九陵、避遠也。億度也。度逐則喪所有之資。七日久也。

朱熹：二乘初剛故當震來而危處也。億字未詳。當喪其貨貝而升九陵之上，然柔順中正足以自守，故不求自獲。九陵、七日之象未詳。

項安世：重震自臨變。六四來二成下卦，居下震之上故稱來。昔九二今六二故曰喪貝、言憶度喪其資。躋九陵升四也。二得中位、逐則資位俱喪，勿逐者守中也。二五對爲七。

楊簡：大王不可禦狄、不可安處，邑岐山下、他日興周，此象也。二乘初剛不安故億喪貝、往躋九陵六五象，未應不可得，至歷六爻七日一卦變則得，勿用逐也。避難曲折如此。

吳澄：占二乘初剛犯震故危。億戲者被震雷驚散而喪失所億度之貝，自二從三而避之。三互艮半山故爲陵。勿追尋，至七日所喪之貝可得。二怯懦无所守、然居中得正。

梁寅：二柔順中正、善處患難者。震來先自危厲。當陽來而懼也。以心億度：必喪所有貨貝。於是躋九陵避患，五艮山陵象。九重複意、卦位有六、七更始。事久變通時也。

來知德：猛厲、億大。躋升。六二乘初九之剛故大喪其貝。然居中得正、此无妄災耳，又占者若以柔順中正自守，始雖喪失、終則不求而自獲也。故有得貝象。

王夫之：二三震而來者。厲、嚴威相迫。億大、陰主利故曰貝。剛來銳、以嚴使陰，大喪所積，躋高地以避其銳。若治亂之幾，始武威物必凋喪、亂戡散復、勿逐自得象。

毛奇齡：自此至上皆震驚有喪。乘剛震來固厲，自臨易此尤厲。臨時四坤鱗次如貝、易貝形大喪。本兌易成艮爲丘陵、陽九、自二升躋、似多喪逐之。歷六爻喪盡何用逐！億、多也，與大通。

折中集說引蔣悌生曰憶、度也，事未至未著而先謀度之謂億。　引楊啓新曰喪自喪。躋九陵飄然遠舉。人遠利自處高、豈惟無厲，所喪不可而獲矣！

李光地：億、審度。懼來人思亟避、慮不審，故以億爲善。二乘剛而危，然居下位未有重器之守，所喪貝耳。審此遠去、處震道也。有中正之德、時至則亨，占勿逐七日得。

李塨：二乘初剛、爲龍雷之聲所攝，故震來而危大喪其貝。（億大、變離爲龜貝）避躋九陵之上（互艮山陵、九四九陵）。然中正終无失、喪貝不必逐，至七日後其位自得之耳。

孫星衍引釋文：億本又作噫同，於其反，辭也。鄭於力反。喪、息浪反。貝荀作敗。躋本又作隮。　引集解鄭康成曰十萬億。（釋文）

姚配中案鄭注大謂億。又雷在上反動而下，未在上則由下而上。二乘初陽、動成離故震來厲、陰隨陽升也。雷終反下故勿逐。九者陽之極、極則反。

吳汝綸：震之對艮、自二起終震六爻、益以艮之初二爲七日則陽來，斯得貝。貝喻陽。億噫同。辭之抑也。躋于九陵、變成艮也。

丁壽昌：億又作噫。古億噫意並通。鄭十萬曰億。虞惜辭。令升歎辭。貝古作敗。躋登、尙書作隮。二居中乘剛故厲。勿逐指喪貝。勿逐、時王之制。二五中、七日就爻位計。

曹爲霖：會通云二乘初剛、勢之不敵如彼何哉！勿與爭鋒可爲善後之圖。太王避狄、沛公避羽是也。王臨川曰墮甑勿顧，當有去珠復還之喜，喪乃所以爲得也。

星野恒：億度。喪其資財。躋升。逐追。柔居初上。初動上奮、孰能禦之、危厲可知。苟柔順中正不失所守、則不勞追逐、時過事已、則當自復其常。何必盡力追求！

馬通伯：王宗傳曰億、多也。大數也。惠士奇朝有九重、闕有九棘。勿逐時王之制也。案貝水物。五二不相應而相失故二喪貝、勿逐謂二中正不可變。七日理數自然期。

劉次源：億多、貝寶貴。初陽逼震來厲也。群陰錯愕喪貝。河圖陽自乾九入坎躋九陵、旋出見于震七勿逐自來也。天道自然、牿不滅、平旦氣必復回。天良激刺乃弗迷也。

李郁：初九威猛逼人、二乘人，柔弱無能、未免驚惶失措。億度、貝大寶。億不中故喪其資寶。二无應于五、五爲貝朋、二失之。然可勿恐，初躋九五、二應。自剝至復數七日得也。

徐世大：九陵即九原、墓地。自震動至生產有至七日者。動得厲害了，億想必損貝殼送上墳去，甭忙，七天就得。

胡樸安：震來人人引以自危。貝、貨也。民衆習慣殷紂奢侈淫佚之俗，驟加以嚴肅之治、自歎喪其貨貝不敢奢也。升避九陵、不必追尋、七日升避之民自來也。

高亨：按易初文當作意。作憶噫皆後人改。讀爲繄、猶惟也。謂喪貝時方登九陵。蓋巨雷來因驚而喪貝，筮勿逐，故記之。古人失物往往問諸卜筮，今人猶然也。

李鏡池：寫商人路上遇雷電危險，但他不怕，只考慮會不會虧本，爬山越嶺，趕往市場。但雷厲雨暴，山路路滑，心想七八天內會把錢賺到。表現商人爲賺錢不顧危險的情景。

屈萬里：釋文億本文作噫。按古同聲通用。躋，說文登也。九陵即高陵。古九高昊音近，九天即昊天。詩鶴鳴九皋。皋，岸也。歸去來辭登東皋以舒嘯亦岸也。九皋即高岸也。

傅隸樸：震所以警戒玩忽者。二乘初九，忽視震威。當懼不懼，臨頭就無可挽救，故曰震來厲。億噫歎辭，喪貝失財產。九陵，逃入深山，一週期便會得到他。乘剛錯誤所致。

金景芳：震來得猛。厲是威。億喪貝。王无義。程猜度。查愼行兆、萬數字。我看程傳跑到高處說講得通。程說升至高以避之也。九言其重、多也。躋是升。勿逐不用追。程傳時過事已則復其常故云七日得。沒有另外的解釋。

徐志銳：程頤：「初剛震主，動而不奮，孰能御之！厲：猛危也。彼來猛則己處危矣。」陽動逼二，二處境危險。初迅雷不及掩耳，二乘初剛受震動沖擊，不能不退避。

張立文：辰（震）來厲，意（億）亡（喪）貝齍（躋）于九陵，勿遂（逐）七日得。　譯：六二，出門遇巨雷，危險，驚慌中喪失了貨貝，這時正登於九陵之上，不要去尋求，七日後可以得到。　齍假爲躋。遂假爲逐。

林漢仕案：初震來虩虩。天垂像所謂小懲而大誡也。此又不止小人之福，君子亦以是得身安國治矣！蓋有所懼則有所敬也。謹身節用，毋忝所生；至戰戰兢兢，刑於四海，自天子至於庶民、心同此理、道濟天下不違不過矣！六二之震來厲，厲、起也，象謂乘剛也。易家多以危厲解。如干寶乘剛爲危。孔穎達危亡喪資。虞翻、厲，危也。蘇軾：乘危往安。朱震：危厲不安。楊萬里、來知德：厲猛厲。王夫之：厲、嚴威相迫。金景芳：厲是威。徐志銳：厲，猛危。彼來猛則己處危。竊臆初之震來已虩虩然以驚，敬脩其身矣、二再震、宜有動作、故謂厲爲起、因震而起也，蓋亦驚懼失措貌。　下文「憶喪貝」，億：鄭玄云十萬曰億。干寶以億爲歎辭。王弼虞翻從之。張載以億爲必也。程頤以意度、必喪解億喪貝。李衡引介：億、安。朱熹：億字未詳。億喪貝、當喪其貨貝。吳澄謂億戲者被震雷驚散而喪失所憶度之貝。來知德以億爲大故云大喪其貝。王夫之從之曰大喪所積。李光地審度解億。孫星衍云憶、本又作噫、辭也。吳汝綸謂辭之抑也。丁壽昌謂古億噫並通。（按億虞作惜辭、未改字、朱震逕稱虞作噫、惜也、已改億爲噫矣。）馬通伯引王宗傳曰億、多也，大數也。劉次源從之。高亨以易初文當作意，作億噫皆後人改，讀爲繄、猶惟也。屈萬里釋文億，本又作噫。按古同聲通用。傳隸樸：億、嗟歎辭

是厲解有：

危厲。　危亡。猛厲。嚴威相迫。威。猛危。起。

億喪貝、億字解有：十萬，歎辭，惜辭，必也，意度，安，億爲大，審度。

噫億通，多也，大數，初文意、惟也，抑也，嗟歎辭。朱子謂億字未詳。蓋其下文喪貝乎？金景芳引查愼行億爲兆、萬數字。字書億之解幾皆有之矣。

貝字之義：

海介蟲，水蟲，大貝，龜之最神者，寶貨，錦名，秦廢貝行泉。荀爽謂貝，覆也。孔穎達謂貝爲資貨糧用之屬。虞翻云三動離爲蠃蚌故稱貝。程頤以爲「所有」。鄭汝諧謂寶貨。李衡引介、貝寶位。楊萬里謂所有之資。朱熹云貨貝。王夫之謂所積。孫星衍引荀爽貝作敗。丁壽昌云貝、古作敗。曹爲霖引王臨川曰當有去珠復還之喜，似以貝爲珠。李郁以貝爲大寶。徐世大以爲貝殼。傅隸樸以貝爲財產。張立文爲貨貝。

朱熹兩曰未詳：億、未詳，七日之象、未詳。知之爲知之，不知爲不知，朱子之所以聖也。

初震來虩虩、笑言啞啞，蓋敘一完整過程，震來時之狀態，震去後之喜樂。六二爲坤、爲柔、爲母、爲地、爲鬼、爲富財、積聚、爲死喪冥晦。故震雷之來驚起，乃敘瞬間狀態、驚懼失措。億、抑也、抑如喪亂蔑資、突發之巨響震雷、如失所資憑藉、如墜九原、九陵、九原也。躋義猶墜也。毋須追逐驚慌、七日其吉也。得之謂吉也。謂可恢復常態乎！

依傳統集釋：震雷威猛危迫、意度必大喪其寶貝貨財、升登重崗九陵遠避、占勿逐、七日得也。

陵爲墳衍原隰、謂王公墳隴、原隰、謂辨其山林川澤邱陵墳衍。原又作泉。故以九陵爲九原、九泉。觀虞翻之謂六三死而復生稱蘇。程子謂神氣緩散自失狀。六二之釋、竊以爲略勝傳統。君子自我忖斷可也。

六三、震蘇蘇，震行无眚。

象曰：震蘇蘇，位不當也。

馬融：蘇蘇，尸祿素餐貌。（釋文） 鄭玄：蘇蘇不安也。

王肅：蘇蘇，躁動貌。（釋文）

王弼：不當其位，位非所處故懼蘇蘇也。无乘剛之逆故可以懼行而无眚也。

孔穎達：蘇蘇畏懼不安。申震故懼。

李鼎祚引虞翻：死而復生稱蘇，三死坤中，動出得正，震爲生故蘇蘇。坎眚，三出得正，坎不見故无眚。

張載：蘇蘇亦索索之義，處非其地，故危困不一，能懼而改行則无眚矣！

程頤：三陰居陽，不正，故處震蘇蘇然神氣緩散自失狀，能行去不正就正則可以无過眚。三行至四、正也。動就正爲善。

蘇軾：六三不鄰於震猶蘇蘇然懼也，行而避之然後无眚，以明初九之威能及遠也。

張浚：三陰居下卦之上，互艮止，惟震不息，眚乃亡也。夫士君子於震動有爲時不磨礪德業，眚得免哉！蘇蘇志意舒緩貌。

張根：雖不當位而能震，斯可免矣。

朱震：三坎陷不當位，震極反生，蘇也。神氣緩散自失狀。震懼自失、動其禍自取也，故曰眚。若出險就正，何眚之有？若太玄謂震于利顛仆死、則不復蘇矣！

鄭汝諧：蘇息皆安緩之意，三遠初陽、非有迫之者，然位不當進而犯剛，惟蘇蘇然則往而无眚。

李衡引虞：三死動出得震爲生。引子：弱无當、蘇蘇也。居不安、行无眚。引陸：蘇蘇猶偲偲。不當行、過中懼偲偲也。四震主、三不正、承剛爲順可以无眚。引牧：蘇蘇舒緩也。三不當位知懼故得舒緩。

楊萬里：六三以柔懦居下上，君子爲三懼。蘇蘇懼之至。吾才不稱位吾去之，鮑叔遜夷吾，子皮遜子產。豈惟无災眚，國之福、身之福也。

朱熹：蘇蘇、緩散自失狀。陰居陽，當震時居不正，是知占者若因懼而能行、以去其不正則可以无眚矣。

項安世：蘇蘇、震遠聲小不足懼也。居位不正、行則入於上、居四得正、妄行則有眚。如六三之行不妄矣，故曰震行无眚。明三之當行。行入上震可以知懼。

趙彥肅：初震、二危、近也。至三稍緩可免、遠也。

楊簡：震蘇蘇恐懼失則、精神潰喪狀。三位亦高矣，不當有此蘇蘇也。故曰處此位者不當爾。

若震恐而行、不居此位則無眚。

吳澄：蘇蘇神氣緩散自失狀。三不正處震故不勝自失也。占若因震就正則可以无過眚。三行至四正也。

梁寅：去初稍遠。如三者固不如二之迫於強暴、然亦當行以避之乃无眚。二躋九陵者奔竄也。三則從容而去矣。

來知德：蘇、復生也。三居二震之間、下震將盡、上震繼之故有蘇蘇象。若能奮發有爲、去不中就其中正則无眚矣。坎多眚。三變陽得正位當、不成坎體故无眚。

王夫之：蘇、柔草。三去初遠、漸懈散。受震猶蘇蘇緩柔不可驅策，但本剛居進，若因震以行則无眚矣。　傳象：位剛反柔，非能因震而動者也。

毛奇齡：蘇蘇即虩虩。（註虞翻死而復蘇解。）三震未接互坎之初，故可效震行而未有坎患。（註坎爲眚。）

折中集說引趙光大曰當震時懼甚、精神渙散故震蘇蘇象。天下不患憂懼、患無修省。若懼心而行、應事成規、又何眚之有！　引楊啓新：震行改圖也。恐懼所以修省也。

李光地：重震柔處故懼甚，至緩散蘇蘇然。時當恐懼、震非眚也。惟坐而恐懼爲眚耳。若能以震而行，懼而自脩，則無蘇蘇之失而免於眚矣。

李塨：三柔居剛位，處不當故蘇蘇然。然勿徒爾也，震行則可无眚矣。（互坎爲眚）六居陽位故勉之。

孫星衍引集解馬融曰蘇蘇、尸祿素餐貌。（釋文）　鄭康成曰蘇蘇、不安也。　王肅曰蘇蘇、躁動貌。

姚配中案虞注：淮南時則孟春蟄虫始振蘇、仲春咸振所謂蘇蘇也。動心忍性、生於憂患。恐懼修省、動得正故震蘇蘇、震行无眚。案象：失位故動之正。

吳汝綸：蘇蘇不安貌。居不當位故懼不安。以懼行之可免災矣。

丁壽昌：釋文蘇蘇疑懼貌。王肅躁動貌。鄭不安、馬尸祿素餐。惠定宇：猶索索。惠說是也。虞謂死復生非。傳義蘇蘇爲緩散自失狀。蓋就蘇字取義。然凡重字不必取本義也。

曹爲霖：來氏以震性發憤、教以遷善改過。宋眞宗時、李沆爲相，王旦以爲事細不必煩聖慮。沆以人主年少，當使知四方艱難。此亦震行无眚意也。

星野恒：蘇蘇、緩散自失之狀。陰柔不正、神氣自喪。能因懼而去其不正以就正、有所感發而徙義，尚可以得无眚。若自廢不改，則一敗不振、何望乎其成立！

馬通伯：兪琰曰震雷動、萬物暢達、乃无災眚。若當行不行則萬物夭閼、君子體之故行則无眚。案上震事境言、下震心言。由心生震、異乎上六之中未得者。

劉次源：前震未已、後震方來。位剛才柔、非能自動。蘇蘇醒其夢。人心易懈、震行乃无眚也。

李郁：蘇蘇、緩散貌。三在內、震之末，其動已緩。人情事急倉皇、緩則台慢。眚言其患生自內。柔慢之患甚于外來之災，非振作不可！三變剛當位有應乃无眚。

徐世大：三爻順利生產。蘇通甦，安泰舒緩。沒有鬼作祟。

胡樸安：蘇蘇、蘇散貌。眚、過也。蘇蘇雖不當位，而震之行无過也。治亂國用重典、寬舒則不當于位。象位不當。

高亨：按蘇蘇猶愫愫，畏懼貌。震行即震往來。古人懼蓋或筮遇此爻無災。

李鏡池：出門見行雷閃電、心裡十分不安。總考慮會不會出事？一邊打雷一邊走，雷公沒劈下來。這表明從實踐中提高對雷電的認識。

屈萬里：惠定宇蘇蘇猶索索。摸索、淮南正作摸蘇。鄭玄曰不安。　震行猶言雷行。　眚熹平石經作省。

傅隸樸：三陰處陽不中、無所取材、卻能自我警惕、如臨深履薄的態度、足可使他無過。眚義爲過咎。

金景芳：程朱都認爲神氣緩散自失狀。惠棟說蘇蘇猶索索。淮南子摸索作摸蘇。蘇索一聲之轉耳。沒解決問題，還是程傳講對了。震行无眚、行无過失、往那？往九四。

徐志銳：三位不當，處兩震間、不能不蘇蘇。程傳神氣緩散白失狀。猶俗所謂嚇酥骨不能動。處震知懼而后才能安不自失。只能虩虩、不可失常態蘇蘇、驚恐萬狀、骨肉發麻不能動！

張立文：六三，辰（震）疏（蘇）疏（蘇），辰（震）行無（无）省（眚）。　譯：六三，雷聲稀疏，雷行不致震死人、所以無災。　疏疏假借爲蘇蘇，稀疏。　眚帛書皆寫省、災也。

林漢仕案：初震來虩虩、天垂象以警世人、後之笑言啞啞、爲極其強烈對比、象謂有則、蓋有物有則、已替天行道、物之上軌道運作矣。當不止於恐懼後、發現平安無事、幸未災、樂禍不及之愚昧無知也。蓋有之矣，其必不愚乎！六三震再來、聞迅雷之威驚起，似失魂魄，慌亂失措，失所憑藉，如墜入九泉。毋須追逐，七日其吉也，可恢復常態。六三震蘇蘇。震行无眚。蘇蘇、觀易家衆議如后：

象以震蘇蘇爲位不當。

馬融謂尸祿素餐貌。　鄭玄云蘇蘇不安也。

王肅云蘇蘇躁動貌。　王弼云不當位、位非所處故懼。

孔穎達：蘇蘇畏懼不安。　虞翻云死而復生稱蘇。

張載：蘇蘇亦索索義。　程頤：神氣緩散自失狀。

蘇軾：三蘇蘇然懼、明初威能及遠。　張浚：震動有爲時不磨礪德業、眚得免哉！蘇蘇志意舒緩貌。　張根：雖不當位而能震、斯可免矣。　朱震：震極反生。蘇蘇，神氣緩散自失狀。太玄謂震于利顚仆死則不復蘇矣。　鄭汝諧：蘇息皆安緩之意。惟蘇蘇然往而无眚。　李衡引子：弱无當、蘇蘇也。引陸：蘇蘇猶偲偲。　楊萬里：三蘇蘇懼之至。

朱熹：蘇蘇緩散自失狀。占者因懼能行、去不正可以无眚矣。　項安世：蘇蘇、震遠聲小、不足懼、三當行居四得正。　趙彥肅：初震二危、至三稍緩可免、遠也。　楊簡：震蘇蘇、恐懼失則、精神潰喪。三不當有此蘇蘇。　吳澄：三不正故不勝自失。占就正可以无過眚。　梁寅：二躋九陵奔竄、三從容而去。　來知德：蘇、復生。三居二震之間、下震將盡、上震繼之、故有蘇蘇象。　王夫之：蘇、柔草不可驅策。三去初遠、漸解散、非能因震而動者。毛奇齡：蘇蘇即虩虩。 折中引趙光大：精神渙散故震蘇蘇象。天下患無修省。 李光地：柔處故懼甚、震非眚、坐想懼為眚。 李塨：三柔居剛、處不當故蘇蘇然。 姚配中：孟春蟄虫始蘇、仲春咸振所謂蘇蘇。 吳汝綸：居不當位故懼不安。 丁壽昌：惠定宇猶索索是也。凡重字不必取本義。 曹為霖：眞宗時李沆為相、謂人主年少、當使知四方艱難。此震行无眚意也。 星野恒：陰不正、神氣自喪、若自廢則何望其成立。 馬通伯：上震事境言，下震心言。 劉次源：蘇蘇醒其夢。李郁：緩則台慢、甚于外來之災。 徐世大：蘇通甦、安泰舒緩。 胡樸安：蘇散貌。治亂國用重典。 高亨：蘇蘇猶怵怵、畏懼貌。筮無災。 李鏡池：見閃電、心不安、提高對雷電的認識。 屈萬里：惠定宇蘇蘇猶索索、摸索。淮南作摸蘇。震行猶雷行。眚熹平石經作省。 傅隸樸：三無所取材、如能臨深履薄、可無過咎。 金景芳：蘇索一聲之轉耳，沒解決問題。程傳講對了。 徐志銳：猶俗謂嚇酥骨不能動。驚恐萬狀、骨肉發麻不能動。 張立文：雷聲稀疏、疏借為蘇、眚、帛書皆寫省。災也。

蘇之義、字書有息也、生也、死而復生、寤、取、猶索、下垂、因小構多、荏、茱、有似浮屠、尾、樵蘇後爨之蘇為草。而易家前輩之謂蘇蘇為「尸祿素餐。」「不安。」「躁動貌。」「懼蘇蘇。」愈晚出之易傳愈略馬鄭王蘇蘇之見！至張立文、依帛書蘇為疏解為雷聲稀疏、既曰疏借為蘇以合今本易經之文、又以稀疏、依帛書經文釋字、幾全盤否定傳統之易傳矣！又丁壽昌是惠定宇蘇蘇猶索索、屈萬里更引伸摸索、淮南作摸索、金景芳云蘇索一聲之轉耳，沒解決問題。而蘇蘇猶索索、宋、張載早已言之矣，謂上六震索索義。鄭玄索索猶縮縮、王弼之懼索索。丁壽昌索索即蘇蘇不安貌、斥程說消索不存狀與震象不合。屈萬里亦引釋文索索、懼也。金景芳是程子之志氣殫索爲索索。張立文引帛書昔昔、內心索索不安。則知索索爲懼爲殫索皆與摸索、摸蘇爲不合如金景芳言「沒解決問題。」觀徐志銳之謂嚇酥骨不能動，似以蘇通酥矣！骨肉發麻不能動之酥、正領略人生、人道之一境界也，明皇之笑安祿山彼胡人亦知道酥酥、讓貴妃之酥胸共爲話材。而徐著一嚇字、表明乃因驚嚇而骨肉發麻、瘦軟無力、非是高潮時之瘦軟無力。然以蘇爲酥、不能避嫌震蘇蘇爲震酥酥也。總前人蘇蘇之說如下：

1. 尸祿素餐貌。（馬融）
2. 不安也。（鄭玄）
3. 躁動貌。（王肅）
4. 不當位故懼。（王弼）
5. 死後復生稱蘇。（虞翻）
6. 亦索索義。（張載）
7. 神氣緩散自失狀。（程頤）
8. 弱无眚、蘇蘇也。（子夏）
9. 蘇蘇猶偲偲。（陸　）
10. 三蘇蘇懼明初威能及遠。（蘇軾）
11. 震遠聲小不足懼、三當行。（項安世）
12. 震至三稍緩可免、遠也。（趙彥肅）
13. 震蘇蘇、精神潰喪。（楊簡）
14. 蘇柔草不可驅策。三懈散。（王夫之）
15. 蘇蘇即虩虩。（毛奇齡）
16. 精神渙散。（折中引趙光大）

17. 蟄虫始蘇。（姚配中） 18. 蘇蘇醒其夢。（劉次源）
19. 蘇通甦、安泰舒緩。（徐世大） 20. 猶怵朮，畏懼貌。（高亨）
21. 蘇蘇索索摸索摸蘇。（屈萬里） 22. 嚇酥骨肉、發麻不能動。（徐志鋭）
23. 稀疏。（張立文）

程傳之「神氣緩散」，趙光大謂「精神渙散。」胡樸安要以「治亂國用重典。」糾正民病。是程子之緩即趙之渙耶？折中之引、蓋是之也。

六三之震蘇蘇、懼初威之能及遠耶？抑至三、雷聲已小、不足懼、稍緩可免。是蘇軾則中非項安世與趙彥肅。震之猶偲思，猶怵怵、其不安仍有懼意應是六三爻意、六三非死去活來、非如夢醒、更非摸摸索索、精神渙散。蓋敘六三時段、外界仍雷聲不斷、皆有寄怵惕惻隱之意在、而作易者逕判定震威之行、於三爲无眚也。震蘇蘇是當時外界一種狀態、震行无眚是一種研判，鄭汝諧之謂「非有迫之者。」朱熹謂占者若因懼而能行、去不正可以无眚矣。朱子謂占者能行。漢仕以爲震卦一路來、其威震不斷之震仍在進行，即外在威脅仍在、應兼兩者、而判斷皆无眚也。其庶幾乎？

九四、震遂泥。

象曰：震遂泥，未光也。

荀爽：震隊泥。（隊隧皆古墜字）

王弼：處四陰之中，居恐懼之時，爲衆陰之主，宜勇其身安衆。履不正不能徐恐使物安，已德未光也。

孔穎達：處陰中爲主，若自懷震懼則遂滯溺而困難矣！四失位違中，是有罪自懼遂沈泥者。

李鼎祚引虞翻：坤土得雨爲泥，位在坎中故遂泥也。

司馬光：泥者以陽居陰，喪其威也。

張載：處衆陰之中、爲衆附比，剛陽之德而以位陰故泥而未光也。

程頤：四不中正，處柔失剛健之道，陷重陰間，不能自震奮，遂泥滯溺也。震懼莫能守、莫能奮，震道亡矣！

蘇軾：震於已震之後，遂不知止者故泥，泥者以言不能及遠也。二陰皆以處而不避爲吉。

張浚：處四陰中，其道未申曰震遂泥。君子必慎所與，不然雖有剛動之才，不克施爲矣！互體坎爲泥，互艮陷未光。

張根：不足懼遠邇故。

朱震：坎水坤土、泥也。四失位陷泥中，處則莫能守，動莫能奮。知不可遂，反處三震懼得正，俟時而動則光矣。遂、荀本作隧，或云遂隧古通用。

鄭汝諧：四與初爲成卦之主。初陽居下必升，故恐懼可以致福。四升而陷重陰，陷則泥不通，烏能光大哉！

李衡引陸：失位動、雷聲未隆。爲衆陰主、不能大通萬類，止於遂泥而已！ 引牧：時其德滯泥，陰處陽，居上體之下，免凶咎而已！

楊萬里：四一陽陷四陰內，百鍊化爲繞指，一齊咻於衆楚矣。居震擾之世，安能致遠不泥？

朱熹：剛處柔，不中不正、陷二陰間，不能自震也。遂者无反之意，泥、滯溺也。

項安世：四爲上震主。當震驚百里、不喪匕鬯象。我往成震、出震人者。四以一陽動乎四陰之中、震變成坎，震遂陷于泥、无驚懼邇之威。不能如卦辭之光大也。

趙彥肅：初九震之純動之果，九四居陰位，處二陰間，故泥而未光，近五以止爲尙，故无凶悔吝。

楊簡：九四頗強而四柔似剛、終懾懦陷二陰中，遂有泥象。恐至沈泥，雖稍異蘇蘇，不得其道則均。

吳澄：四當二陰間有陷泥象。言雷聲沈抑陷下，不能奮揚而上也。虞翻曰坤得水爲泥、位在坎中故遂泥。

梁寅：四不中正、互體坎陷故陽雖能動不免滯溺。遂者成遂无反意。雖有其德猶不能自拯、況失剛德豈能動乎！

來知德：九四剛居柔陷二陰間、欲震則莫能奮、是无能又溺宴安、遂泥焉而不復反。沉溺險陷不能奮發也。晉元帝大業未復，宋高宗不能恢復中原，皆其泥者也。

王夫之：泥、滯弱不能行。九四震後復震象。不出地其震妄、不能動物而將衰。迅雷出甚厲、後漸蘇緩以息，不能反遠也。高帝困平城、唐太宗之敗於高麗也。

毛奇齡：四從臨頤來。互艮末、互坎中，艮倒震、坎陷得不勝失故驚極，遂至丁水土居泥中不自振拔。

折中案：震本象雷，乘陽氣而動。邵子曰水雷玄、火雷赫、土雷連、石雷霹。雷聲動、陷陰氣不能發達。此爻陽動於四陰中故震遂泥象。在人則志未遂乃困心橫慮之時也。

李光地：卦陰爻取震懼爲義，柔材故也。陽爻取奮發有爲義，動主，四在群陰之中非可動之地，故動則陷於泥。當此位惟勿動以善其動而已。

李塨：四與初皆震之一陽，因重而義迴殊。上下皆震動而不返，遂陷坎中如泥塗附，其能光乎！（坎反離故未光）

孫星衍引釋文泥、乃計反。荀本遂作隊、泥音乃低反。引集解鄭衆曰身既不安、豈能安衆。（口訣義）

姚配中案虞注：遂、進也。本在坎中、進之五亦體坎，陽爲陰揜故象曰未光、雲雷屯未能即發者也。

丁晏：釋文泥、及計反。荀本遂作隊泥，音乃低反。虞云坤上得雨爲泥，當讀平聲。孔疏滯溺而困難。程傳因之讀泥去聲。案需、井外卦皆坎水皆有泥象、震三至五互成坎故亦有泥象。讀如本字爲長。

吳汝綸：遂當依荀本作隊。陰爲泥象。四居四陰之中，是隊泥也。又以互體言之，三四五爲坎，四在坎中故曰泥。

丁壽昌：荀本遂本作隊。漢書五行志京房傳震遂泥，厥咎國多麋。李奇曰三至五坎象水、四泥。泥溺水不能自拔。泥水之泥引伸爲滯泥之泥，實一義也。

曹爲霖：來氏曰坎上下坤、土得坎水泥象。晉元帝大業未復、宋高宗不能恢復舊基，泥者也。齊君妻重耳幾敗名，高帝入咸陽幾忘宴安之戎。後唐莊宗英明卒以伶人取敗！

星野恒：遂者無反之意。泥、滯溺也。爻以陽居陰，不中正、陷二陰間，不能自震。陽貴乎能動，處患難不能自奮、則何取於震！宜其不光大也。

馬通伯：李哲明曰致遠恐泥、遂泥連綿字。鄭衆曰身不安豈能安衆！其袒案震初心光始覺也。四續起隨事攀援、光明蔽矣。穀梁遂繼事。荀子遂因循。即邵子水雷玄土雷連也。

楊樹達：〔漢書五行志〕京房易傳曰廢正作淫大不明、國多麋；又曰震遂泥，厥咎國多麋。

劉次源：一震不動、再震遂泥以爲恆也。牿之反覆、夜氣不足以存也。傳象：心泥于私，屢震益玩，心未光、物欲之玷也。

李郁：動不由內而在外、未足振飭一己，又不足威他人，雖行亦拘泥不廣。傳象：九四未能動而反上。

徐世大：遂泥譯爲落地。遂荀本作隊、同墜。嬰孩落地，皆大歡喜。

胡樸安：六三蘇蘇，雖於震行无无眚，然泥滯不能行矣。故象曰未光。光、廣也，言震之未廣也。

高亨：遂借字、隊本字。蓋即今墜字。巨雷作、人驚而隕落於泥中。此不堪物驚以致隕敗之象、當非吉占也。

李鏡池：遂通墜。 打雷閃電、好象從天下墜落到泥裡一樣。空中雷與地面接觸，比較危險，往往傷人畜、燒樹木房舍等。

屈萬里：聞雷而驚、致墜於泥。疑泥當作尼，止也。遂荀本作隊。按即墜字。 傳象未光明謂有隱情。

傅隸樸：下三爻是鼓勵知懼。但恐人誤會以恐懼為美德，特警告懼怯就會一敗塗地。四不是九的本位，只是個色厲內荏的人、見危不能授命、臨陣怯懦無恥敗事。

金景芳：程傳：「九四震時不中不正，處柔失剛健之道。居四无中正之德、陷重陰間、不能自震奮者。故云遂泥。 泥、滯溺也。」一陽陷于四陰之中不能自拔。

徐志銳：九四沒有發揮應發揮的作用。遂荀作隊、古墜字。震墜泥、雷沒發出巨大震動就銷聲匿跡了。九四牽上連下拖累多、不能奮發有為、所以聲音很大就沉寂。

張立文：九四，辰（震）遂泥。 譯：九四，巨雷作，人驚恐墜落泥中。 遂、釋文荀本作隊。杜注左傳僖二十八年俾隊其師。隊、隕也。 高誘注淮南子隊、落也。

林漢仕案：震卦為雷施威、天垂象也。故初虩虩生威，有物有則、處正則無害也，故笑呵呵。二震再來示威，抑有所不足、致聞迅雷驚起，如失憑藉，如墜九原。至三震蘇蘇、雷震聲仍不斷、有所寄怵惕警戒之意在，震威之行是一種狀態、於三無病也。至四震遂泥。遂，字書之解有：因上事生下事，成也，敵也，竟也，盡也往也，通也，達也，長也，出也，因也，決也，久也，循也，作隧，作述，從也，進也。申也等。

泥之義有：邇近也，坤土得雨爲泥，滯陷不通，難也，水潦所止爲泥，止汙水不去等。

震雷之一而再、能無褻乎？猶弓之用、久則彈性疲乏矣！故一張一弛，其用可以无窮，張而不弛、自滅其用也已！震之所以遂泥也。遂、似解作因上事生下事因果關係辭，爲何遂泥？多用乎？爻位自身條件乎？茲輯易家之見如左：

象謂九四未光也。荀爽以遂作隊、孫堂謂隊隧皆古墜字。王弼：四爲陰主、不正、已德未光。孔疏：四失位違中，遂滯溺困難，有罪沈泥者。虞翻：位坎中故遂泥。司馬光：以陽居陰、喪其威。張載：剛德位陰、爲衆陰附比故泥未光。程頤：陷重陰不能震奮、遂泥滯溺。蘇軾：震遂不知止故泥。言不及遠也。張浚：處四陰中、其道未申遂泥。互坎爲泥。張根：不足懼遠邇。朱震：四失位陷泥中，莫能守，莫能奮。

鄭汝諧：四陷重陰泥不通，烏能光大哉。李衡引陸：雷聲未隆，不能大通萬類。引牧：其德滯泥，免咎而已。楊萬里：一陽陷四陰內，百鍊化繞指，安能不泥。朱熹：不能自震、遂者无反之意，泥、滯溺也。項安世：震變坎、陷于泥，无驚邇之威，不能如卦辭之光大也。趙彥肅：近五以止爲尙。楊簡：懾懦陷二陰中、遂有泥象。恐至沈泥。

吳澄：言雷聲沈抑陷下、不能奮揚而上也。梁寅：遂者成遂无反意。有德猶不能自拯、況失剛德乎！來知德：四无能又溺宴安、遂泥焉而不復反。王夫之：泥、滯溺不能行。不能動物而將衰、不能及遠也。毛奇齡：丁水土居泥中不自振拔。互艮互坎。折中：

陽動於四陰中故泥象。在人志未遂、乃困心橫慮之時也。　李光地：四動主、在群陰中非可動之地，故動則陷於泥。　李塨：初四陽而義迴殊、動不返、遂陷坎中如泥塗附。　孫星衍：荀遂作隊。鄭衆曰身既不安，豈能安衆！　姚配中案虞注：遂、進也。進五體坎故象曰未光。雲雷屯未能發者。　丁晏：需、井外卦皆坎水有泥象。震三至五互坎亦有泥象。　吳汝綸：遂當依荀作隊、陰爲泥。四居陰中是隊泥。三四五坎、四在坎中故泥。　丁壽昌：京房傳震遂泥、厥咎國多虆。泥水引伸爲滯泥。　曹爲霖：坎上下坤、土得水、泥象。宋高宗不能恢復舊基，泥者也。　星野恒：遂無反意。泥滯溺也。處患難不能自奮、宜不光大也。　馬通伯：致遠恐泥。遂泥連綿字。穀梁遂事、荀子遂因循、即邵子水雷玄、土雷連也。　劉次源：一震不動、再震遂泥。牿之反覆、夜氣不足以存。物欲之玷也。　李郁：動在外未足飭己，又不足威人，雖行亦拘泥不廣。　徐世大：遂泥譯爲落地。嬰兒落地，皆大歡喜。　胡樸安：泥滯不能行矣！光、廣也，言震行未廣也。　高亨：遂即今墜字。不堪物驚、致隕敗之象。　李鏡池：打雷閃電、好象從天下墜到泥裡。往往傷人畜。屈萬里：聞雷驚致墜泥。疑泥當作尼、止也。遂即隊字。象未光、謂有隱情。　傅隸樸：警告懼怯非美德。四危厲內荏、臨陣怯懦、無恥敗事。　金景芳：一陽陷四陰中不能自拔。徐世鋭：震墜泥、雷沒發出巨大震動就銷聲匿跡了。　張立文：巨雷作、人驚恐墜落泥中。

四之爲墜，爲不正、因而遂滯溺沈泥。至虞翻則實質之坎水坤土泥象出現。有人謂雷威震懾人心、致驚恐墜泥；有人謂九四阿囊廢、一動即不動矣。不足飭己、亦不足威人。四无能輩也。百鍊鋼成繞指柔矣。獨徐世大以遂泥為呱呱嬰兒落地形容震遂泥、又另補一句皆大歡喜。爻不著吉凶休咎、極想象創造其意耳。

九四確有一震再震三震四震之圖。而震雷、地震之不可褻玩、即今人亦有怵惕警戒之心。雖餘震，規模小於主震、能泰然自若者幾希？九四之震遂泥，蓋謂泥於震乎？因舊業、舊案、從前老套、欲借來再用以「電擊」人心、振奮士氣、不僅不能奮人、亦不能自也耶？象之云未光、正謂無創造力以號召乎？遂不必解作隊墜、泥不必作實坤土坎水為泥水。遂、因上事生下事。震、遂泥矣。泥，止也。蓋九四剛德居陰位、又上下皆陰、所謂陷群陰中不能自拔者也。劉次源謂牿之反覆、夜氣不足以存。九四之所以止於溫柔鄉而沈泥矣。屈、張之驚雷、其自墜乎哉！震之遂泥止、應是九四主流易傳。

六五、震往來厲，意无喪，有事。

象曰：震往來厲，危行也。其事在中，大无喪也。

王弼：往无應，來乘剛，往來不免於危！得尊位斯乃有事之機，懼往來將喪其事。

孔穎達：六五往无應，來乘剛，恐而往來，不免於咎。故戒之曰億无喪有事也。

李鼎祚引虞翻：往謂乘陽，來謂應陰，失位乘剛，故往來厲也。

張載：懼往亦厲，懼來亦厲，能行己以危則富貴可保，故曰无喪。有事猶云不失其所有也。

以其乘剛故危，以其在中故无喪，禍至與不至皆懼則无喪有事。（一云懼陰之中）

程頤：雖不當位，不正，然有中德爲貴，中則不違正，爲動主，往來皆危，隨宜應變，故當億度无喪失其所有之事。謂圖慮不失中也。傳象：不失中則可自守也。以无喪爲大。

蘇軾：九四非六五之所當畏，九四雖未可乘、然往來避之則過矣！故曰往來厲，往來皆危、處爲安。六五居中，處而待之，非獨无喪，億將有功。故曰憶无喪有事。

張浚：五進遇上而動極，退乘四履剛，往來之間有坎險，其理危甚！而五柔居動中，損己修德，中和之氣足息強暴，事業從此興矣。互坎信无喪。人君至誠不息以勉中，天人所與歸。周成東征，王業更昌。柔中得大无喪義。

張根傳象：懼而以中故雖危无咎。

朱震：五往上柔居動極、下乘剛、往來皆危。噫惜辭、巽爲事。五无喪有事、二往助之矣。蓋中不違正，正不必中也。

鄭汝諧：往動極，來遇四之剛，往來皆厲。所億慮者不在喪其中。二五皆乘剛。二不得不動，五居位不可妄動，故无喪厥中爲大也。

李衡引子：懼往反來。位尊大中、震主、剛依不敢遂逼、懷懼无所喪。　引陸：无應乘剛是危。柔中行不過當，可以開物成務。　引胡：位合中道、雖興大事亦无所失。　引句：內省不疚則无失。　引辭：尊位居中、應機決行則大功可建。

楊萬里：五震君、當震世、宜墳發撥亂大有爲於天下，今戒往上六危、退來乘九四剛亦危。

億度得中，與其動喪吾有，不若靜不喪。其周平王、晉元帝之事乎！

朱熹：以六居五、處震時、无時不危也。以其得中故无所喪而能有事也。占者不失其中、則雖危无喪矣！

項安世：五乘爲厲、不喪中。居重震之上故稱往五所謂往來者，二往四來、五无與焉。故五自省无喪，但必有事修省之義。六五爲大中故其事在中、大无喪也。

趙彥肅：往則乘初，來則乘四、皆危也。初震果、四震泥。寧守位以尊位當弱陽，故无所喪，可有事于中也。

楊簡：六五直君位得中、剛柔全德、無乘剛之畏故有億安象。因億安、明中道義，若昏亂偏黨，道心失而事大喪矣！故往來爲危厲，但安自無喪有事。

吳澄：占也。往上震窮，來四則犯震威故皆危。五二對億者，二柔志餒有所喪，五剛守堅故逢四震无所失。五固守其中爲事、心有主故威不能懾也。

梁寅：以五視四亦爲患者。然四自陷豈能爲人之害？五迫近強暴亦危厲矣！以心度之：雖无所喪、然時當震驚，亦必有事也，言思患而預防之也。

來知德：五居位震主故往來皆厲，大无喪也。有事者猶可補偏救弊有爲也。五弱才居君位、當震故往來危厲。然德中可自守、雖免无喪猶能有事也。

王夫之：前震往、後震來、雖嚴厲而威黷，不能撓陰、陰可安尊位。大无喪也。六五居中非無能爲者、必有所興作致用以見功。不言吉者、視事得失而未定也。

毛奇齡：震卦例不及往、此往、推易也。坎未故危于行，然無大喪。可有事者，震在初來、繼則習爲故。事即祭祀。若以恐懼修省爲事則夫子大象爻詞安得先有之！

折中案：春秋凡祭祀皆有事。故此有事謂祭。二五有中德、能億度同，二居下位、五居尊守者宗廟社稷。貝可喪、宗社可失守乎？故二喪貝爲中、五无喪有事爲中。

李光地：重震、震往復來象。居尊守重、不可喪。非卦主故曰不喪匕鬯而曰有事。周公當四國之難是也，先王之緒不可隳。孟子曰非擇而取之，不得已也。又曰世守也、非身所能爲也。蓋欲其億度二者之間、孟子得易之用矣。

李塨：五居重震之上，一震往一震又來，故往來皆厲。然而大无喪也、以居中有震動恪恭之事。震往來皆有動意。孔子以危訓厲。行訓往來。與他卦往來義不同。

姚配中案：往謂五之二。來謂二之五。升降皆乘陽故往來厲。發成既濟故億无喪、言六爻皆得也。六爻皆應有事，動作云爲也。案象傳：往來乘陽故危、成既濟故大无喪。

吳汝綸：震懼以往來、難危、抑亦无喪於所有事、以其得中也。億、抑也。有、辭也。如有民有居之有。傳象大无喪、注猶云甚无喪。

丁壽昌：蘇蒿坪曰春秋凡書祭祀皆曰有事。无喪蓋即不喪匕鬯之意。惠定宇曰大其得中能无喪也。昌案王注大則无喪、正義守中建大、于文義不順。當從程傳以无喪爲大。

曹爲霖：曹操赤壁兵下江南，孔明曰事急矣，請求救孫將軍。震往來厲也。陳氏曰无喪所處得中而能有事，是大无喪也。如漢何融黨錮逃匿，從袁紹救黨人所全甚衆。

星野恒：震貴動，然動有失則不如不動，猶愈於有失。有事謂有中德。陰居五、上下俱陰、動則重陰危厲。當億度謀慮、不失其中德耳。

馬通伯：王宗傳曰主天下之動者六五也。其祖案无喪不喪匕鬯也。危厲其行即恐懼脩省。五爲卦主、初四震一往一來、驚遠懼邇、足以爲祭主矣。

劉次源：前往後來、頻震厲也。時時恐懼、危行弗敢肆，中德自處、不以畏威而失措，不喪其位也。三省其身有事也。

李郁：四逼五又與初敵、五乘四，五往初來爲四隔故厲。五來以長子正尊位、始懼今驚，然心正出爲主，在宗廟中不喪匕鬯，不失其位故億无喪有事也。

于省吾：喪爽古通。書牧誓昧爽。老子五味令人口爽。言口喪也。億、虞惜辭，以億爲噫。有事有王引之爲語助。噫无爽有事，言有事不可差失也。以爲喪亡昧於經旨。

徐世大：上兩爻爲難產。有事指祭祀。譯作：動得一陣一陣厲害，億想沒有損失於祭。

胡樸安：君嚴肅之政往教、民以危懼之心來應。頑民不用命，往教殊危。故象危行。事，遷頑民之事。頑民不用命可歎，然无喪於所有之事。象曰其事定之於中也。

高亨：意猶惟也。有猶於也。巨雷往來、其勢甚危。古人懼雷、蓋或筮之、若遇此爻、惟無害於事。

李鏡池：雷電橫來閃去、十分危險、令人憂慮。東西大概不會損失，也可能發生事故。這寫的似乎也是商人、與六二爻參看。

屈萬里：祭山川，祭社，祭殯宮，祭宗廟。集解引虞翻曰事謂祭祀之事。震雷往而復來，无喪、謂非有喪，則有事。 傳象危行、危道。五中，陽大言如爲陽爻則无喪。

傅隸樸：聖人對一個柔懼君主所作鼓勵之辭。往本上、來是下、五言未往、來更無來、即去不安、不去也不安。處乘剛無應環境，何必怯往怯來、坐失事機旨在提高他的勇氣、不必過份顧慮。

金景芳：往來皆危。得中故能无喪有事。就是卦辭不喪匕鬯。春秋凡祭都說有事。項安世說二居下震之上故稱來，五重震之故稱往來。俞琰有事于宗廟社稷也。五震之君也。

徐志鋭：五柔居四上，下體雷巨聲將往、上震雷又來、五知懼危厲審愼。言有所事事，繼續發揮柔中作用，不會有太大損失，故稱大无喪也。故處危地而无危。

張立文：六五，辰（震）往來厲，意（億）无亡（喪），有事。譯：六五，臣雷往來、其勢危險，但意想不會於事有所損失。 有語助辭。王引之曰一字不成詞、加有配之，故邦曰有邦…事曰有事。王說是也。

林漢仕案：震起、震動、震危，震爲雷爲龍爲帝、萬物出乎震、動萬物者莫疾乎雷。孟氏逸象震爲言、爲講論、爲議爲告、爲聲。九家逸象震爲鼓。故震卦從初九爻至上六爻皆震來、震往、震蘇蘇、震索索。如鼓之鳴、如帝如諸侯、爲言爲聲之告誡百姓、故來、往皆蘇蘇索索震鳴不休。往來皆震起善鳴、如孟子言「在好有人師。」有時久耳目一新、如雷轟耳、震懾人心、震之入人深矣！震之善言亦善聽也。

往來二字常見，通常易家謂往來爲動靜。或往上爲往外、來下爲來內。然有上進爲往，不進爲來說。出行曰往、退自正曰來者。預設一往來象。往來皆就本爻、來止本位。往外指東北，來內指西南。（見蹇卦六四往蹇來連集說）此處任取一說皆通。

有事。孟子謂：「必有事焉而勿正、心勿忘，勿助長也。」蓋謂集義所生之浩然之氣，勿揠苗助長也。故詖淫邪遁之言、生於其心、害於其政。

有事除祭祀外，亦可謂戎事，征伐。穀梁隱十一年傳事謂巡守崩葬兵革之事。舉凡正德利用厚生皆可謂事。以震之爲帝、爲長子、爲諸侯言。震之爲雷、爲天垂象，而帝王之替天行道也。有事、正該指祭與戎等政事矣！觀上六有「征凶」之文、知六五往來震，竟无喪、有事。斯有事宜乎謂征伐言也。如此，輯衆說或可見其一斑矣！

象謂厲爲危行。在中故大无喪。

王弼无無應又乘剛、不免危。尊位乃有事、懼將喪其事。

孔傳：恐而往來、不免咎。戒曰憶无喪有事。

虞翻：往乘埸失位來應陰。故往來厲。

張載：能行己以危則富貴可保。在中故无喪。懼則无喪有事。

程頤：當億度无喪失其所有之事。无喪爲大。圖慮不失中也。

蘇軾：往來皆危、處爲安。五居中待之、億將有功。

張浚：往來有坎險、人君勉中，天人所歸。柔中得大无喪義。

張根：懼而以中，故雖危无咎。
朱震：噫、惜辭。巽事。五无喪有事、二往助之矣。
鄭汝諧：往動極、不可妄動。億慮不在喪其中。
李衡引子：懷懼无所喪。引句：內省不疚則无喪失。
楊萬里：宜憤發大有爲於天下。億不若靜不喪。晉元帝事乎？
朱熹：无時不危。得中故无所喪。占不失中，雖危无喪矣。
項安世：二往四來五无與焉。必有事修省、五大中故事在中、大无喪也。
趙彥肅：往乘初來乘四皆危。寧守尊當弱陽故无所喪。
楊簡：五直君得中、億安、但安、自無喪有事。
吳澄：往上來四皆危。五固守中爲事。心有主故不懾也。
梁寅：五視四爲患者、言思患而預防之也。
來知德：弱才居君位故往來危厲。德中雖危无喪猶能有爲也。
王夫之：前震往後震來、陰安尊位，大无喪也。五非无能者。
毛奇齡：事即祭祀。若以恐懼修省爲事、夫子大象爻詞安得先有之。
折中：凡祭祀皆有事。二五億度同。五无喪有事爲中。
李光地：震往復來象。居尊守重故曰不喪匕鬯而曰有事。先王之緒不可隳。
李塨：震往來皆有動意。孔子危訓厲。行訓往來、與他卦往來義不同。

姚配中：升降皆來陽故厲。動作云爲、成既濟故大无喪。
吳汝綸：无喪於所有事，以其得中也。億、抑也。有、辭也。
丁壽昌：无喪蓋即不喪匕鬯。當以程以无喪爲大。
曹爲霖：曹操下江南、震往來厲也。所處得中而能有事。
星野恒：動有失不如不動。有事謂有中德。度慮不失中德。
馬通伯：危厲其行即恐懼脩省。驚遠懼邇足爲祭主矣。
劉次源：頻震厲。中德自處，不喪其位。三省其身，有事也。
李郁：五心正出爲祭主，不喪匕鬯、憶无喪有事也。
于省吾：喪爽古通。口爽、口喪也。有事不可差失也。王引之「有」字語助。
徐世大：上兩爻爲難產。動得一陣一陣厲害了。想沒損於祭事。
胡樸安：事、遷頑民之事。頑民不用命，然无喪所有之事。
高亨：意猶惟。有猶於也。雷來危，筮惟無害於事。
李鏡池：雷電危險、似乎也是寫商人。與六二爻參看。
屈萬里：祭山川宗廟事，雷往復來非謂有喪則有事。陽大，言爲陽爻則无喪。
傅隸樸：聖人鼓勵柔君。何必怯往怯來、坐失事機！旨在提高他的勇氣。
金景芳：春秋凡祭都說有事。愈琰有事宗廟社稷也。
徐志銳：雷往來、五審愼所事事、不會有太大損失，故稱大无喪。使處危地而无危。

張立文：巨雷往來危險，意想不會於事有所損失。

二千年以來賢者，「厲」之訓危幾无異辭。「往來」仍有爭議，如往无應，來乘剛。（王弼）皆謂來下六二與九四也。虞翻則以往乘陽，來應陰。意其往四來二。蘇軾謂六五往來避九四則過矣。張浚謂進上動極，退乘四剛，往來坎險危甚。李衡引陸：無應乘剛是危。朱熹謂處震時无時不危。項安世：居重震之上故稱往，五所謂往來者。二往四來、五无與焉。趙彥肅以往乘初、來乘四。吳澄：往上震窮，來四犯震威。來知德：五震主君位弱才、故往來皆危厲。王夫之：前震往、後震來。六五非無能爲者。毛奇齡：此往、推易也。李光地：重震、震往復來象。李塨：一震往一震又來。孔子以「行」訓往來。姚配中：往謂五之二，來謂二之五。升降皆乘陽故往來厲。馬通伯：初四震、一往一來，驚遠懼邇。劉次源：前往後來，頻震厲也。李郁：五往初來、爲四隔故厲。李鏡池：雷電橫來閃去、十分危險。屈萬里：震雷往而復來。傅隸樸：往本上，來是下。五何必怯往怯來。金景芳：項安世說二居下震之上故稱來、五重震之上啓稱往來。徐志銳：下體雷巨聲將往、上震雷又來。張立文：巨雷往來。

往來更約而言之：

1.往无應（二），來乘剛（四）。虞則謂往乘陽（四），來應陰（二）。

2.五往來避九四。（蘇軾）

3.進上動極、退乘四剛、往來坎險。（張浚）或云往上窮、來四犯震威。（吳澄）

4. 二往四來。又二居下震之上稱來、五重震之上稱往來。（項安世）

5. 往來初、來乘四。（趙彥肅）

6. 五弱才故往來皆危。（來知德）

7. 前震往、後震來。五非無能爲者。（王夫之）

8. 此往、推易也。（毛奇齡）

9. 震往復來。前往後來。雷電閃橫來閃去、巨雷往來。（李光地、李鏡池、張立文等）

10. 孔子以「行」訓往來。（李塨傳象）

震卦本身即雷、只有災人、自身何來危險？如水如火，水陷愈深、火陷愈熱。只見其本身等級之提升、能量之加強、力道擴大、至神不可測已。震本身即雷電、謂坎險危、謂電威危、驚遠懼邇者萬物也。其本身乃驚人者也。故五之弱、五之非無能者、五之處半坎、五之乘剛、五往上動極等乃從卦爻本身生矛盾、生大業。或削減其威勢、製造其法相，蓋占者自行對號入座可也。

「意无喪。」象曰大无喪。王弼將喪其事。孔謂无喪有事。程子謂億度无喪失其所有之事。以无喪爲大。蘇軾：非獨无喪、億將有功。張浚：互坎信爲无喪。柔中得大无喪義。鄭汝諧：无喪厥中爲大。李衡引胡：雖與大事亦无所失。楊萬里：與其動喪，不若靜不喪。朱子：得中无所喪而能有事。項安世：有事修省之義。吳澄：五固守其中爲事。梁寅：五心度雖无所喪、思患預防之也。來知德：弱君德中无喪猶可補偏救弊有爲也。毛奇齡：事即祭祀。折中：五无喪有祭祀爲事、爲中。李光地：居尊守重不可喪。李塨：往來皆厲，然大无喪也。姚配中：六爻皆應有事，成既濟故大无喪。吳汝綸：猶云甚无喪。丁壽昌引即不喪匕鬯意。昌案大則无喪。星野恒：有事謂有中德。劉次源：不喪其位也。三省其身，有事也。于省吾：有、王引之爲語助、言有事不可差失。以爲喪亡，昧於經旨。胡樸安：无喪於所有之事。高亨：惟無害於事。屈萬里：謂非有喪則有事。陽大、言五如爲陽爻則无喪。傅隸樸：鼓勵君主不必怯往怯來。徐志銳謂有所事事、發揮柔中作用、不會有太大損失。張立文意想不會於事有所損失。

億之爲意、爲噫、爲抑、爲度、爲慮、爲安、爲惟。有之爲語助、猶於也。有無之有。喪之爲失、爲亡、爲爽、爲事。象之大无喪、程子以无喪爲大、張浚以柔中得大无喪義。與鄭汝諧无喪厥中爲大。李衡引相謂興大事亦无所失。毛奇齡以大无喪爲無大喪。姚配中以成既濟爲大无喪。吳汝綸謂甚无喪。丁壽昌：大則无喪。引蘇謂不喪匕鬯之意。屈萬里以爲大、言五如爲陽无喪。故非有喪則有事，徐志銳謂不會有太大損失。

六五之爲君、動見瞻觀、替天行道、必公必正、雖謂弱君、天已授予柄、震之可往來厲也、謂隨地皆可興起、王夫之謂五非無能者。五之震起者所謂不鳴不飛則已也乎？易家謂得中又得震之時、自謂无喪而行征成爲事、此一時也、彼亦一時也、宜乎有所斟酌矣！

上六、震索索，視矍矍，征凶。震不于其躬，于其鄰。无咎。婚媾有言。

象曰：震索索，中未得也。雖凶无咎，畏鄰戒也。

馬融：索索，內不安貌。矍矍，中未得之貌。（釋文）

鄭玄：索索猶縮縮，足不正也。矍矍，目不正。（釋文）

王弼：震之極，求中未得，故懼而索索，視而矍矍，无所安親也。處極復征，凶其宜也。若恐非己造彼動而戒備，故无咎。極懼相宜故雖婚媾而有言也。

孔穎達：索索心不安，矍矍視不專。震極求中未能故。動極復征，凶其宜。鄰戒合備豫得无咎。居極懼地，雖復婚媾，亦不能无相疑之言，故婚媾有言也。

李鼎祚引虞翻：上謂四欲之三、隔坎故震來索索、三動應敵故矍矍。震征故征凶。四變坤為躬，鄰謂五，得正故不于其躬于其鄰。三已變、上應三、震為言故言婚媾有言。

司馬光：震不于其躬，于其鄰者，禍在彼而思在此也。楚人滅江，秦穆公曰吾自懼也。君子曰詩云惟彼二國，其政不獲，惟此四國，爰究爰度，其秦穆公之謂矣！

張載：危以動、懼以語，无交而求則民弗與也。故以征則凶。能以鄰危懼則可免咎。鄰謂五。五既附四、己或與焉、則招悔而有言矣！能以鄰為戒、不待及身而戒則无咎。

程頤：六志氣殫索也。索索不存狀。矍矍不安定貌。氣索則視瞻徊徨，故征則凶。震未及身，未至極，尚有可改之道。鄰者近身、婚媾所親也、有言有怨咎之言。傳象：戒而知懼、變則无咎也。

蘇軾：上六未得九四已衰之情、猶索索矍矍而畏之、征以避之、四張不可止故凶。告之九四威僅及五、可戒无咎。六爻皆无應、四兼二陰得稱婚媾、有言衰甚。

張浚：動極莫知所安，自守猶懼凶，況征乎！陰動極爲索索，爲矍矍。得中則俯仰无愧怍。視鄰以戒。我爲中斯无咎。婚媾謂三正應，從五爲有言，君子從其正而已矣！

張根：失中故凶，得鄰故无咎。婚媾有言況他乎！

朱震：上過中震極氣索、交三亦過中窮莫助、故震索索，動成離目不正、視矍矍也。恐懼如此、征則凶。鄰謂五得中所以无喪。上不動得正无咎。蓋三四不可交。

鄭汝諧：爻震兼動、懼二義。上柔不能自安故震索氣不充。視矍矍神不固。征則凶也。躬謂上，鄰指五。動不迫於我而迫於鄰，我畏迫而備戒，雖凶无咎，聖人所許也。婚媾羡文。誤入此，強說則鑿矣。

李衡引胡：四剛威不及己身，鄰謂五、犯四剛有往來之厲。己觀此、戒以自修省身、整治其行故无咎也。

楊萬里：上六柔資居震極，其索然矍然宜也。往則凶，驚之之辭；曰无咎、言不往則无咎。天下禍莫大乎鄰，晉寶虞滅虢。婚媾亦鄰。中未得謂懼不自得。三鄰五非鄰。

朱熹：柔處震極故索索矍矍象。以是而行、其凶必矣！然能及其震未及身、恐懼脩省則可以无咎。而不能免於婚媾之有言，戒占者當如是也。

項安世：上稍遠遂索索无聲矣。中未得明當反不當行。上六居位本正、但未得中爾，反從五得中近震，行出外則去中遠兪无所震、與其正并失之，故曰征凶。

趙彥肅：九四之威至上索矣。驚而避之過也。震之不以上之躬者、以其至五而止也。四又方欲明己之不逼五故有言。　傳象：九四畏逼五而不敢逞。

楊簡：索索矍矍驚懼之甚。懼至驚則亂。如此而往安得不凶！上六因鄰而懼，不以躬懼。九四迫於六五鄰象，未至上六故不於其躬，畏鄰無咎。六三婚媾不應有言亦見上六失道。

吳澄：四之雷聲至上六竭盡故索索。變剛離目視矍矍、驚駭之餘目視猶不定也。占前无所征、唯下行而已、近威故凶。四震自爲无所懼、三鄰受驚。占知畏无咎。三爲上六婚媾，三怨上六有言，以其獨遠震而不相恤也。

梁寅：去四漸遠、震懼之來索索然不存矣。然震極不能无懼、故矍矍然不安，其柔弱如是。震不于其躬。言暴横不及身及五可无咎也。然惴惴自保、鄰難不能救，雖无咎能免婚媾之言乎！

來知德：離目、索求取、矍瞻眎徬徨。禍患之來未及身及其鄰時、即未雨綢繆。婚媾、親近也猶言夫妻，不免有言、疏遠可知矣。索矍方寸亂、占者征則凶也。

王夫之：索索受震而神氣消沮也。矍矍驚視貌。上六陰居散位、不能有爲、受震而欲妄行、必失措而凶。上四體躬之震可勿驚懼、初爲鄰震不容不惕。四上夫婦象。不爲四動、四有責言。

毛奇齡：索索即虩虩。震稍遠猶索索、目矍矍、驚駴未定，其爲征凶所固然也。震洊之厲未嘗親承。矍矍衹鄰恐耳。鄰有患戒備乃免。上從頤來、頤四本初妃、婚媾也。今上柔、初四兩剛敵應、俱有震言、然亦何咎！

折中案：此婚媾有言與夫四聞言不信同。占戒之外反言以決之。瑣瑣姻婭、見識凡近。禍患未至、宴安已爾。安能長慮儆戒於未然！　引趙光大曰志消徬徨而行凶也。震方及鄰時修省、自無索索之咎！

李光地：震極至蕭索眩瞀則神喪、以是征行、凶道也。若事未及身、尚得從容謀慮，不至索矍之甚。苟安者世俗之情、姑息者細人之愛。勿惑於婚之言而見幾之早也。

李塨：處震極、柔多恐故索索氣盡、目矍矍四顧（變離爲目），以是征行、凶必矣。九四震剛不及上之躬也。僅五鄰耳、戒畏何咎！爻當有婚媾象。不能同震責言諒不免耳。

孫星衍引釋文矍、俱縛反、徐許縛反。　引集解馬融曰索索、內不安貌。矍矍、中未得之貌。

鄭康成曰索索猶縮縮、足不正也。矍矍、目不正。

姚配中案：三本得位、不可之三故征凶。上本得位故不于其躬。三五失位當正故于其鄰、因鄰而懼故无咎。上失位故有言。雖云征凶而克无咎者畏鄰自戒、不征之三故也。

吳汝綸：索索心不安，矍矍視不專。鄰、五也。五乘剛可懼，上則遠矣而猶懼焉，故曰畏鄰，戒也。婚媾有言、王云極懼相疑、太玄擬震爲疑亦此義也。

丁壽昌：釋文索索懼也。馬內不安貌。鄭猶縮縮、足不正。法文矍驚視貌。案索索即蘇蘇不安貌。程爲消索不存狀與震象不合。虞震征鄰五、互坎爲震鄰、婚媾坎象。

曹爲霖：孔斌曰燕雀處堂、子母相哺，竈突炎上、棟宇相焚、言魏不知鄰禍將及己也。此鄰字之義。誠齋傳曰虞晉寶以滅虢，不知乃自滅。楚聽秦賂伐齊乃所以自伐也。

星野恒：索索志氣消索。矍矍不安定貌。陰居動極，志喪視不定，何得而無失哉！恐懼修省則无咎，尚不免同類有言。恐懼而失中、畏婚媾之言。

馬通伯：沈起元曰索索震之懈，矍矍動之肆。李林松曰震鄰戒在己，正恐懼脩省義。案動失正故征凶。五用初震驚遠、四震懼邇。上畏鄰之戒言是迫於人故中未得。士有諍友則身不失於令名，雖凶无咎也。

劉次源：受震而神氣沮索、矍矍然驚，上陰遠陽不能興奮有爲、凶其妄行。不爲四動爲初動、婚媾故有言。无咎、禮義自不愆也。畏人警責也。

李郁：索索、縮足貌。矍矍睨視貌。處震末猶有餘懼。艮躬，三不反上故震不于其躬。初九來五故于其鄰也。剛來比柔故无咎。外卦兌悅可議婚媾。不敢變剛故自戒。

徐世大：索索，顫抖。矍矍，瞪眼。產婦抽慉瞪眼，危甚。往前不好。不在家臨產，在鄰家，怪不得親戚說話。

胡樸安：頑民遷徙之時中心不自得而有索矍狀。象故曰中未得。躬、君自謂。鄰、頑民。頑民往遷凶之事，不在自身過、理无咎。畏而有戒心。遷徙時婚媾有違言也。

高亨：索索鄭玄猶縮縮。踖踖步履戰栗貌。懼於心、形於足。矍矍、懼存心而形於目。巨雷作、足踖踖、視矍矍、怯懦象、行兵則敗。雷擊鄰災在它人。言婚媾之家有訶譴之言。

李鏡池：索索：謹慎有所遵遁。矍矍：有眼光。躬：自身。婚媾：親戚。言、罪。說打雷、人小心謹慎、有眼光、看得準。雷劈近鄰、大概親戚做了壞事吧！本卦表現古人對不可理解自然現象的探索，認識過程。

屈萬里：釋文索索、懼也。東都賦矍然失容。李善引說文，矍、驚視貌。傳象：中未得，未能心安理得。猶不得於心，言心中有所疑慮也。畏讀如威懲鄰家、己則戒也。

傅隸樸：索索氣餒狀，矍矍張皇狀。上六張皇發抖、因其胸無成竹、如有行動必險。三不應、四震主、五鄰、婚媾親近意。震鄰不致到自己身上，故不于其躬、于其鄰。驚恐在親戚身上故曰婚媾有言。

金景芳：征凶，再往前行就凶。索索，志氣殫索也。矍矍，不安定貌。震不在自身，在鄰。你无咎。有言、對你有意見。折中按：見識凡近、安能深謀長慮、儆戒未然乎！

徐志鋭：上六距初四遠、受震最小。但柔居陰位、意志薄弱，嚇得渾身萎縮、兩眼斜視想逃跑。沒有逃、雖凶終于得无咎。見鄰六五害怕也知道恐懼戒慎。上六距雷遠、未觸及己身就退避。

張立文：尚（上）六，辰（震）昔（索）昔（索），視懼（矍）懼（矍），正（征）凶。辰（震）不于其窮（躬），于其鄰，往无咎。閩（婚）詬（媾）有言。譯：上六亘雷響、內心索索不安。驚視四顧如若出征則有禍殃。雷雖沒害身、卻震害了鄰居，出門則無災患。

筮遇此爻，婚媾之家將被議論。閩假爲婚。

林漢仕案：卦本身言、無所謂吉凶休咎。之所以產生吉凶休咎者、人也。人爲主導，故說易者皆曰戒占者何如、卜得是卦者當何如、占知過半矣！蓋人之有疑也，吳汝綸云太玄擬震爲疑。孔穎達故傳王弼之謂：居極懼、雖婚媾亦不能无相疑之言。疑故卜也，否則不疑何卜？即六十四卦皆疑也，君又何疑其不疑之卜耶！卜以加強其信心耳，蓋亦可相反爲訓也。如晉楚城濮之戰所卜、如崔抒妻棠公妻好之卜是也。英雄豪傑如是、奸雄梟惡亦如是，照單在全收而不敢違者、非聖智即愚夫愚婦耳已！孟子云不仁者若可言則何亡國敗家之有！人之不克治，神其治乎？雖然，仍須按規矩從事以解卦爻辭也。

上六震索索、及天垂象。是震雷閃電本身言。如震來虩虩，震來厲，震蘇蘇，震遂泥，震往來厲、及上六震索索、謂震雷發威狀態也。謂天威不可犯不可褻也。視矍矍以下爲人事，猶笑言啞啞，億喪貝，震行无眚，意无喪有事。上六如何索索、矍矍，征凶……

請聽二千年來學者論斷：

象云索索爲中未得。馬云內不安，矍矍中未得貌。鄭云猶縮縮，足不正。矍矍目不正。王弼：懼索索，視矍矍。孔疏：索索心不安，矍矍視不專。虞翻：隔坎故索索，應離故矍矍。程頤：六志氣殫索。索索不存狀，矍矍不安定貌。氣索則視瞻徊徨，故征則凶。蘇軾：上六未得九四已衰之情，猶索索矍矍畏之。張浚：陰動極爲索索、爲矍矍。動極莫知所安。朱震：上過中震極氣索、交三亦過中窮莫助故震索索。動成離目不正、視矍矍。鄭汝諧：上柔不能自安故震索索不充，視矍矍神不固。楊萬里：上六柔居震極、其索然矍然宜也。朱熹：柔處震極故索索矍矍象。項安世：上稍遠遂索索无聲矣。趙彥肅：四威至上索矣！楊簡：索索矍矍、驚懼之甚。吳澄：四之雷聲至上六竭盡故索索。變剛離目視矍矍，驚駭之餘、目視猶不定也。梁寅：去四遠、震懼之來索索然不存矣。然震極不能无懼，故矍矍然不安，其柔弱如是。來知德：索求取、矍瞻眎徬徨。索矍方寸亂。王夫之：索索受震神氣消沮，矍矍驚視貌。毛奇齡：索索即虩虩，震稍遠猶索索、目矍矍，驚駴未定。折中引：震方及鄰時修省、自無索索之咎。李光地：震極至蕭索眩瞀則神喪。李塨：柔多故索索氣盡，目矍矍四顧。（變離爲目）吳汝綸：索索心不安，矍矍視不專。丁壽昌：說文矍、驚視貌。案索索即蘇蘇不安，程消索不存狀與震象不合。星野恒：索索志氣消索。矍矍不安定貌。志喪視不定。馬通伯引：索索震之懈、矍矍動之肆。劉次源：受震而神氣沮索、矍矍然驚。李郁：索索縮足貌。矍矍睨視貌。徐世大：索索顫抖，矍矍瞪眼，產婦抽慉危甚。胡樸安：中心不自得而有索矍狀。高亨：蹜蹜步履戰栗貌。懼於心、仁於足、矍矍形於目，怯懦象。李鏡池：索索謹愼有所遵循。矍矍有眼光。看得準。屈萬里引懼失容驚視貌。傅隸樸：索索氣餒狀、矍矍張皇狀。上六張皇發抖。徐志銳：上六受震最小，柔居、意志淺弱、嚇得渾身萎縮、兩眼斜視想逃跑。張立文：上六巨雷響、內心索索不安，驚視四顧。

有的俗語：扮演鬼者嚇倒自己。豈上六震雷轟然巨響、嚇壞作俑者自己耶？明明卦體震雷、震來震往、震驚百里、而索索顫抖、矍矍失容瞪眼驚顧由自身引爆之雷震、無乃太可爆笑耶！上六可眞是無膽裝鬼矣！

索索之義有縮縮、足不正、心不安，懼，索然涕下，絞、獨、法、盡、散盡、數、素、功等，易家更有坎索索、志氣殫索、索索不充、索索無聲，竭盡故索索，索然不存，索求取，神氣消沮，即虩虩，蕭索眩瞀神喪。索索氣盡，即蘇蘇不安，消索不存狀，顫抖抽慉，謹愼所遵循、氣餒狀、嚇得渾身萎縮。　初自有虩虩、三自有蘇蘇、視其震之程度以狀震雷也乎？今上六震索索，亦以狀震雷之索索也。易家謂離初四兩剛遠故橫暴不及身，上六索索中未得、心不安、志氣殫索、其柔弱怯懦、張皇發抖、是兼言爻位發功者與受功者也。雷至上六已消索沉雷矣，然而懲羹吹虀，吳牛喘月、予上六最後一根稻草也、上六窮極不勝負荷矣！震之入人深矣，其自入也深也。故上六索索消沉之雷、亦能驚皇左右。六五時之所謂有事，上六點明征凶。言上六自身條件怯於戰而強戰、必有所失也。王弼云「處極復征、凶其宜也。」程子云：「氣索則視瞻徊徨，故征則凶。」趙光大曰：「徬徨而行，凶也。」六五之謂意无喪、尙未付諸行動。上六之征凶，則多半親身曾體驗如是而征之必有所失也。上六時段、其已嘗苦果矣！從行動中獲得經驗矣！下文婚媾、鄭汝諧謂羨文，誤入此，強說則鑿矣。惜鄭之斷言、千百年來無同唱者、而今本帛書有「閩詬有言」四字。張立文謂閩，婚，詬，媾。即易古本有婚媾有言也。學者之說非鑿矣！

震不于其躬，于其鄰，无咎。婚媾有言。

楊萬里云：「天下禍莫大乎鄰。」而鄰之言五有虞翻、張載、朱震等。言三鄰、五非鄰者有楊萬里等。言初爲鄰有王夫之。胡樸安鄰謂頑民。　婚媾：三已變、上應三、震言故婚媾有言。（虞翻）四兼二陰得稱婚媾。（蘇軾）六三婚媾，不應有言，亦見上六失道。（楊簡）三怨上六有言，以其獨遠震而不相恤。（吳澄）婚媾猶言夫妻、不免有言、疏遠可知。（來知德）四上夫婦象、不爲四動，四有責言。（王夫之）瑣瑣姻婭、見識凡近。（折中）姑息者細人之愛、勿惑於婚媾之言而見幾之早也。（李光地）　上失位故有言。（姚配中）畏鄰、戒也。婚媾有言、太玄擬震爲疑。（吳汝綸）婚媾坎象。（丁壽昌）不爲四動爲初動，婚媾故有言。（劉次源）

上六之處索索消沉之震而視瞻徊徨、猶有征伐奮揚意故有所失。然震之不及上六也，震止及其鄰。鄰之爲言五、三、初，似皆不當、蓋泛稱上六震雷已不及上六矣、于其鄰、鄰猶親也。近也。比也。鄰里鄉黨也。即震與上六時段无涉，故无咎者謂上六時段之震索索而无咎。婚媾則不論嘉耦怨耦之或有煩言乎？楊萬里云天下禍莫大乎鄰。林漢仕以爲天下之助亦莫大乎鄰也。得天下之多助、親戚不叛、可有治大國烹小鮮之能耐？上六之親離矣，是震上六不善處震之過也。

䷳ 艮卦（山山）

艮其背不獲其身，行其庭不見其人，无咎。

初六、艮其趾，无咎。利水貞。

六二、艮其腓，不拯其隨，其心不快。

九三、艮其限，列其夤，厲。薰心。

六四、艮其身，无咎。

六五、艮其輔，言有序，悔亡。

上九、敦艮吉。

䷳ 艮其背，不獲其身；行其庭，不見其人，无咎。

彖曰：艮，止也。時止則止，時行則行，動靜不失，其道光明。艮其止，止其所也。上下敵應，不相與也。是以不獲其身；行其庭，不見其人，无咎也。

象曰：兼山艮，君子以思不出其位。

鄭玄：艮山，山立峙各於其所，猶君上臣下不相與通，故謂之艮。艮之言很也。

王弼：艮其背，目无患也。止後故不得身。艮止不相交通之卦。止不相與，不相見則自然靜止。相背離近不相見故行其庭不見其人。

孔穎達：艮止，靜止也。防其動欲，不見可欲，使心不亂也。背无見自然靜止。防未兆，无見其身，相背不相見，故行其庭不見其人，无咎也。若能止未兆，則是治未萌。

李鼎祚引虞翻：觀五之三也。艮爲多節，故稱背，觀坤爲身，五之三折坤爲背，坤象不見故不獲其身。震行人，艮庭，坎隱伏，故行其庭不見其人，三正故无咎。　案艮爲門闕，純艮重其門闕，兩門之間，庭中之象也。

張載：處喧鬨无害爲學。居家聞孩啼則不忍，聞奴喧則不容，市井紛囂，何傷存誠養志！艮背至近於人，不見、上下无應也。時止則正，其道不蔽。素夷狄行乎夷狄也。

程頤：人不安其止者，動於欲也。當艮其背，止於不見則无欲以亂其心，謂忘我也。庭除至近，至近不見、內欲不萌，得止之道爲无咎也。

蘇軾：聖人入于吉凶之域而不亂！艮、聖人將有所施。艮止、時止時行、不失其時。施之背所以不獲其身也。敵應所以行庭不見、其庭未嘗无人也。是道也、无咎而已。

張浚：艮其背、不獲其身、忘己也。行其庭、不見其人，己忘物亦忘之也。夫艮、萬物潛冥時也，聖人法之、可以參配天地、時止時行、動靜无往不當也。止所安斯无咎。

張根：得其所止故。傳彖：知嘿猶知言故。敵應勢力均故。

朱震：艮止震動，行止相爲用，所以明道也。背止則不與物交、无所見也，安能見人乎！背忘我人忘物，止其所也。震艮相反、推明艮其背。上下敵應不相與故无咎。

鄭汝諧：无咎非善之至也。止非膠固，行不累止，動不害靜。此道光明。今上下敵應猶人相背，在我者不獲其身，在人者行庭不見其人。所謂不見可欲使心不亂，惟能艮其背耳，其執一之謂乎。說者不詳其義。

李衡引胡：艮止於于萌，若止背後目不見其身也。行庭指淺近、各守其所、不相雜亂故无咎。

引陳：背不遠身而目未見。愛欲猶心目之於背，可與物游而无欲物之心，欲物之樂。行庭不見、相背故也。

楊萬里：艮山，不動、止之至。背如二人相而立。艮貞、面內背外，是艮其背不見其身；其悔亦不見後人面，是行其庭不見其人也。艮其背上疑脫一艮字。

朱熹：艮止也。其象爲山，取坤地而隆其上狀。艮其背則止於所當止、不隨身而動，是不有其身，止而止也。行於庭除有人之地亦不見其人，行而止也。皆主夫靜所以无咎。

項安世：晁氏曰彖當爲艮其背，止古文背爲北訛。王弼以前无艮其止說。夫背者自視則不獲其身，行於人之庭則不見其人。或止或行，皆无所睹。敵應不相與，不見其人也。隨時制行各止其所也。

趙彥肅：陽止乎上，二陰止不進。時止則止，時行則行。當靜而靜，當動而動。思不外馳，心有所止。

楊簡：艮其背則面如背，前如後，動如靜，寂然無我，不獲其身。雖行其庭，實不見其人。庭者堂前兩階間，非果無人也！爻未嘗相與，如水鑑中萬象，水鑑未嘗交錯也。

吳澄：一陽止二陰上不行。重艮內外俱正。背初六。互震爲足謂上九，三四五上肖離爲目，人謂九三。占內外各止其所故无咎。

梁寅：艮其背不獲其身，言止其所當止，不見有其身。行有人之地亦不見其人，此行而止也。所謂動靜各止其所而皆主夫靜。程子所謂靜亦定，動亦定，此之謂歟！

來知德：卦綜震。四人身，三晝卦，二人位。前庭五也。艮門闕，震行。止其背，身在背後不見四身，背在人前不見二人。辭本玄妙，令人難曉。孔子知文王以綜成卦辭。

顧炎武：毋意毋必毋固毋我，艮其背不獲其身也。富貴不能淫，貧賤不能移，威武不能屈。行其庭不見其人也。

王夫之：卦以內嚮者爲面，外嚮者爲背。艮者堅確，陽止爲積流之砥柱，防陰之溢，不見可欲，心不動而後可以无咎。上下敵應是以不獲身不見人无咎。艮止其所也。

毛奇齡：艮山、艮止、艮形爲人，身動背不動如山。以背求身安能得其身哉！艮門闕、兩門間即庭，人隱于庭，求人又安能見其人哉！虞謂坎隱伏。

折中引周子：背非見也，止非爲也。　引郭忠孝：背無欲，孟子養心莫大於寡欲，艮其背之謂乎！　引朱子語類：艮背只言止之義。　引朱子不若內外兩忘。　引陸九淵：艮其背無我、行其庭無物。　引蔡清：冬不用，北不用，背不用一理也。艮其背一句是腦。行庭帶過。

李光地：艮於身爲背，於方爲北。不見者止之方。周子曰背非見也。　大傳退藏於密、中庸未發之中。止斯靜、私欲不萌是不獲身。動知詐不生。行不見其人故无咎。　傳彖：內不見己、不獲其身；外不見物、行庭不見人也。

李塨：艮象山亦象人。人身動、背不動。艮止背如山、身亦止不用矣！是不獲其身也。艮門闕、兩門間即庭、三四人位、互坎隱伏則行其庭不見其人也。艮時如此則无咎。

孫星衍引集解鄭唐成曰艮之言很也。

姚配中案：純艮重其門闕，兩門之間、庭中象。互坎爲脊，上下皆止故艮其。兩相背故不獲其身。敵應不相與，不必見者也，故不見无咎。

吳汝綸：太玄擬艮爲止，方言艮堅。許鄭訓艮爲很。說文艮、從目匕。是目相很視之義。今很視其背無目相匕之患故王云目无患也。吳澂以背爲北堂，與庭對文亦通。

丁壽昌：鄭艮之言很，艮山。說文從匕目。一曰行難，又盩也。釋名限也。晁氏艮止當作背。

項背爲北謁止。蘇蒿坪曰艮在人爲背，坤體身，背成身揜故不獲其身。三互震行，艮爲庭、三人位，行其庭而人象揜故不見其人。互坎爲隱伏。

星野恒：一陽止于二陰之上，進無所往，上下六爻皆不相應，猶遇人不見面故不見其人。士無上下交，當守其分，不可有爲，天下無道則隱，何咎之有！聖人可仕可止時也。

馬通伯：說文𥃩很也。猶相匕不相下也。胡炳文曰人身唯背不動，艮止象。不獲身內艮、不見人外艮。梁錫璵曰艮兼終始故无咎。案動亦定，靜亦定。其道深非特无咎而已。

楊樹達：〔釋名釋天〕丑於易爲艮，限也。時未可聽物生，限止之也。〔漢書李尋傳〕易曰時止則止，時行則行，動靜不失其時，其道光明。書曰敬授民時。故古王者尊天地，嚴月令，和氣可致，猶抱鼓之相應也。

劉次源：物不可終動，故艮一陽止二陰，不言心言背，空諸所有，感而遂通天下，其要无咎也。

李郁：艮止。上九卦主。知止后有定靜安慮而後得。全身動係背之靜，若無背者，四肢臟腑无所托，身藏于背，祗見背不獲身，根塵不染。國家大庭，無人我見，圓融通達，何咎乎！

徐世大：禁令：限住背，不捕他身；院裡走，不見他人，沒壞處。艮爲禁令，止人出軌者。背亦訓背叛，止人反畔，不俘其身，據其門不佔其室。古人網喻法含此義。

胡樸安：尙書多士誥遷徙之頑民各安其土也。背背也，身嚮地。頑民背不嚮，民心惶惑不安居家。上下敵應不相與，此所以不獲身，不見其人也。

高亨：艮當重。許解艮很也、迂曲無當。余謂艮顧也、从反見。引申注視、還視。目所止。獲疑借爲護。顧背不護身、顧小忘大。身將亡背何有？凶象。疑无咎衍文。

李鏡池：注意背部而不保護全身、知局部不顧整體。行其庭是譬喻、好心一座大宅沒人住等于廢物。反映醫學上整體觀念。

屈萬里：據彖傳背字疑應作止，趾也。身篆，象腹形，背後身也。唐蘭艮與見有前瞻後顧之不同，艮回顧。艮其背、反顧其背。彖傳艮止，誤也。艮其止、其猶之也。

傅隸樸：止不足盡艮義、功用不在止而在動、雷霆萬鈞的力。所謂寧靜致遠，不爭天下莫能爭。人前身後背、兩人前後立、只見不見身。相背行則彼此不見。不見、老子不見可欲、使心不亂。人能背其可欲不見、那來禍咎！

金景芳：孔子說人莫鑒于流水而鑒于止水。朱子引晁說艮止當作卦辭作背。按背古文北有訛止之理。卦體止其所、爻位不相與。孔穎達謂「卦止而不交、爻峙而不應者。」極爲得之。

徐志銳：艮山靜止、陽進陰退。人身五官四肢在前與外界接觸有應與、是動的。背无應與靜止的。不獲其身、言背與身、一前一後、一動一靜背身不相得。又進六門入庭堂、五官與人應酬運動，背看不到人、靜止不運動。

張立文：根（艮）其北（背），不濩（獲）其身，行其廷，不見其人，无咎。 譯：艮、只照顧脊背而不照顧身體，到其家不見其人，雖有困難，最終沒災患。 注：根假艮，止、很視、狠。 北假爲背。 濩假爲獲。 廷庭古通。

林漢仕案：艮卦爲少男，孟氏逸象爲愼、爲弟、爲小子。爲童蒙。而艮義有很戾不進、限也、止也、山也、堅也、難也、終始也、與抿同、引也。又謂艮人性之扳滯者。艮卦爻辭從艮其背至艮其趾，其腓、其限、其身、其輔至敦艮。艮字不祇有其卦名，亦須有其義。說卦有終萬物、始萬物者莫盛乎艮。成終成始故成言乎艮。孔疏艮東北方在寅丑間、丑爲前歲末、寅爲後歲初、萬物之所成終、所成始也。孟氏逸象艮爲愼。是艮字之義、即以「愼」以成其終、成其始。所謂背、趾、腓、限、身、輔，皆以局部言其全體也。六四之謂身、王弼之中上稱身。虞翻謂腹也。蘇軾云心。吳澄謂股以上膈以下、前臍後腰膂，以人身之局部代全體、正儒家所稱身體髮膚、受之父母也。愛人必先自愛、易卜生主義所謂溺先拯己然後可思及人也。然有時又有不得已必須壯烈成仁取義者、慷慨之情亦所以成物也，此爲另類。艮卦即以具體而微著眼也。故從艮其趾發軔。卦艮其背、不獲其身，行其庭，不見其人。何意也？茲輯前賢傳注以見指撝：

彖：艮止其所、上下敵應、是以不獲其身。

象：君子以思不出位。

鄭玄：山立峙各於其所，猶君上下不相與通。艮言很也。

王弼：艮止不相交通之卦。相背雖近不相見。

孔穎達：背无見、不見可欲自然靜止。止未兆是治未萌。

李引虞翻：艮多節故稱背，又爲門闕、兩門之間庭中象。

張載：艮背至近、不見、上下无應也。素夷狄行乎夷狄也。
程頤：背止不見則无欲以亂其心、忘我也。庭除至近不見、內欲不萌、得止道爲无咎。
蘇軾：艮、聖人將有所施、時止時行、不失其時。敵應，其庭未嘗无人。
張浚：不獲身、忘己；不見人、忘物。艮、萬物潛冥、聖人法之。
張根：得其所止。知嘿猶知言。敵應勢力均。
朱震：行止相爲用。背止則不與物交，背忘我、人忘物、上下敵應不相與故无咎。
鄭汝諧：敵應猶人相背，不見可欲、使心不亂。无咎非善之至。艮背、執一之謂乎？
李衡引胡：艮止未萌，行庭淺近、各守其所。引陳：背不遠身而目未見，行庭不見相背故也。
楊萬里：背如二人相背而立，悔不見後人面。疑脫一艮字。
朱熹：艮止象山、坤隆其上。艮其背、止當止。行其庭、行而止。皆主靜所以无咎。
項安世：止古文背爲北訛。不獲身、不見人、或止或行皆无所覩。
趙彥肅：時止則止、時行則行。思不外馳、心有所止。
楊簡：面如背、前如後、無我。實不見人、非果無人也。爻未嘗相與。
吳澄：內外俱止。占內外各止其所故无咎。
梁寅：止不見其身、行不見其人。皆主夫靜。
來知德：綜震、四身二人、前庭五。孔子知文王綜成卦辭。

顧炎武：毋意毋必，不獲身；富貴不能淫，不見其人。
王夫之：卦外嚮爲背、艮堅止防陰溢、心不動可无咎。敵應是以不獲身不見人。
毛奇齡：背不動如山安能得其身！人隱于庭安能見其人！
折中引：背非見、背無欲、背只言止義，背無我、背不用一也。孟子曰養心莫大於寡欲！
李光地：大傳退藏於密、中庸未發之中。止靜私欲不萌、內不見己；詐不生、外不見物。
李塨：艮止背如山、互坎隱伏不見人。
孫星衍引鄭康成：艮之言很也。
姚配中：互坎爲脊、兩相背故不獲身。敵應故不見。
吳汝綸：很視其背、無目相匕之患故王云目无患也。吳澂背爲北堂，與庭對文亦通。
丁壽昌：晁氏艮止當作背，項背北謁止。蘇蒿坪曰背成身揜故不獲其身。互坎爲隱伏。
星野恒：六爻皆不應、猶不見。無上下交、當守分、聖人可仕可止時也。
馬通伯：不獲身內艮、不見人外艮。案動定靜亦定，其道深、非特无咎而已。
楊樹達引：丑於易爲艮、時未可聽物生。又曰時止時行其道光明。故古王者尊天地、猶抱鼓相應。
劉次源：不言心言背、空諸所有、感通天下。
李郁：無背則肢臟无所托、見背不護身、根塵不染。無人我見、圓融通達。
徐世大：艮禁止人出軌、背叛、止人反畔。不俘身，據門不佔室。網喻法含此義。

胡樸安：背背也、身嚮也。頑民不嚮、惶惑不安、上下敵應、此不獲身、不見人也。

高亨：艮當重、余謂艮顧也，從反見。獲疑借爲護。顧背不護身、身亡背何有！凶象。疑无咎衍文。

李鏡池：注意背知局部不顧整體，行庭喻大宅無人住。

屈萬里：背疑應作止、趾也。身像腹形。艮見有前瞻後顧之不同。艮其止、其猶之也。

傅隸樸：止不足盡艮義。相背行彼此不見、老子不見可欲、心不亂！那來禍咎。

金景芳：孔子說人鑒于止水、止朱子引晁說當作背。爻位不相與。

徐志銳：人身五官四肢在前與外界接觸有應與、背靜止不運動看不到人、言一動一靜不相得。

張立文：只照顧脊不照顧身體，到其家不見其人。

不獲其身、不見其人。彖稱上下敵應。象稱君子思不出位。鄭玄艮言很，艮背無目相匕之患。其後學者之揮發即從是出：如：

背无見，不見可欲、素夷狄行乎夷狄、忘我、忘物、行止不失其時、行止相爲用、毋意毋必、富貴不能淫、背無欲、養心莫大於寡欲，退藏於密、中庸未發之中，守分可仕可止時也，根據不染圓融通達。

艮之德行配天地矣！楊樹達云古王者尊天地、猶抱鼓相應。素夷狄，毋意必固我，可仕可止、艮卦似孔子自道也。艮之退藏未發之中、高亨云「凶家、疑无咎爲衍文。」馬通伯則以「其道深、非特无咎而已。」似謂當云大吉无不利乎？而鄭汝諧則謂艮其背……无咎、无咎非善之至也。

艮之爲道、不務外求、所謂求諸己者嚴、不畏人之不知己也乎？初囑愼趾、二愼腓、三愼腰身、四愼全體，五愼兼及言行、上愼順從人身局部至人格完全養成，非偲也、設修養不成、庸碌如故、求諸人、人將糞土視之！不患人之不知己者、患己不能也。高亨所謂凶象、豈有大能而不能寡欲乎？馬通伯之非特无咎而已、是已德之已備、有用我者朞月而已矣夫！

人之一身無不是肉、無有可棄之者、無有軒輊高下。李鏡池謂「知局部不顧整體。」世上可有忘身之任一點之固陋、任彼消長而不牽動全身者耶？眼耳鼻舌手足心可有分崩離析各自爲政爭寵爭先者耶？其無矛盾猶有所爭者必枉人也已！必非人也、其機器人也。以爻趾腓限夤身輔皆人身之局部言，艮其背自毋須轉爲北、北堂與庭對文。徐世大訓背爲叛、反畔，胡樸安訓嚮背。艮、高亨謂顧。謂從反見、引申注視。徐世大以艮爲禁令。鄭玄以艮爲言狠。艮止、艮山、堅難之外，漢仕以爲艮之爲言愼，以愼解六爻及卦解、艮其背即愼其背、背似厚而實薄、故宜愼順、不獲其身、獲、辱也。今年帛書易作濩、污也。不獲其身即不辱污其身、背在後、身在前、不因護後而疏略前、辱污身前、前後一視同仁也、亦即艮順其人之背亦艮順人之身；行其庭不見其人。行其直正、庭、訓直也、正也。第見其愼順行其直正、不示現其人之有無。蘇軾云「其庭未嘗无人也。」應云「其庭未嘗无我。」有我而行愼行直、不獲其身矣，不見其人矣！是即顧炎武所謂毋意必，不能淫移屈之丈夫志乎！是求之在我者也。无咎其占也。非衍文。

艮卦前後一致、行直有我而无私、故不見其人可欲，無意必固我之成見、又有孟子大丈夫不淫不移不屈之操守，其持重、其止如山矣。至謂凶象與非特无咎而已之企盼、端視其有用我者之胸襟矣！在我者固如是也。

庭訓直者見爾雅釋詁。又見詩小雅大田：「播厥百穀、既庭且碩。」傳曰「庭、直也。」大雅韓奕「榦不庭方。」箋庭、正之。又周頌閔予小子之什：「陟降庭止。」傳曰庭、直也。

初六、艮其趾，无咎。利水貞。

象曰：艮其趾，未失正也。

荀慈明：初六、艮其止。（釋文）

王弼：處止初行无所之，故止其趾乃得无咎。至靜而定，故利永貞。

孔穎達：趾、足也。處體下故足，止足不行乃得无咎。靜止之初不可躁動故利在永貞也。

李鼎祚引虞翻：震爲趾故艮其趾矣。失位變得正、故无咎永貞也。

司馬光：其位則下也、其事則初也、止而不行，何咎之有？抑君子于其所止不可不謹擇也。止于永貞、利莫大焉。

程頤：六在最下，趾之象。柔處下當止之時也，行則失其止矣！柔患不能常，故止初戒利在常，永貞固，不失止之道也。

蘇軾：自趾而上與咸一也。艮輔在五。艮取其動者、上止用下、下止聽上。趾動聽腓、艮趾不害腓動、止行聽上，此艮之正者故利永貞。

張浚：陰下爲趾、柔初能止、未失正。艮止於下，何咎？利永貞，戒也。蓋士君子進爲於時、以知止爲本。情欲內牽、勢利外誘則无往能止。不知止、鮮克有終！

張根：此卦所喻一身：上宜止，下宜動。初在下而止，猶未失正，二不快于心，三危矣！至四則无咎，五悔亡，六吉，此所謂時止時行。

朱震：四震爲足。足、趾也。六居初不正宜咎，其止早、未失正。利永貞者非永止也。動而正，行止一也。初四易成巽，巽爲長、永貞也。初陰患不能久故戒利永貞。

鄭汝諧：艮止其所、未免有所囿！與咸感同。咸取身相向，艮取身相背。咸私應、艮不應。爻皆非卦之全體，其失均也。

李衡引朱：六居初不正，宜有咎。然止之於初，其止蚤矣，未失正也。

楊萬里：艮止也。初六止之初也。居腓下、偶而散、趾之象也。六柔而靜、此趾之止不行者也。聖人猶有憂焉曰能止初、猶宜止終。利永貞、止終之謂。

朱熹：陰居艮初爲艮趾象。占者如之則无咎。又以柔故戒其利永貞也。

項安世：當可止之所，止之斯止矣。然其德疑不正，故曰利永貞，又曰未失正也。初雖不正可止、聖人以未失正許之。

趙彥肅：人能行必有其才、其時、其位。初六陰柔无其才，卦止无其時，在下无位，是未可行宜止者也。艮其趾故无咎。人之於止、能安者難，故利永貞。

楊簡：爻取身爲象。初六最下爲趾欲行，居下未何行。初六能止故無咎。行失正，止未失正。然人心易放、未必能久、故利永貞正。

吳澄：初當下體之下象趾。能行者也。六陰靜止不行。占止不行故无咎。居剛變剛、永久正主其事而利也。

梁寅：以陰居下，欲行而止，艮其趾象。无咎宜矣。然以其陰柔、又戒利永貞、若立心不常而所守不固，亦安能免於妄動乎！時當止而止、當止而行不可也。

來知德：初六柔无可爲之才、又居卑下不得不止者也。震足、初趾象。占者如是則不輕舉冒進、可无咎而正矣。又恐正不能永、又教占者以此。

王夫之：初、二爲三所止。初在下爲趾、陰初生不得位，止早未見異物、則其意不遷、妄動之失免矣。利永貞、戒辭。受止而不妄，乃永貞而利。

毛奇齡：此皆不獲其身者。卦從初起、猶身先于趾。初以頤之下剛移之與三，自居柔、安于趾，苟能貞久不失其正者，顧趾耳安能止哉！

折中引胡炳文：事當止其始而止乃可无咎。初六陰柔、懼其始之不能也。故戒利永貞。欲常久負固也。

李光地：初皆有趾象。止動於初，无咎之道，以柔故又利永貞爲戒。艮取中之陽爻爲心，咸取三陽之中爻爲心。以心之位而變。

李塨：初偶象趾，行之具也。乃能止，尚有躁動之咎乎？然恐其不永貞也、故又戒之。

姚配中案：震反成艮、故艮其趾。艮六爻皆近取諸身，各止其所者也。

吳汝綸：艮趾、艮腓、艮身、艮輔皆爲止義。獨三之艮其限與艮背同。艮其趾无咎，故利永貞也。

丁壽昌：荀作止。虞曰震爲趾。吳草廬曰初當下體之下、象趾能行者也。六陰畫能靜止不行。案易例初爲趾。吳說爲長。坤用六利永貞。艮坤體、初變剛亦有利永貞象。

曹爲霖：六朝時處士韋瓊，志夷簡，魏周之際，十徵不屈，周太祖宇文泰不奪其志，世宗賜號逍遙公。……第訪以政事。吁！如瓊者即此爻之利永貞，象之未失正者乎！

伊籐長胤：柔居最下不肯上進。趾在下動、人所以行。陰性不能常、故戒永貞。柔質豈能有爲、此艮趾所以无咎也。

馬通伯：朱駿聲曰：艮人目不相比、故六爻皆以人身取義。其祁案艮六爻皆止不變。初戍始也、言未失正者、懼人以初六失正爲嫌、故特明之也。

劉次源：邪念初萌止之易，趾動則妄行、咎之所戾也。柔難持久、永貞以爲利也。

李郁：初在人身爲趾。柔始成其靜故无咎許之。舉足間輕重判焉。趾雖微細，又烏可妄動！動變剛非所宜。止時故利永貞。　傳彖：艮重在時，得其時則未失其正。

徐世大：限止他的前趾、無礙，宜永遠、堅定。初爲小禁令。如今之違警罰法然。

胡樸安：趾、足也。止足安居其所而无咎也。故象言未失所居之正。利永居其所、事其事乃有利也。

高亨：艮猶顧也。艮其趾猶言顧其足，不敢妄行、可以長無咎。

李鏡池：艮從匕目、集中注意的意思。腿趾易踢傷，往往傷了腳趾認爲小毛病不管它。作者認爲就是腳趾也要注意保護、這是醫學上的防微杜漸的觀點。

屈萬里：趾、熹平石經作止。釋文荀作止。按古趾字但作止。　傳象未失正謂正道。

傅隸樸：要止人行動得從腳始。這譬喻止不當行爲要早要快。艮其趾是說靜止在我們天性上、不爲物誘。所以趾字又是人本性的譬喻。淮南子循性保眞、無變於己。永久全性保眞，止於行前、不爲物欲感染故得无咎。

徐志銳：艮背、止靜。初取象趾、制止運動中先止趾、故言艮其趾。傳象未失正，強調初六雖不當位，但未失其所守，止趾未行、保持靜止。不止趾而行則爲失正。

張立文：初六、根（艮）其止（趾），无咎，利永貞。　譯：初六、照顧其足，沒有災患，有利於永遠恪守正道。　注：止假借爲趾，義同互訓通假。　貞、正也。

林漢仕案：艮義訓止、訓愼順、訓堅、訓難，說卦艮成終成始。以身之局部代全體。艮其趾。趾固以止爲初文、然在易書中趾止之用迥然有別。如險而止，見險能止，時止則止，艮以止之，物不可以終止等廿八說，而趾有履校滅趾，賁其趾，壯于趾等八說，不相混淆。趾止不能混爲一說矣！艮固可止也，然艮其趾當非艮其止明矣！茲錄各家之說以明究意：

象：艮其趾，未先正也。　荀：艮其止。　王弼：止其趾乃得无咎。　孔疏：趾、足也。處體下止不行，靜正不可躁。　李引虞：震爲趾艮其趾矣。變正无咎。　司馬光：位下事初，止不行何咎？　程頤：趾象、處下當止之時，戒利在常。　蘇軾：與咸一也。艮取其動。艮趾不害腓動。止行聽上。　張浚：情欲內牽、勢利外誘則不知止。陰下爲趾、艮止於、戒也。　張根：上宜正、下宜動。初止猶未失正。所謂時止時行。　朱震：四震足、趾也。止早未失正。陰患不能久故戒永貞。　鄭汝諧：止其所未免有所囿。咸身相向、艮相背無應。　楊萬里：初趾象、止不行者、聖人猶有憂焉。　朱熹：陰居、艮趾象、占者如之則无咎。　項安世：當可止之所、聖人未失正許之。　趙彥肅：初陰無才、无時、无位、是未可行、宜止者也。　楊簡：初六最下爲趾，欲行。行失正、止未失正。　吳澄：初當下體之下象趾、能行者也。占不行故无咎。變剛永久正而利。　梁寅：若立心不常、所守不固、安能免於妄動乎！　來知德：初柔无才又居卑下不得不止者，不冒進可无咎而正矣。　王夫之：陰初生下不得位，受止不妄，乃永貞而利。　毛奇齡：卦從初起、安于趾、顧趾耳，安能止哉！　折中引：初柔、懼其始之不能、故戒常久貞固也。　李光地：初皆有趾象。止動於初、无咎之道。　李塨：初偶象趾、行之具也。能止、恐不永貞故戒。

姚配中：震反艮故艮趾，六爻各止其所者。　吳汝綸：艮趾、腓、輔皆爲止義。　丁壽昌：易例初爲趾。初變剛亦有利永貞象。　曹爲霖：六朝處士韋瓊、志夷簡、即此爻之利永貞。　伊籐長胤：柔不肯上進、趾在下動、故戒。柔豈能有爲！此艮趾所以无咎！　馬通伯：六爻皆止不變。初成始、懼失正爲嫌。　劉次源：趾動則妄行，柔難持久、永貞爲利。　李郁：柔始成其靜、止得其時則未失正。　徐世大：初、限止他前趾，如違警罰法然。　胡樸安：止足安居其所、利永居其所。　高亨：艮猶顧。艮其趾猶言顧其足、不妄行、可長無咎。　李鏡池：艮匕目、集中注意的意思。就是腳趾要注意保護。　屈萬里：熹平石經作止。按古趾字但作出。傳象未失正道。　傅隸樸：靜止不爲物誘。永久全性保眞。　徐志銳：止趾未行、保持靜止。　張立文：照顧其足、沒有災患、有利永遠恪守正道。

易家從乾健坤順、乾動坤靜著眼、謂初柔無才、無位、無時、無德、而趾、行之具。趾在下動、行則失正，故聖人於其未失正前戒之、止其趾乃得无咎。又戒永貞。如何永貞？吳澄云「變剛永久正而利。」折中謂「戒常久貞固。」聖人之苦口婆心戒初「未失正許之。」易也爲小人謀矣。易爲君子謀，易也當爲小人謀。蓋易爻辭變化、六十四卦三百八十四爻，皆各賦予特定說詞，卜得是卦者可對號入座。又未必盡如是也。因而爻辰、飛伏、錯綜、以極盡其人謀鬼謀神化漠測之變化、觸類而長之。故謂非天下之至神、其孰能與於此！乾坤爲成始成終、艮卦爲成終成始，蓋其始也乾，其終也坤乎？馬通伯謂初成始。上九敦厚於終矣，止道之至善也。（程子）高亨以爲賢之釋不盡艮其趾、无咎之義、故賦艮卦之艮其趾之艮以義爲顧。李鏡池以「艮從匕目、集中意志的意思。」故謂「言顧其足、不妄行。」（高亨）「腳趾也要注意保護。」（李鏡池）兩君全撇去爻位、時、德、才、逕從爻辭切入。　孟氏逸象艮爲弟爲小子、又爲愼、注陽小故愼。虞氏逸象則謂愼順古通。依孟氏逸象爲小子者乃謂九三、庶克謂陽小故愼。乃以艮卦言。今爻爲初六、乃陰小、艮成終成始故爲四時。與四無應、不只初、四無應，即二五、三六皆無應、各止其所。說卦「艮東北之卦也，萬物之所成終而所成始也。疏之東北在寅丑間、丑爲前歲末，寅爲後歲初，則是萬物所成終而成始也。今馬通伯謂初成始、宜爲成終之誤。李郁亦以柔始成其靜。豈其與折中引謂「初柔、懼其始之不能故戒常久貞固」，始謂卦之初爻乎？　朱熹：陰居艮初爲艮趾象。楊簡：初六最下爲趾欲行。吳澄：占止不行故无咎。不如依艮愼順之逸家、謂初六艮、愼順其趾、无咎。再叮嚀：以永貞爲利。朱子之謂「占者如之則无咎」來知德之謂「占者如是則不輕舉冒進、可无咎而正矣，又恐不能永、又教占者以此。」初柔愚昧無知、又爲初生之犢、加上無比應聲援、而爲趾足躁動、張浚之謂「情欲內牽、勢利外誘則不知止。」項安世謂「其德疑不止。」又曰「聖人以未失正許之。」聖人之關切勉初如是、其可无聽乎？

六二、艮其腓，不拯其隨，其心不快。

象曰：不拯其隨，未退聽也。

孟喜：不承其隨。　京房：不承其隨。（晁氏）

馬融：抍，舉也。（堂按抍承字通，作拯者唐開成後所定。又方言抍，拔也。周禮振猶抍也。又作撜，音蒸、舉也。）

王肅：不承其隨。

王弼：隨謂趾也。止腓故趾不拯。腓體躁處止不得拯其隨，又不能退聽安靜，故其心不快。

孔穎達：腓、腸也，在足之上。或屈或伸，躁動之物。腓動足隨之。拯，舉也。今腓止則足无拯舉。腓躁而強不動則情與質乖故其心不快！此爻明施止不得其所也。

李鼎祚引虞翻：巽長爲股，民小爲腓，拯、取也。隨謂下二陰，艮止震動，故不拯耳，隨坎爲心，故其心不快。

張載：腓、腿之隨，不能禁止其趾而徒止其腓，腓所未聽故心不能快。

程頤：二居中得正，得止道者也。上无應，不獲其居矣！二之行止繫乎所主，非得自由，故爲腓象。股動腓隨，動止在股。二必勉隨三，豈所欲哉！故心不快，不得行其志也。

蘇軾：腓不聽於股、故咸其股、執其隨、隨者股之德，故謂股爲隨。艮其腓則股欲行不能矣！下止不聽上、上雖憂患而莫之救、上所以不快也。以是爲失其正矣！

張浚：二中德、時位當可而錄錄隨人。不拯不忘君心。不快、引臯夔事。陰居下爲腓、必股肱拯之然後能行。互坎心病爲不快。君子急欲得君、蓋欲以行道。

朱震：二艮柔膚也、在下腓也，膊腸也。九三止二亦隨而止，隨九三也。拯一作抍、舉也。五柔不抍其隨，二不能應五故心不快。下制於九三之彊，不得行其志也。

鄭汝諧：陽升在上得其所止。其下陰得其所止。中爻未得所止。下體動、腓股也。腓居中動止皆隨股趾，是不快。二得中正、非一於隨人而不知止。退聽知隨不知止矣。

李衡引陸：腓在股足間，志在股唯上命，聽失止道。所以无悔、中正存焉、有愧故心不快。引介：腓應九三而動，二中正、三剛亢、欲拯不得、有不快之心。引佺：二陰從陽，三艮限不進。未能退以聽命故心不快。

楊萬里：二大臣，以道事君，不可則止。三陽剛猶背，二陰猶腓、背動腓必隨。非不欲止背動，柔不勝剛故不拯其隨。二居背下不得不隨、非樂隨不得已故心不快。

朱熹：二居中得正、既止其腓矣，三爲限則腓所隨，而過剛不中以止乎上、二雖中正而體柔、不能往拯，是以其心不快也。此爻占在象中，下爻放此。

項安世：居腓非可止之所，不肯退聽強止之，終不可得而止也，故曰其心不快。二雖正而不可止，聖人閔其心不快、止非其所，此淵明恥心之爲形役也。不拯是不能令，不快是又不受命。

趙彥肅：六二當艮時中正自守，不以隨三爲快。

楊簡：腓隨上動，不得不隨而動，故心不快。

吳澄：二象腓隨股好動，居中得正，自止不動，其指二。三下卦主、二其隨從。然二止不從、三亦不援拯之。心謂六五。快猶喜也。其指五。二中正止其所止者矣！

梁寅：腓、脛也，在足之上、股之下，股動則脛動。二所隨者三也。三有列夤疾、二不能拯救所以不快。猶人臣諫不行言不聽、非其身憂、乃道不行之憂也。行止隨而已！

來知德：腓者足肚。拯救、隨從。二比三從三者也。艮止不求于三、三不退聽于二。二心不快，坎心病不快象。

王夫之：腓居下體之中，隨股動而不躁。二陰當位得中，比九三固願隨陽行，三不拯恤其情固止之，矯拂人情聽其強禁、安能無懟心哉！失所望而不快必矣！三逞私意也。

毛奇齡：腓上于趾，二上于初。安其止。居坎窞、坎心病似有不快者。今腓隨足動不能舉，承其所隨是快快。拯抍上舉也。舉拯同，陸作承、同音同。左襄九年載穆姜筮往東宮事，得艮之隨，正指此爻。

折中案：與咸三同。咸艮皆以人身取象。人心屬陽體陰，九三心也，心動體隨。咸四艮三心位皆非中正，隨亦失正。故不能拯其隨爲不快於心。二中正自守與咸三隨人異。

李光地：三心二隨。二中正能艮其腓、然不能拯其隨、心未快矣！三失正、二以中正承之故曰不拯其隨。明形不足撿心而坊於未者之未仁也。

李塨：進趾則腓矣。二中正能艮腓。三陽二之所隨。三止、不中不能退聽于二、二雖止不救、而心有不快。乃三不退聽之罪也。故二无吉凶。

孫星衍引釋文腓、符非反。本又作肥。義與咸卦同。承音拯救之拯。　又引集解馬融曰承、舉也。按漢上傳承作抍。

姚配中虞傳案：隨謂初。咸三陽動應上、故執其隨。艮二陰靜不應五、故艮其腓，不拯其隨。

坎心病故不快，快、喜也。案象：初失位溺坎下、當拯之、二未聽五故不拯初。

吳汝綸：隨當爲隋。隋、裂肉也。三有裂夤之傷，是隋也。二以艮腓之故，不能救之。象云未退聽、則三亦未肯聽二也。

丁壽昌：腓本又作肥。承音拯救之拯。馬舉也。一作抍，即拯本字。案二互坎，變剛則坎象不見、動成巽、巽爲進退、故未退聽。程不能拯唯隨。案不拯隨則是退聽、與象不合。

曹爲霖：腓、足肚。二在下體之中，故初趾二腓。趾動腓隨，腓止趾止。宋顏延之德清，少子竣貴重驕傲，怒其不能久，後誣反付延尉折足而死。

伊籐長胤：腓、足肚。無正應、承九三剛、行止隨之，不得自由。三過剛不中、不肯下求。彼不求我、我無由資彼。心不快、彼此隔絕、情不相接，亦未如之何也已矣。

馬通伯：下體股腓足三者動止相隨。二本中正、以在腓位、遇艮相隨而止、故使其心不快、拘學執持太過、滯於形跡之末而未能心與天游，豈知儒者制外養中之學不如此也。

劉次源：腓隨股動、失自主也，止所以拯之。不拯、心所弗許。二柔而得中、故深以隨爲恥也。

李郁：腓、足肚。拯舉也。足隨腓舉，腓止足不行。人行由心、心無欲則意未決，足亦未行。言行止皆聽心。傳象：足欲行而腓先縮故謂退。未退則未進、此所以止也。

徐世大：較重要禁令應有活動餘地，否則索縛小腿，又不放鬆足部，受者不免快快於心不高興。

胡樸安：說文腓在足之上。馬融拯、舉。王弼隨謂趾。言止腓不使足動。故象言未退而從命。其心終不快也。

高亨：艮猶顧。腓足肚。拯疑借爲增。拯承增古亦通。隨借爲隋。裂肉謂之隋。肉亦謂之隋。腓肉竟不增益、是以心不快。此事實反於希望之象也。

李鏡池：腿肚的肉較肥滿，腓亦通肥。現在卻不長肉，消瘦，可見是病態，因此心裡不舒服。拯，增長。

屈萬里：隨疑應作膸。見咸九三。拯熹平石經作抍。孟京陸王作承。漢上易馬作抍。釋文馬云舉也？傳象不拯其隨省文。未退聽言心不快者未聽從其腓而退也。又退作違。

傅隸樸：腓是小腿。艮其腓是止於已動。拯義提起。不拯其隨即提不起他的腳。三阻上、初扯下、動不了、心便苦悶。六二居下卦中故爲心。止道貴不見可欲。有了欲望。強行抑止是最痛苦的。二是重傷之人無壽類！

金景方：腓、腿肚子、自己不動、隨腳動。程朱隨指九三、王弼隨指初六。我認爲程傳可從。折中引楊簡說：腓隨上而動者也，上行不見拯、不得不隨而動，故心不快。

徐志銳：初之上、人身爲腓，即小腿肚子。六二不能補救其所隨九三之過錯，豈不是腿肚子隨胯股而動止了嗎？不然，象未退聽也、指六二未聽命九三。二柔中正仍然不動。

張立文：六二、根（艮）其肥（腓），不登（拯）其隋，其心不快。 譯：六二、照顧腿肚子，但腿肚肉不隨之增升，心中不痛快。 注：肥假爲腓。 登假爲拯。隋隨通。

林漢仕案：初言艮爲愼順義、六二之艮其腓、亦當以愼順其腓爲立說。舉局部以賅全體也。腓之爲脛腨也。（說文）腳腨腸也。（廣韻）腓脅也。（博雅）禹親自操至腓无胈、脛无毛。（莊子）管子其獄一踦腓、一踦屨。注腓、足脛。春秋後語「狗擾公孫子之腓而噬之。」　又古樂府公子綏割腓股以啖重耳。俗謂腓、腿肚也。周禮秋官斷足之刑曰腓。周改臏爲刖。白虎通謂腓者脫其臏也。另外腓義有迴避、病、變等。卦之言艮趾、艮限、艮身、艮輔皆謂人身猶咸恒卦然、故艮腓之腓字亦當爲名詞。六二之愼止小腿而不動，又不舉其趾而屈伸回旋、故其心不快也。蓋六二「有中德、時位當可而錄錄隨人」（張浚）程子朱震等之謂「不得行其志也。」茲依前賢傳爻意、字彙而輯之以爲比較：

孟喜京房皆云不承其隨。　馬融拚、舉也。　王弼：隨謂趾。象謂不拯其隨、未退聽也。　孔疏：腓、腸也，在足之上、拯舉。腓躁而不動，情腓躁、處止不得拯隨，故心不快。　虞翻：民小爲腓、拯取，隨謂下二陰、坎爲心故不快。　張載：腓、與質乖故心不快。　程頤：二中正无應、不獲其君。股動腓隨、腿之隨。不能禁趾、徒止其腓故心不能快。　蘇軾：腓不聽股、謂股爲隨、下不聽上、上莫之救所以不快。　張浚：二中德而錄錄隨人。陰居下爲腓、必股肱拯然後能行。君子急欲得君行道。坎心病爲不快。　朱震：二隨三故心不快。不得行其志也。　朱震：二膊腸、隨九三、五柔不拼其隨、故心不快、不得行其志。

鄭汝諧：下體動、腓股也。動止皆隨股趾。二中正、非一於隨人，退聽則知隨不知止矣。

李衡引陸：腓志在股、唯上命、中正存焉、愧故不快。引介：腓應九三剛亢、欲拯不得故不快。引侁：二陰從陽、三限不進、未能退以聽命故心不快。　楊萬里：二大臣以道事君。二陰猶腓、三陽剛、柔不勝剛故不拯其隨。二非樂隨故心不快。　朱熹：二居中得正。三限、腓所隨、二柔不能拯、是心不快。占在象中。　項安世：　居腓、非可止之所、二正不可止，此淵明恥心爲形役也。不拯是不能令、不快是又不受命。　趙彥肅：二中正不以隨三爲快。　楊簡：腓隨上動、不得不隨故心不快。　吳澄：二象腓股好動、三下卦主、二其隨。二止不從、三不援拯、五心、快猶喜。二止其所止者。　梁寅：腓脛也、足上股下、股動脛隨、二隨三也。三有疾、二不能拯所以不快。猶臣陳不聽、隨而已。　來知德：腓、足。拯救、隨從。二比三、三不退聽二、二心不快。　王夫之：腓隨股動而不躁。二中比三、三逞私意不拯恤其情、安能無懟心哉！　毛奇齡：腓上于趾、二上于初。左襄九年穆姜筮往東宮事、得艮之隨、正指此爻。　折中：二中正自守與咸三隨人異。九三心、心動體隨。三心非中正、隨亦失正、不能拯其隨爲不快於心。　李光地：三心隨二、二中正能艮腓、不能拯隨。二中正承之故曰不拯其隨。明形不足撿心而坊末之未仁也。　李塨：二中正艮腓、三陽、二所隨、三止不能退聽二、二不救而心不快。三之罪也。　孫星衍：腓、本又作肥。承拯。馬融舉、漢上傳承作抍。　姚配中：艮二不應五故艮其腓。隨謂初。初溺坎下當拯之、二未聽五故不拯初。　吳汝綸：隨當爲隋、裂肉。三裂夤是隋、二艮腓不能救之、三未肯聽二也。　丁壽昌：二互坎、動成巽爲進退、程傳不拯隨則是退聽、與象不合。　曹爲霖：腓、足肚。二在下體之中、故初趾二腓，趾動腓隨、腓止趾止。　伊篠長胤：無正應、承九三剛、行止隨之、不得自由。三過剛、不下求、彼此隔絕。　馬通伯：三體股腓足三者、動止相隨。二中正遇艮止故心不快。滯形跡之末。儒者制外養中之學不如此。　劉次源：腓隨股動、失自主。二柔中故深以隨爲恥也。　李郁：足隨腓舉、腓止足不行。行止皆聽心。　徐世大：索縛小腿、快快於心。　胡樸安：止腓不使足動、其心終不快。　高亨：艮猶顧。腓足肚。拯疑借爲增。隨借爲隋、裂肉、肉亦謂隋。腓肉不增是心不快。　李鏡池：肥通肥。腿肚不長肉、是病態、心不舒服。拯、增長。　屈萬里：隨疑作腿。拯、熹平石經作抍。未聽從腓而退。退又違。　傅隸樸：腓、小腿，拯義提起。三阻上、初扯下、提不起腳。心苦悶。二重傷無壽類。　金景芳：腿肚子隨腳動，我從程朱隨指九三。　徐志銳：二不能補救隨九三之過錯。象指二未聽命九三。二柔中不動。　張立文：腿肚子肉不增升、心中不痛快。

爻不拯其隨、拯：孟喜等作承、馬融等謂抍、孔穎達謂拯舉。虞翻云拯取。蘇軾等拯救。項安世云不拯是不能令。吳澄云援拯。王夫之拯恤其情。姚配中：隨初溺坎下當拯之。高亨：拯疑借爲增。李鏡池謂增長。傅隸樸云拯義提起。提不起腳。張三文謂不增升。

是拯義有：

承。（孟喜等）

抍。（馬融）

拯舉。（孔穎達）

拯取。（虞翻）

拯救。（蘇軾、來知德等）

不拯是不能令。（項安世）

援拯、拯恤。（吳澄、王夫之）

拯疑借爲增。增長、增升。（高亨、李鏡池等）

拯義提起（傅隸樸）

經傳拯尙有抍拔、抍撜、救助、濟、升等義。

隨義亦有謂趾。（王弼）隨謂下二陰。（虞翻）隨從之隨、如張載謂、腓、腿之隨。程頤謂二隨三。蘇軾謂股爲隨、張浚云錄錄隨人。皆謂隨從之隨。來知德即曰隨從。毛奇齡以左襄九年穆姜筮得艮之隨、正指此文。至吳汝綸、隨義變作「當爲隋，裂肉。三裂夤是隋。」高亨云裂肉、肉亦謂隋。屈萬里云隨疑作膸。

是隨義有：

趾。（王弼）

隨謂下二陰。（虞翻）

隨從。（張載、來知德等）

筮得艮之隨。正指此文。（毛奇齡）

當爲隋。裂肉。肉亦謂隋。（吳汝綸、高亨）

隨疑作膇。（屈萬里）

經傳隨義尙有順從、任聽、循、逐，不能屈伸、回旋、惡獸名。艮山、艮止、艮很、艮限。艮訓愼順、訓艮成終成始。訓堅訓難。訓目相匕不相下。不相交通。艮又爲東比卦。聖人關切成終成始之艮卦、初止其趾，又勉得其時中之六二止其腓、愼順其腓（小腿）。不令、不救助其所隨從之九三、與九三目相匕不相下。與卦德靜、穩、君高仁而可仰之艮山相悖、知非六二之志也。六二之无應六五而比九三、不快者一、六二之不救助九三、其不快者二、六二之碌碌隨人不得行其志、不快者三、又值半坎爲憂、固不快也。項安世謂淵明恥心爲形役也。馬通伯謂二中正遇艮止故心不快。滯形跡之末。劉次源謂深以隨爲恥。是六二之不快非一也。蓋亦人之常情乎！奈何爲六陰柔耶？陰之從陽、天經地義也。然以禮防六二之隨九三也、故不拯、亦不自拯、心知肚明其不可而莫可奈何乎？六二之愼順其腓、不涉足是非圈、故不拯人、亦不自拯以明志、快快者六二自心也。姚配中之謂「一舉是不敢忘父母」也。　至左傳筮得艮之隨義。原文是「穆姜薨於東宮、始往而筮之、遇艮之八。史曰是謂艮之隨。」（隨卦。䷐）又云：「隨、其出也。君必速出姜……周易曰隨、元亨利貞、无咎。」是謂艮六二淫宜出乎？謂六二非耦乎？艮是艮卦六二、明非變隨卦也明矣！蓋艮之隨者艮變隨卦也。不之則艮仍是艮卦。

九三、艮其限，列其夤，厲。薰心。

象曰：艮其限，危薰心也。

孟喜：艮其限，裂其⿰月引。　京房：列其⿰月引。（晁氏）

馬融：限，要也。夤，夾脊肉也。（釋文）熏，灼其心。

荀爽：限，要也。列其腎。互體有坎，坎為腎。　厲動心。互體有震，震為動。（釋文）

鄭玄：艮其限，列其臏。　限，要也。（案臏夤同）

王肅：厲熏心。　熏灼其心。

王弼：限，身之中。夤當中脊之肉。　止加其身，憂危薰心。艮義止其所，上下不相與，危亡之憂薰灼其心！大器喪矣！

孔穎達：三當兩象中故謂限。薰燒灼也。止中則上下不通，分列其夤，身將喪亡！大器謂國與身。明施止不得其所。

李鼎祚引虞翻：限，要帶處也。坎為要。五來之三故艮其限。夤脊肉，艮背坎脊，艮手震起艮止，故裂其夤，坎心厲危。艮閽，閽，守門人。坎盜動門故厲。閽古作熏，馬言熏灼其心。未聞坎水熏灼人也。荀作勳讀作動，皆非。

張載：一身而動，止中列危至薰心。

程頤：限，分隔也。三居剛不中，隔上下之限，止不能進者也。如人身夤膂，列絕其夤則上下不相屬，行止堅強如此，處世乘戾危甚矣！厲薰，心謂不安其勢薰爍其中心也。

蘇軾：三艮於上下之際，亦取諸動者。夤者自上而屬下者，艮下之極則自上而下者絕，上下絕，心之憂也。心在六四，故憂之及心謂之薰。

張浚：三位在四陰中，互坎、震，體艮。身中曰限，居下體上為限，夾脊肉為夤，陽止為列，陰陽氣窒為薰心，三蓋小人之雄者，譬小人有才能蔽賢路。心君互坎為心。

朱震：限，腰也，帶之所限。夤，膂也，一作胂，馬曰夾脊肉。鄭本䐈，列絕其䐈。坎病故厲。薰，馬熏灼其心。虞作閽，荀作動。宜作動心。三止不動心。善養吾浩然之氣而已。

鄭汝諧：三處卦中上下之際，固止不應感是艮其限，隔也，夤，上下之交。隔而列絕故危薰心不安。同是體，同是心，三雖止不與物交，危則實薰心也。

李衡引石：事至中而改，亦已晚矣！蓋情欲之起，人少有速止之者。　引胡：身中惟從下上而動，欲止中道不可，故有危厲之苦而薰灼其心。　引佚：限界列位，三以陽履陽，危可畏，必在位夤恭始得其道。

楊萬里：三居物我之交，內外之際，陽處陽，剛進躁動者也。三下卦背，背六四而面內者。昔也行其庭，今不踰閾。夤亦背，厲危。若有薰蒸其心者。三奇橫有門限象。

朱熹：限，身上下之際，即腰胯。夤，膂也。止于腓則不進而已，三過剛不中而艮其限，則不得屈伸，上下判隔如列其夤矣！危厲薰心，不安之甚也。

項安世：九三居上下之交，非可止之所，肆其剛強止焉。限分上下，夤列左右，心居其間无所依、此分崩離析之時、禍將及君故曰危薰心。三限上終、終當止限強止。

趙彥肅：限止夤列，失俛仰之節，害其心矣。心慢而體不恭，心動氣也。限止而危薰心，氣動志也。是以君子貴內外交相養也。

楊簡：三居居下體之上、上下之限也。失中固塞、艮止不復通和、如裂其夤、夤、齊也。裂則為厲薰其心矣，言其心之病也。當反求諸心，不可求諸外也。

王應麟：艮者限也。限立而內外不越，天命、限之內也，不可出。人欲、限之外也，不可入。郭沖晦云。

吳澄：限、股上身下。三不中、止之大過者。列分裂、夤背膂肉、屬上體指四、即呂。止限則上下裂絕、血脈不聯分為二矣。止其所不可止者故危。心六五、熏如火氣。言危之甚。

梁寅：三當上下之際、乃腰胯象。三過剛失中、比於群陰、止不動如人腰胯之疾不能屈伸，故曰艮其限、列其夤。限上下之限、夤膂、列伸不能屈、如是危厲、薰塞其中心。

來知德：界限即腰、夤連。列絕薰心不安。九三在腓上止變動屈伸際，不當艮而艮則不得屈伸，上下列絕其相連，故危厲而心常不安。占者之象如此。

顧炎武：學者之患莫甚乎執一不化，忿懥生、五情瞀亂。孔子惡果敢而窒、告子不得于言勿求于心。孟子以如蹶趨之反動其心。此艮其限，列其夤之說也。君子故一善言善行，若決江河，莫之能禦！无薰心之厲矣。

王夫之：限上下分界所、腰也。列、橫陳於中、夤脊也。三居四陰中隔絕上下、腰脊受制象。

厲危。置身陰濁中裁抑太甚，危心甚於危身，欲不喪其潔也，不亦難乎！

毛奇齡：三居上下卦間比身腰胯，俗名腰眼。腰限在背，心在身前，乾陽之厲反炙之。坎為心。腰可折、夤可分列，以是求止是向心求背，心又極動者！夤鄭作䐈、說文引作胂、荀作腎。　薰虞本作閽。

折中引王宗傳：三交際之地故曰限、夫人體不相屬，心能獨寧乎？　引胡炳文：溺四有泥限象，是絕物者。　案：列峙夾脊骨則腰不能屈伸，薰心言其堙鬱昏塞無光明象。

李光地：限、上下之際。夤、夾脊。止限峙夤則屈伸俯仰之用廢，心無安泰之時矣。下天未有理不得而心安者，此艮限列夤所以必至於危而熏心也。

李塨：限、腰胯分限。夤、夾脊肉、腎、腰絡。三處人中則限夤矣。過剛不中、強閉抑制、如道家氣守丹田、佛空寂。不知強制逆行主危厲，適熏灼心矣！

孫星衍引釋文夤、引眞反。鄭本作䐈。徐文音胤。荀作腎、薰荀作動。引集解馬融曰限、要也。　又夤夾脊肉也。荀爽互體坎為腎、互震動。　王肅熏灼其心。

姚配中案：內經有君火、相火。初之正，離在坎下、水中之火故薰心。虞以馬為非似失之。乾坤以日月戰，陰陽水火竝居。水之中未嘗无火。列、分解、艮限列䐈故厲薰心。詩云憂心如薰。

吳汝綸：說文艮、很也。易曰艮其限，是許亦以此艮為很。很、違戾也。上下違戾為艮其限。左右分裂為裂其夤。限上下際、夤夾脊肉。薰動。為危詞悚聽。調和心志是也。

丁壽昌：馬云限要，夤夾脊肉。鄭作䏰、徐音肩、荀作腎。薰作動。古薰勳閽通用。三至上有離象、坎下故離火薰心。薰當作熏。作薰叚借字。

曹爲霖：艮限爲已而已而也，薰心於富貴。厲薰心者，今之從政者殆也，列即就列、夤即同夤、不必作腰絡解。王晞辭任官、或勸之、晞曰得志少時、鮮不顛覆。此深有得於厲薰心之旨而艮其限者。

伊籐長胤：限、腰胯。列裂通、夤、夾脊肉。重剛不中，其物乖戾，逞狷忿師心自用、上下隔阻胡越，自貽伊慼，亦將誰咎！此止之固而不安者也。

馬通伯：韓詩外傳引孔子教仁恭勇義，皆防邪禁佚、調和心志。惠士奇曰氣交中非當止地。上下氣不交在病爲關格。案君子防邪禁佚惟養之以義理、使心志調和自无危薰之患。

楊樹達：（韓詩外傳）易曰艮其限，列其夤、危薰心；詩曰吁嗟女兮，無與士耽。皆防邪禁佚、調和心志。

劉次源：腰限上下夤其脊也。過制不通是以列、私欲薰心厲橫決。佛出家窮于法、物來順應、何必割捨一切。強遏薰心、自作孽、過柔弛、過剛折也。

李郁：限即腰胯，夤爲夾脊骨。列峙也。主爻上九、三與敵，猶腰不屈伸。未屈知止強抑制，是告子不動心反動其心。不安而止必堙鬱撓亂轉薰灼其心矣，故厲薰心也。

徐世大：限止腰又遮住脅脊，恨透了心。心至薰灼。

胡樸安：言止其要不使動也。致手裂夾脊肉，其心憂危如燒灼也。故象艮其限、厲薰心。鄭玄限要也。

高亨：艮其限謂人僅注視其要。古以裂爲列、以刀割物。假夤爲胂、夾脊肉。列傷其夾脊肉。薰閽古通、疑借爲惛。心中迷亂。傷脊肉、顧此失彼、以此處事危矣、誠心迷亂者矣！

李鏡池：健康的人背厚腰圓，現在卻是腰脅消瘦，也是一種病態、使人心焦、所以要保護腰部。

屈萬里：漢上易引王肅曰薰灼其心。列、晁氏云孟作裂。限馬云要。夤夾脊肉。京孟作朋、鄭臏荀腎。　熏荀動、子夏薰、虞閽。詩大雅雲漢：憂心如熏。

傅隸樸：止其所不切地宜。三主爻、剛居剛、阻止力強、艮其限即止塞腰部血脈流通，列其夤是攔腰斷了上下血脈。火薰危厲。腰腹破裂、心還能安嗎？君臣失調、憂國之士、心如焚了。這一爻反對靜止、不當懷寶迷邦。

金景芳：朱子說限是腰胯。程傳夤、膂也、上下之際。列絕則上下不相從屬，言止下之堅。折中引楊啓新說爻惡動以爲靜，反動其心。有意絕物、物終不可絕、心終不可靜矣！這講得很好。傳象何楷說以強制故危薰心。

徐志銳：蔡淵：「限、猶界也、界四陰之中也。」于人身上下交界處胯股。九三欲動、九二不聽命不能動、又不甘心居兩柔下、既不靜止又不能運動、心裡火燒火燎心急如焚。

張立文：九（三、艮其限），戾（列）其肥（夤），厲薰心。　譯：九三、照顧腰、不顧脊背，結果脊肉裂開，有危險而憂心如焚。　注：限要也、今俗作腰。戾假爲列。　肥假爲夤。薰熏閽動古通。毛傳灼也。即憂心如焚意。

林漢仕案：艮其限。依上例、艮爲卦名、爲山爲止、爲愼爲順。限、此處亦當以人身之一處言、謂身之中、要帶處也。荀爽首注限、要也。王弼謂限、身之中。孔疏：三當兩象之中故謂限。虞翻云限、要帶處也。坎爲要。五來之三故艮其限。程子謂限分隔。隔上下之限。蘇軾、鄭汝諧等是之。朱熹兩兼、既謂上下之際、又云即腰胯。王應麟似謂門限之限、故云「限立而內外不越。」吳汝綸云：「說文艮、很、違戾也。上下違戾爲艮其限。」其餘大家如吳澄、限、股上身下。來知德：界限、即腰。顧炎武：患莫甚乎執一、孟子蹶趨反動心、此艮其限…之說也。王夫之限上下分界所，腰也。毛奇齡謂俗名腰眼。以上艮其限之限所在部位、大致異說少。唯艮義以止塞、違戾、很也、止塞腰部血脈流通說、似不如仍初、二爻之謂愼順其其腰、句意明且其理也當如是。至謂下文「列其夤」。其說則歧而多路、是否可達長安、且先比較衆人意見以見指撝也：「列其夤」今本作夤。孟喜作胤。列作裂。京房列其胤。馬融：夤、夾脊肉。荀爽作列其腎，坎爲腎。鄭玄作列其䏰。王弼：夤當中脊之肉。孔穎達云分列其夤、身將喪亡。李引虞翻裂夤。程子如人身夤膂，列絕其夤則上下不相屬。蘇軾：夤者自上而屬下者。張浚：夾脊肉爲夤、陽止爲列。朱震：夤、膂也。一作胤、䏰。鄭汝諧：夤，上下之交、隔而列絕。李衡引佚：必在位夤恭始得其道。楊萬里：夤亦背。三下卦背、背六四面內者。朱熹：夤、膂。上下判隔如列其夤。項安世：九三肆其剛強止。限分上下、夤列左右、心无所依、分崩離析之時。趙彥肅：限止夤列、失俛仰之節、害其心矣！楊簡：上下之限失中不復通和、如裂其夤、夤、脅也。當求諸心。吳澄：夤、背膂肉。止限裂絕、血脈不聯。梁寅：腰胯不能屈伸故曰艮其限、列其夤。夤膂。列、伸不能屈。來知德：夤連列絕、屈伸際上下列絕其連故危。王夫之列、橫陳於中、夤、脊肉。腰脊受制象。毛奇齡：腰可折、夤可分列。夤、說文引作胂。折中：列峙夾脊骨則腰不能屈伸。李光地：止限峙夤則屈伸俯仰之用廢、心無安泰之時矣。李塨：夤、夾脊肉、腎、腰絡。三處人中則限夤矣！如道守丹田、佛空寂。姚配中：列、分解。吳汝綸：夤夾脊肉、左右分裂爲裂其夤。曹爲霖：列即就列。夤即同夤。不必作腰絡解。伊籐長胤：重剛不中、逞狷忿自用、自貽伊慼。馬通伯：君子防邪禁佚、惟養之以義理。使心志調和。楊樹達：詩曰吁嗟女兮、無與土耽，皆防邪禁佚、調和心志。劉次源：腰限上下夤其脊也。過制不通是以列。李郁：限即腰胯、夤爲夾脊骨。列峙也。三上敵猶腰不能伸。胡樸安：言止其腰不使動、至手裂夾脊肉。高亨：人僅注視要。心中迷亂、傷脊肉。假要、京孟朋、鄭朖、荀腎。傅隸樸：止塞腰部血脈流通，擱腰斷了上下血脈。腰腹破裂。夤爲胂。李鏡池：健康的人背厚腰圓、現消瘦是病態。屈萬里：列、孟作裂、限、馬金景芳：折中引謂爻惡動反動其心。何楷強制故危心。徐志銳引蔡淵曰「限猶界。界四陰中也。」不靜不動、心急如焚。張立文：照顧腰不顧脊背、結果脊肉裂開。

帛書「列其夤」作「戾其肥。」是「艮其限」之艮似不當依說文艮、違戾也解。限、經傳義有：界、廣、齊、要帶處、身之中、難也、阻也。易家似皆以腰際論處。腰之不能伸屈而病腰者、今知膽囊結石、腎結石、長脊骨刺等百十種病源、足導致腰不能伸、痠痛如裂、其痛又非眞痛、然一轉身、稍有動作即如閃電、快刀割裂瞬間震懾折裂之痛楚、外表完好無變化也。「列其夤」之夤字，易家有作朋。（孟喜）作腎。（荀爽）作臏。（鄭玄）夤爲夾脊肉。（馬融、王弼）至折中，李郁「夤爲夾脊骨。」矣。毛引說文夤引作胂。高亨謂假夤爲胂。是夤有

朋。（孟喜等）五音集韻：脊肉。說文瘢也。一曰遽。

夾脊肉。（馬融等）

腎。（荀爽）正字通胃下兩旁與臍平。素問左腎右命門。

臏。（鄭玄）集韻夾脊肉。通夤。

夾脊骨。（李光地等）

胂。（說文）集韻伸身也。又夾脊肉。或作胰。

程頤之夤膂、朱震之膐也，楊萬里之夤亦背。楊簡之夤、齊也。於是有吳澄之夤，背膂肉。梁夤之夤膂。膐、五音類聚與膂同。方言膐、力也。膂、脊也。文選注引。背也。（書君牙）謂脊兩傍。（素問）

金文夤上從肉、下從寅。小篆從夕寅聲。本義敬惕。（見說文繫傳）徐灝以爲從夕者

譌、金文正從[illegible]。故夤、脊肉乃其本義。今夤義有「九州外有八夤。夤爲荒遠地。又干進曰夤，深夜爲夤夜，攀附爲夤緣。撥水續進亦曰夤緣。 而「列」字之義，除說文列從刀𡿪聲，作分解義外。尚有同裂、次也、序也、別也，等比等義。易家因孟喜有裂其䏰。於是而有分崩離析、裂絕之義。王弼云大器喪矣！孔穎達之謂身將喪亡。九三其死矣！胡樸安之「致手裂夾脊肉。」高亨之列傷其夾脊肉，傅隸樸之「攔腰斷了上下血。腰腹破裂。」張立文之「脊肉裂張。」九三其神矣！尚有生命跡象去作「危厲薰心」。「薰灼其心。」九三直是死物也耶！尤有甚於死者、欲求死不能乎哉！我看無是也。列字經文「列」、帛書「戾」、經籍列固有同裂義、而其次也、序也、別也、亦列之義。夤本義爲脊肉，列其夤、乃就「艮其限」之次爲言、九三愼順其限、其次宜愼順其夤。今人知腰病引發原因有百十種、古人第知腰痛或腎氣不足也。限爲上下之際、夤爲夾脊肉、是限之部位與夤之部位皆身之上下之際也。九三第言愼其上下之際耳、雖疼痛而無立即危險也。厲爲起、爲疾爲病、爲危、爲作等，蓋謂平時愼順其腰脊沒事、病起要老命、蓋其痛也如天崩地裂、我曾無故腰脊痛、以現代醫學以累月檢查竟不能發現病因、遂以家傳三味水：澤蘭三錢、金銀花三錢、薄荷二錢。熬湯早晚各半碗服用。立即百病全消。數年後雖曾再發、復用之亦立見神效。以之介紹友朋亦以神奇著稱。三味藥者味淡價賤而藥力對症。 蓋九三之愼順前後腰脊，雖偶然病痛起，致坐立不安。保養得當也乎？ 薰同熏、灼也、感動也、溫和和悅也、坐立不安也。厲當病起、病發言。

六四、艮其身，无咎。

象曰：艮其身，止諸躬也。

王弼：中上稱身，履得其位，止求諸身，得其所處，故不陷於咎也。

孔疏：六四居止之時已入上體，履得其位。求責也，諸之也。

李鼎祚引虞翻：身，腹也。觀坤爲身。得位承五故无咎。或謂妊身。五動四體離，離爲大腹故艮其身。得正承五而受陽施故无咎。詩大任在身，生此文王也。

張載：止於心故能艮其身。咸之九四朋從爾思，義近之。

程頤：四大臣位，止天下之當止者。陰柔不遇剛君，故不能止物，唯自止可无咎。在上位僅善其身，无取之甚也。

蘇軾：咸九四曰朋從爾思。則四者心之所在也。施之於一體則艮止於所施、所不施者不及也。施之於心則无所不及矣。故曰艮其身、艮得其要故无咎。

張浚：四位失厥中、未能融物我爲一。動遵禮法曰艮其身。四陰居陰、才德俱不足、未可應天下之重、應天下之變也。躅躅然從事一己之修德、庶幾可輔成君德，故无咎。

朱震：四大臣之位，不能止天下之當止，上不能正君，惟止其身、自止於正故无咎。夫子易身爲躬。王弼謂自止其躬、不分全體，其知易歟！僅善其身豈大臣之任！

鄭汝諧：夫位有上下，初居下靜止不失其正。四居上亦以陰靜自止，獨善其身者也。烏足貴哉！僅免於咎爾。

李衡引石：四心之所，身之主。大凡作事，心始慮能止故无咎。蓋止之於身，所爲非妄也。

引薛：君子濟物心止，言止諸躬。有爲在心，但身不行耳。

楊萬里：四居大臣之任，上止君、下止天下之不善，自止諸躬。楚莊王好獵，樊姬不食肉；

太宗喜武，魏徵不視七德舞。四居體之半，身之象也。

朱熹：以陰居陰，時止而止，故爲艮其身之象而占得无咎。

項安世：輔下腰膂上，正當艮其背之地，獨得其所止，故卦辭无咎。象恐人誤以身爲正面，

故以躬解。傴背爲躬，見背不見面也。象艮背行庭无咎，惟六四一爻足當之。

趙彥肅：艮其身則身之所當止者皆止矣！身所當止者何？踐形之學是也。六四當艮時，以陰

居陰爲靜之至，何足當比。

楊簡：千愆萬繆，皆起於身。身氣血爾，氣血何所思？亦何所有？聖人言身，以見心乃虛名，

本無所有。以心爲實，立我立私，禍本益固。故聖人不言心。

吳澄：身謂股以上膈以下，前臍後腰膂。止其身則氣住神亦住。占柔居柔而正，得止身之道

故无咎。

梁寅：身者本，心者身之主。心能止身，身不能止心。身聽命於心。心之爲用可見矣！是則

言止其心者，又曷若言身之爲切乎？

來知德：艮身安靜韜晦，緘鄉有闞而閉戶，括囊无咎類是也。四純陰旣艮其身則无所作爲矣！

占者如是故无咎。

王夫之：四五受上止者。柔而當位，樂聽裁抑，上以其道止之，愼於自持，由是以行，可无咎矣。

毛奇齡：身在背、彖所謂不獲其身者，而茲反獲之。上艮背、四以小過之剛移上、是以背與人、以身自與也。則其艮也亦其身而已！身與躬同。

折中引胡瑗：能自止其身使不妄動故无咎。引吳愼：非禮勿視聽言動故无咎。一於止是絕視聽言動寂滅爲道者。案：艮其身、能止未能忘（身），止者忘（身）之路故占无咎。

李光地：四在心上口下、與咸之脢同，乃背位。柔止居上體，故艮其身而无咎。然不直言艮其背者、艮背則不獲其身矣！止於身猶待於制。四柔正而不中故也。

李塨：限上輔下、身也。不獲身即艮其身矣。楊時曰爻言身、傳曰躬者，伸爲身、屈爲躬、屈伸在我也。

姚配中案：四本得立故艮其身无咎。

吳汝綸：王云中上稱身。孔疏九三止於下體、不與上交、所以體分夤列。四已入上體故能總其身。中上稱身。全卦皆止自腓及乎中上皆止，則爲止其全身故象止諸躬也。

丁壽昌：艮象人身，四在下卦之上、艮其身即不獲其身。程傳四當大臣位、不能爲天下之止。蓋引伸、非爻本義也。

曹爲霖：止諸躬即知足不辱，知止不殆之義。韋世康、隋高祖時尙書，曰祿豈須多、防滿則退;年不待暮、有疾便辭。乞骸不許。此亦无咎之見乎止諸躬者。

伊籐長胤:陰居陰、上比六五、下不相應,居其所不可有爲也。然位正无咎。自知其分不行得无咎,居止之功亦大矣!

馬通伯:四无咎止於行,五悔亡止於言。

劉次源:四心位、心止則身止。以靜馭動、過由以寡也。无爲其所不爲、躬行之君子也。

李郁:傳象:能止諸躬而後能安諸心、此心學初步也。艮其身謂止躬不願乎外。思不出位。先艮身使萬緣無所擾,而後能艮背、使內外兩忘,不引于物故曰无咎。

徐世大:四爻全部禁令如限身然,不要緊、習而不覺也。

胡樸安:身、全體。初趾二腓三限,此則全體。身止全體皆正。故象止諸躬也。身止其所故无咎也。

高亨:身統四肢五官百骸言。顧身則善保之、斯無咎矣。故曰艮其身无咎。

李鏡池:身,古文身象胸腹突出形,妊娠叫有身,指腹鼓起來。注意保護胸腹部、因爲腑藏所在、保護好健康就不會有大問題。

屈萬里:諸、語助辭、猶其也。

傅隸樸:艮止兼正的意思。止其身就是正其身。論語:「其身正,不令而行。」身正令行,何咎之有!四陰居陰、非濟世才、僅限自身、不能致遠。雖无咎,是乏善可稱了。

金景芳:折中引吳曰愼說:「非禮勿視聽言動,艮其身也。時止而止故无咎。若艮限則一于止、猶絕視聽言動、而以寂滅爲道者矣！」

徐志銳：四入上體人身軀幹部分。艮其身即止諸躬也。上身軀體保持靜止。初四處艮體下自然而止、是時止而止，不用費氣力。

張立文：六四、根（艮）其躳（躬）。譯：照顧其身腹則沒有災患。注：躳爲躬異體字，身也。高亨云五官百骸。恐非。虞翻曰腹也。按訓腹爲是。宜有无咎二字爲勝。

林漢仕案：身、經傳中解作：父母之遺體，腹或妊、坤、親、伸、空、重等。小篆作[illegible]。說文：躬也、象人之身。釋詁：我也。九經韻覽：軀也、總括百骸。老子對身字有精闢闡述：如「聖人後其身而身先、外其身而身存、非以其無私邪？故能成其私。」又「何謂貴大患若身？吾所以有大患者，爲吾有身。及吾無身、吾有何患？故貴以身爲天下、若可寄天下；愛以身爲天下、若可託天下。」以功利眼光看老子、老子乃權謀之運用，故能後其身而身先，故能成其私。漢仕以爲亦唯天下之至誠、斯能成私身先。孟子之「何必曰利，亦有仁義而已矣！」義正辭嚴。而其以仁義利天下也、亦若是言利而已矣！後世分以別之曰公利、私利也。老子之「成其私」，亦公利也。蓋聖人無私乎！人之有身故有大患。佛家謂地水火風四大組成形、而有十八識、七識八識姑存而不論、而六根眼耳鼻舌身意、與六塵色聲香味觸法相交通、產生組合方程、古往今來人世間一切變化、無非爲滿足根識、塵世變化萬千、根塵交無有不可變化者、是其根本在「有身」，如何使之有若無、實若虛？是運用之妙也。老子之貴以身爲天下，愛以身爲天下。是一往無前之勇也。苟無遠見與定識之大智、孜孜爲營自身計矣！其人之大勇又必大知與大仁矣、故可寄天下、託天下。觀聖人之後其身而身先，非以無私邪？故能成其私！爲成其私而後其身、達到身先、聖人之志不變，而其行可以千變萬化也。老子之謂「及吾無身。」乃「有之以爲利、無之以爲用。」之妙用。有身、所以有大患。如佛書八大人覺經之「心是惡源、形爲罪藪。」之義吻合。佛之以生爲苦，有生即有身，要了生脫死，修福報大智、得斷欲去愛、才有大解脫達到大圓鏡智、獲無生涅盤希望。　如北六祖之謂「身是菩提樹。」借此身以成佛也。老子之「有无同出而異名。」「及吾無身。」此時之無身、已是純粹混然、比於赤子之「未知牝牡之合而峻作。」矣！蓋亦精之至也。諸法無我、此生此身、因緣聚會借以解脫而已！

「艮其身」應无佛老之遠寄。身之義、亦當比照六爻如人身、各有定點。牽一點可動全身、無非肉也、孰能輕重汝身之所有？非不得已一視同仁自愛自貴之也。易家抒艮其身之身、各有特見、如：

象曰艮其身爲止諸躬。屈萬里曰諸、語助辭、猶其也。是止諸躬爲止其躬。身即躬。

王弼：中上稱身。止求諸身。孔疏四止時已入上體、求、責也。諸之也。止責之身也。

李引虞翻：身、腹也。坤爲身。或謂妊身、五動四體離爲大腹。詩大任在身、生此文王。

程頤：四大臣、柔不遇不能止物、唯自止、善其身。

蘇軾：是張載之咸九四朋從爾思爲心所在。

張浚：四才德不足、未可任天下之重。躅躅與從事一已之修德、庶幾可輔成君德。

朱震：夫子易身爲躬。王弼謂自止其躬、不分全體，其知易歟？僅善其身豈大臣之任！

鄭汝諧：四獨善其身者也，烏足貴哉！

李衡引石：四心、身之主。引薛：有爲在心、但身不行身。

楊萬里：四大臣位、上止君、下止天下之不善。四居體之半、身之象也。

朱熹：四陰居陰、時止而止。占得无咎。

項安世：輔下腰膂上、正當艮其背之地。傴背爲躬、見背不見面也。象恐人誤爲正面故以躬解。

趙彥肅：身當止皆止、踐形之學。四何足當此！

楊簡：千愆萬繆、皆起於身。以見心乃虛名！

吳澄：身謂股以上隔以下、前臍後腰腎。占柔居柔而正、得止身之道故无咎。

梁寅：心者身之主。身者本。曷若言身之爲切！

來知德：身韜晦、四无所作爲矣！占者如是故无咎。

王夫之：柔當位、樂受裁抑、愼自持可无咎矣。

毛奇齡：身在背、身與躬同。

折中引吳愼：非禮勿視聽言動。案止者忘（身）之路。

李光地：四心上口下與咸之脢同。乃背位。止於身猶待於制。四柔正不中故。

李塨：限上輔下、不獲身即艮其身。伸爲身、屈爲躬。屈伸在我也。

吳汝綸：全卦皆止，自腓及：：則止其全身。中上稱身。
丁壽昌：艮象人身。程傳不能爲天下止、蓋引伸、非爻義也。
曹爲霖：止諸躬即知足不辱。知止不殆之義。
伊籐長胤：自知其分不行以得无咎。居止之功大矣。
馬通伯：四止於行，五止於言而无咎悔亡。
劉次源：四心止、以靜馭動。无爲其所不爲。
李郁：止躬不願乎外、思不出位。萬緣無擾、內外兩忘。
徐世大：四爻全部禁令。不要緊、習而不覺也。
胡樸安：身、全體。身止全體皆止，故象止諸躬。
高亨：身統四肢五官百骸言。
李鏡池：古文身象胸腹突出形、妊娠叫有身。指保護胸腹部、保護好健康就不會有問題。
傅隸樸：止身就是正身。身正令行，何咎之有！四不能致遠，乏善可稱。
金景芳：一于止猶絕視聽言動，以寂滅爲道矣。
徐志銳：四入上體人身軀幹部分。時止而止、不費氣力。
張立文：照顧其身腹則沒有災患。

艮其身之義有：
中上稱身、止責之身也。（王、孔）

身、腹也、坤身。或謂妊身。（虞）保護胸腹部。（李鏡池）
大臣不能止天下當止者。僅能善其身。无取之甚。（程）
心之所在。（蘇）身乃虛名。（楊簡）思不出位。（李郁）
四修一己之德，庶幾輔成君德。（張浚）
四居體之半、身之象。（楊萬里）
輔下腰膂上、正當艮其背。傴背爲躬。（項）乃背位。（李光地）
限上輔下。伸爲身，屈伸在我。（李塨）
止諸躬即知足知止義。（曹爲霖）
自知其分、不行、以得无咎。（伊籐）
身、全體。（胡樸安）身統四肢五官百骸。（高亨）
止身就是正身、身正令行。（傅）
是身有指局部：如人之中上部位。如腹。如心。如四居體之半。如輔下腰膂上背部。限上輔下、伸爲身。有泛謂：止躬即知足知止義。四善其身、修己德輔君。止身就是正身令行，然不能致遠。止身是自知其分、不行。有指全身全體者、如身統四肢、五官、百骸。四止其分、有人謂思不出位、有人指非禮勿視聽言動，亦有人斥之謂一止於是爲以寂滅爲道矣！
佛家借身修道、了生脫死、進入無餘涅盤。此生此身不修、不再輪迴苦海無邊也。故人人有佛性、人人是未來佛、佛乃得道人。「身是菩提樹」固然層次低於「菩提本無樹」、「無樹與菩提」。借難得之人身、人人有佛性、可有精進之大本營也。老子則以貴愛有用之身、一往無前以成其私。以成其聖人之道德。佛老皆為道珍身。為道可以捨身餵虎、餵蚊蚋。「以其不自生，故能長生。」「以其無死地。」、其積極態度求道求生到達狂熱沸點。儒者之謂身體髮膚受之父母。亦以珍身以顯父母為孝也。又有戰陣無勇亦非孝說。既自以身為形役、以來者為可追。有所嚮往追求也。不能求人、可以求己。艮其身、愼順其身、從一端出發延續、其用無窮矣！保健非祇關照一點也，逐點保護而至面至全體、庶免乎以一點而誤牽全體乎！身者、謂心腹乎？限上輔下乎？皆是也。

六五、艮其輔，言有序，悔亡。

象曰：艮其輔，以中正也。

王弼：施止於輔，以處於中故口无擇言，能亡其悔。

孔正義：輔頰車也。言有倫序能亡其悔。

李鼎祚引虞翻：輔面頰骨上頰車者也。三至上體頤，象艮止，在坎車上，謂輔車相依。震言、五失位，悔也。動正故言有孚、悔亡也。

司馬光：凡剛柔當位，正之象也。孔子贊乾九二龍德而正中，艮六五以中正何也？曰艮六五文之誤也，當云以正中也。正中者得其中，非既正又中。然則二爻其為不正乎？非謂其然也。中正者道之貫，相須而成，相輔而行者也。

張載：不能施止於心而能止其言，故悔可亡也。

程頤：艮主、主天下之止。柔不足當此義，故取輔義，輔言之所由出也。輔不妄出，言有序則悔亡。有序中節，輔與頰舌皆言所由出。輔中謂止於中也。不失中乃得正也。

蘇軾：口欲止、言欲寡。

張浚：五下乘互震、上止下動有頤象爲輔，互坎在下爲言。五柔中僅能用中正以見於言而已，未可以語化化其大乎！故心不誠於言、今日是之、明日非之，其誰信從也哉？

朱震：五動成巽、應二五成兌、下動上止爲輔，兌口舌。五巽與二相應荅，艮其輔言有序也。不正宜悔，施止道於其輔頰，言必中正，可止天下之動矣，是以悔亡。

鄭汝諧：艮止其所則五位爲輔。艮輔所艮已淺矣！以不失中故悔亡。

李衡引正義：以中正者位雖不正，居得其中，故不失其正，而言有序也。

楊萬里：五艮君，德中正、有德者必有言也。與其言而未善、寧止其輔頰而不言。非不言、審而後言也。言必有序、何悔之有！高宗三年不言，一言四海咸仰。

朱熹：五當輔之處，故其象如此。而其占悔亡也。悔謂以陰居陽。

項安世：五與二皆制於上爻、二腓之行止聽股故无自止理。五輔開闔自專故亦可止。五能以中補正故悔亡。凡六居五當作以正中也。亦於韻爲叶。

趙彥肅：能默故能言，非默不言也。由言以推行，所謂艮者亦如是而已！

楊簡：五當身上有輔頰象。艮輔謹言則言有序。動意念則不能無悔，謀諸心則悔亦亡矣！不復放逸矣。

吳澄：五當腹上頂下、心之位。輔、口旁、上九也。止其輔者、止於未言之先也。言者心聲、非禮勿言、言必中倫有序。占先立乎其大者、言前定則不跲故悔亡。

梁寅：五中虛口象。人當謹者莫大於言行。五柔居中能止其輔則其言謹矣！言有序、非不言、時然後言也。又安有失言之悔乎！

來知德：艮其輔、言有序、發當理。五以陰居陽，未免有失言之悔、以其得中、序有序、占則悔亡也。

王夫之：輔口輔、五位在上、言所自出也。言柔則爲甘言、爲巧說。上亟止之。所言皆當乎事之序而悔亡。五本有悔、上止乃亡。

毛奇齡：五以剛易柔而承上九一陽、如一首兩頰。輔以夾口、有口輔必有言說、輔動言亦動。則其不能止可知也。五當互震之末，震言至此或稍有序耳。

折中引龔煥：艮其輔、非不言也，言而有序，所以爲艮也。引谷家杰：止在言前，非出口方思止。有序爲止，止非緘默之謂也。

李光地：五以陰居背上、口象。口者動物，柔不正當其位、宜有悔矣！以中德能艮其輔故言有序而悔亡。　傳象：以中正也。正字衍。

李塨：此口容止也。非中正其誰能之。互震爲言。

孫星衍按：李氏本序作孚。

姚配中案：感其輔送口說、止其輔故言有序。失位化之正故悔亡。自注：壹舉足不敢忘父母：此艮趾所以利永貞、艮輔所以悔亡也。案虞傳：五動之中當作中正。

吳汝綸：艮者止其所也。口止其所則從容不迫，故言有序而悔亡也。

丁壽昌：李氏集解作言有孚。傳象本義正字羨文，案姚小彭曰當作正中是也。不當爲羨。蘇蒿坪曰以其變剛故戒以悔亡也。輔當近口在頰前。

曹爲霖：富鄭公守口如瓶、防意如城。陳緱山群居愼口、獨坐防心。言可通大象。言有序非不言也。田千秋一言悟武帝，何悔之有！明季士夫逆耳批鱗不求濟事、豈言有序耶！

伊籐長胤：陰居上體之中、有口舌象。然居中不過、言不妄發、止有序。柔中之才、能止於輔、不失其序、愼言之道、豈不可嘉尙也哉！

馬通伯：杜預曰震爲車輔頰車、互震而艮止其上也。龔煥曰艮言而有序也。其昶案言有序、禮所謂安定辭也。

楊樹達：〔中論貴言篇〕貴言則尊身重道、所以立其教。故君子非其人則弗與之言。易曰艮其輔、言有序。不失事中之謂也。

劉次源：五尊位、司榮辱之命。止口不輕言、言則有信也。多言不如其愼。五柔中、惟中斯得正也。

李郁：輔謂輔頰。以正而動，言而有序，非无言也。時言則言，時默則默。九三來五、順行而止故曰有序，得位中正故悔亡。

徐世大：防民之口，腹訓怨毒甚於公開譏議，稍疏忽必致潰決不可收拾。限口、說話有秩序，活動就失敗。

胡樸安：此爻言物。輔、車也。止車不使行也。止人止物、言之有序也。居正得中而悔亡也。中正當作正中。

高亨：輔借為酺。說文頰也。猶云顧其頰。言有序不妄談也。不敢妄談以招批頰之辱，其悔自亡。言有序即愼言寡尤之意。

李鏡池：輔借為酺、臉部。序：條理、分寸。注意保護臉部。臉部還有一張嘴、說話要有分寸、否則會倒霉。

屈萬里：輔即咸上六之輔。上頷也。序集解虞作孚。中正中正也。易順鼎云應作以正中也。

傅隸樸：輔即口，言由口出。艮其輔即止其口、正其言。禮云：王言如絲、其出如綸。怎可語無倫次？五本失位有悔，但有執中秉正之德、惡言不出口所以悔便消失了。

金景芳：輔是嘴。人用嘴說話。言有序是不隨便說話。龔煥說：「艮其輔、非不言也。言而有序所以為艮也。」該說就說，不該說就不說。傳象：只能說中、不能有「正」、正衍文。

徐志銳：輔、嘴角兩側肉。口出言頰輔動。艮其輔、嘴未動證明沒有胡說八道、所以下稱言有序。五柔居陽位、得中非正，朱熹、項安世等均以「正」字為衍文。居中位守中道、處艮而能止。

張立文：六五、根（艮）其肞（輔），言有序，悔亡。譯：六五、照顧臉部、言語有次序、困厄就可除去。注：肞假借爲輔。肞父甫輔古通，頰腮或臉部。

林漢仕案：艮之言愼順也。愼順非偲、畏首畏尾。蓋亦天性乎！有時不得已者。艮趾、艮腓、艮限列夤、艮身至六五艮輔，山不轉人轉也。山止人不止。艮之愼順者、有謂艮趾乃近旁；艮腓、略遠處；艮限列夤謂戒之色；艮身乃戒之心；艮輔戒之言。由近至遠、從色至言。一生皆謹愼矣！以之處世、悔吝事當可減至最低、然絕非最佳途徑。猶之美山靜止穩重、崇高外、另有其內涵、所藏金銀銅錫鎢一任蘊藏量之統計而未加開發、見山是山耳，識見與平凡大衆同。六五以位言爲君、以人生際遇言爲成熟高峰期。所謂山不轉人轉、山止人不止者、其能自勝耶？平生无大才、大德足以服人口、服人心、藏拙亦一美德也。六五之愼順其輔口、非來自一日之修、如初之愼順其趾、再叮嚀永貞爲利。二之愼順其腓、不涉足是非圈，故不拯人亦不自拯設防以明志、雖怏怏者六二自心波瀾起伏、亦自止於其波瀾起伏耳！九三愼順其腰脊，雖偶然病痛起致坐立不安，亦無礙乎生命之延續、生活之平靜。六四之愼順其身、從下而上、從幼而壯、保健層面逐漸提升至中樞部位。皆從肉體各點之重視逐漸延伸至面矣！其實牽一點皆動全身也。做人做事面面俱到、處處小心、猶有所失、況不能俱到、不能小心耶！六五之活動、擇乎愼順而拳拳服膺、至無入而不自得，做到和而不流、中立而不倚，國有道不變塞焉，國無道至死不變。天下孰強於是！如此自勝、環境外力亦奚是以勝之！故易家云「口无擇言。」（王弼）「非禮勿言、言必中倫有序。（吳澄）曹爲霖言「富鄭公守口如瓶、防意如城。陳緱山群居愼口、獨坐防心。」李郁云「時言則言、時默則默。」高亨謂「不敢妄談以招批頰之辱。」傅隸樸言：「王言如絲、其出如綸、怎可語無倫次！」徐志銳：「嘴未動證明沒有胡說八道。」六五之愼順，其一貫性由來久矣！所謂兼行與言也，可爲人則矣。

輔之爲言酺、面頰骨；頤、耳目之間稱口頰；上頷；輔、口持；骸下爲輔。愼其身以輔翼之。輔助也。今輯易家之艮輔詮釋如下：

象謂以中正也。　王弼云處於中故口无擇言。　孔疏輔頰車、言有倫序。　虞翻：輔、面頰骨上頰車者。輔車相依。　司馬光：當云以正中也。正得其中、非旣正天又中。　程頤：輔言之所由出也。輔其頰舌皆言所由出，輔中謂止於中、不失中乃得正也。　張浚：上止不動、有頤象爲輔。互坎在下爲言。　朱震：下動上止爲輔，兌口舌。施止道於其輔頰、言必中正。　鄭汝諧：艮止其所則五位爲輔。　李衡引正義：位雖不正、居得中、故不失其正。　楊萬里：五君、德中正。有德必有言、言未善、寧止不言。　朱熹：五當輔處、其象如此。　項安世：五輔開闔自專、能以中補正。凡六居五當作以正中也。　趙彥肅：能默故能言。　楊簡：五當身上、有輔頰象。謹言則言有序。　吳澄：五心位。輔口旁、上九也。言者心聲、非禮勿言，言前定則不跲、故悔亡。　梁寅：五中虛、口象。非不言、時然後言。　來知德：五陰居陽、未免有失言之悔。得中，占悔亡。　王夫之：輔、口輔。五位言所自出，本有悔、上止乃亡。　毛奇齡：有口輔必有言說，當震末或稍有序耳。

折中引谷家杰：止在言前。止非緘默之謂也。李光地：五以陰居背上，口象。柔不正、以中德能輔故言有序而悔亡。李塨：此口容止也。互震爲言。孫星衍：序作孚。姚配中：止輔故言有序、化正故悔亡。當作中正。吳汝綸：口止其所、從容不迫。丁壽昌案姚曰當作正中。正不當羨。傳象正羨。引蘇蒿坪：輔當近口、在頰前。曹爲霖：守口如瓶、防意如城，群居愼口、獨坐防心。言可通大象。明季批鱗不求濟事、豈言有序耶！伊籐長胤：愼言之道、豈不可嘉尚也哉！馬通伯：杜預震爲車、輔頰車。案言有序、禮所謂安定辭。楊樹達引：貴言則尊身重道。劉次源：五司榮辱之命。柔中、中斯得正。

李郁：輔頰正動、時言則言、得位中正故悔亡。徐世大：防民之口、腹誹怨毒、甚於公開議議。胡樸安：輔車、止車不使行。中正當作正中。高亨：輔借爲酺、頰也。猶云顧其頰。言有序，不妄談招批頰辱。即愼言寡尤。李境池：輔借酺、臉部。注意保護臉部，說話要有分寸。屈萬里：輔即上六之輔、上頷也。應作以正中。傅隸樸：輔即口。禮云王言如絲、其出如綸。惡言不出口。金景芳：輔是嘴。該說就說。正衍文。徐志鋭：輔、嘴角兩側肉。嘴未動證明沒有胡說八道。五柔得中非正。張立文：照顧臉部、言語有次序、困厄就可除去。

六五位尊權重，處卦位以人生言最高峰期、非是「口无擇言」之卿大夫比，蓋君不得嬉言也。一言以喪邦興國、逞快意於口舌者、雖未立即遭痛、而遺後患將可觀也。試以今日美國布希總統之快意批中國、蘇聯等、並以動用核子裏脅。從前漢仕謂耀兵大國家門、終有一天會含利息在內得償宿償。（見拙箸錦繡河山見聞一○二及一二○頁）不見之今日、定當見於未來，諸君可預見美國之遭喪痛也。五爲君德而柔、象謂中正。司馬謂凡剛柔當位、正之象。艮六五當云正中、正得其中。程子亦以不失中、乃得正。於是乎易家有隨象之中正、有隨司馬之正中。司馬光謂「中正者道之貫。正中者正得其中。」程子尤明白指出「不失中乃得正。」九五則爻位正、剛也、且中、而卦之言九五吉者有需訟比等十三卦、謂大貞凶、亢龍悔、貞厲者各一、謂无咎无譽、悔亡有譽者八。而六五言明吉者有坤蒙泰等十七卦。无咎、无無不利、无悔、利貞等十一卦。是先聖立爻位比應時、未必九五陽剛中正即可無往不利也。宜先立其大者、依卦爻辭生周邊關係以配合、庶幾探索卦爻辭之賾隱而得其眞意。故卦爻辭是中心如日月、說解即星辰、循日月而運轉也。象最早接近經文者、象謂中正。折中謂中庸、唯天下至聖、爲能聰明睿智，足以有臨。老氏亦以守中制教。九家易中曰五帝位、六五以陰處尊位。李光地曰五升之極高者、非中順之德莫能致此。繫辭列貴賤者存乎位。五爻若剛居爲當位、柔居雖不當位猶當也。然居五爻辭猶有貞厲、貞疾、大貞凶、夫子凶之文，蓋位無常善乎？五柔順以中德行之、下不得二應而無輔、二愼腓不涉足是非黨同、快快不樂、悻不能分君憂乎？六五寡助之極矣！其臨冰履薄所從來亦久矣！況謂得乎中庸之智？司馬光謂正得其中、程子謂不失中乃得正。六五之睿智、雖失位有悔、而愼順之一貫天性、山不轉人轉，可化險爲夷矣！拳拳服膺愼順之德、和而不流，中立而不倚、六五兼行與言乎！亦可以則矣。

上九、敦艮吉。

象曰：敦艮之吉，以厚終也。

王弼：居止之極，極止者也。敦重在上，不陷非妄，宜其吉也。

孔正義：敦，厚也。在上能用敦厚以自止，不陷非妄，宜其吉也。

李鼎祚引虞翻：无應靜止，下據二陰故敦艮吉也。

程頤：剛實居上成艮之主，止之至堅篤者，九能敦厚於終，止道之至善，所以吉也。六爻之德唯此爲吉。

蘇軾：敦、益也。艮至輔極矣、而又止之故曰敦艮。梏者不忘釋，痿者不忘起，物之情也。止極不忘於動，非天下之至厚、其孰能之。

張浚：因性之止而加止、厚之至也，利物之德興矣！其心厚、行事亦厚、生養之功施於萬物、配天地、臣道有終。古人晚節尤加愼、畏不能保厥終也。艮有坤索爲敦。

張根：自趾至輔一身之象。上止下動乃其常，今下卦皆止，則趾所以立，苟不失正猶可。腓不能使趾則不快，限又甚焉。限要也，別上下之際，動主，危斯及矣！躬也，輔也止則宜。敦艮、其首乎？記曰足容重，目容端，口容止，頭容直，觀斯則其義過半矣。

朱震：艮山篤實，動成坤厚、敦象。九以剛居上，動必正，知止於至善之道，故正吉。易傳曰人之止，難於久，人所同患也。

鄭汝諧：艮莫吉於上，震莫吉於初。動不謹始、妄動也。止不謹終非止也。上謹終也。雷動下故主在初，艮山形乎上故主在上。始終上下之義，惟二爻爲備。

李衡引子：動者利之求，止者正之元。久守福來，非厚德不能止其終。引陸：仁必靜，敦於靜止、仁厚終故吉。引白：本動強止，獨上九自敦厚不動以保其終。

楊萬里：上九德剛、高風勁節，剛健篤實，其止豈可搖？其厚豈可移？敦、厚也。上九亦背象故厚。此伊尹將告歸、仲尼不踰矩事乎！

朱熹：以陽剛居止之極，敦厚於止者也。

項安世：上九與三皆一卦之主。三不可止而止故危，上極時可止而止故吉。君子思不出位、惟上九一爻足以當之。

趙彥肅：其安仁者乎？　艮體之純。

楊簡：敦有厚義。又有不動義。人之德性、亦曰道心、即意念不動之心，曰以厚終也者，人性本厚、因物有遷、不遷則不失厚如初矣！厚者不薄之稱爾，非有實狀也。

吳澄：敦如地之厚也。卦主。敦厚於止。占三止非所當止故厲，上剛居柔、止所當止故吉。六爻唯此最喜。

梁寅：艮以外卦之陽爲主、此上九所以吉也。艮、外卦之背，人身莫敦厚於背故謂敦艮、止於至善者也。艮外卦者八、其上九一爻无不善也。

來知德：敦篤同意。上九以陽居艮極、自始至終、一止于貞。不變敦厚于止者。占者如是則其道光明。

王夫之：凡止道必其當止而不行之至理。歷萬變而不遷。上九立乎四陰之上、非強爲遏制者也。以修己治人莫不吉矣。

毛奇齡：此艮背也。艮主、艮山、山即背。孟子盎于背，盎有厚義。說文厚者山陵之厚、則敦、厚皆取義于山而背象因之、二聖用字明確如此。爾雅敦敦者兼山之艮也。

折中引胡炳文：敦臨、敦復皆取坤土象。艮山坤土隆其上、其厚彌固故象敦。艮在上體凡八皆吉。　案：朱子咸艮差一位者、咸四爲心、五背上口、艮三心、四背五口、緣心而變也。

李光地：上九卦主，重艮之終，有敦厚義。敦厚於止則養之深而用不窮，是以吉也。

李塨：此艮背也。爾雅丘再成曰敦。敦者兼山之艮也。以剛實居艮終則直以艮山與之。聖學敦厚，非異端寂靜也。吉何如之！初剛主雷震起于下。艮山止，上剛爲主，最爲吉爻。

姚配中：上失位、化成坤故敦艮吉。自注虞云坤爲厚。象曰以厚終。艮上失位、陽極而化、化得位，動而仍靜故敦艮吉。自初至五皆艮止，上獨厚其止也。

吳汝綸：敦艮之艮，當訓爲堅也。

丁壽昌：虞仲翔曰无應靜止、下據二陰故敦艮吉。坤厚陽據坤故以厚終。胡雲峰曰敦臨厚復，皆取坤土象。艮山乃坤土厚彌固故其象敦。其占吉。艮在上體凡八皆吉。

曹爲霖：思庵葉氏曰艮止也，知止不殆。有厚終之吉。司馬光以言不用、乞退歸洛、絕口不論新法。此眞以道事君、不可則止之義。所謂敦艮之吉、以厚終者也。

伊籐長胤：陽剛居卦終、敦篤於止者也。柔性鋭始怠終，不能成事！剛能厚其終、此敦艮所以吉也。

馬通伯：語類云艮居外卦者八、皆吉。邱富國曰艮之用在上、故艮陽在上者獨吉，三互震失其所以爲艮矣。胡炳文曰艮山乃坤土隆其上者、其厚也彌固。朱軾曰萬物從此始矣。

劉次源：上艮主、止至善也。敦篤而非強制、吉莫大也。艮成始成終、敦一于厚。初安止、至誠非一朝一夕之故也。

李郁：敦、厚也。三進五、純艮變大艮，敦禮篤行，止于至善故吉。傳象：自牧之卑、終則有積之厚也。

徐世大：仁厚禁令，好。艮爲上制下之具，與道德限制不同。

胡樸安：止居其所、敦厚其生也。尙書多士今爾惟時宅爾邑、繼爾遷……此敦艮事。不僅厚身、且厚子孫。上爻言人物皆止居其所，生活敦厚也。

高亨：敦猶多也，敦艮即多顧。人處事多所顧及則考慮周詳，不致顧此失彼、庶無憤事，故曰敦艮吉。

李鏡池：敦借爲耑，顚也，猶頭。題、額。注意保護頭部。本卦反映西周醫學已相當發達。分談生理心理並且整體護理。

屈萬里：詩北門：王事敦我。釋文引詩云敦、迫。傳象以厚釋敦。

傅隸樸：艮卦主是上、論勢位、權力足以制止一切，故名敦艮。敦、厚重、兩山重疊又高又厚形象。初趾二腓三腰四身五口輔。卦背無用爲用、上九獨無喻稱，田它有重厚體力、完成靜止使命所以吉。終，完成的意思。

金景芳：項安世說：九三時不可止而止故危。上九時可止而止故吉。折中按咸以四爲心、五背上口。艮以三爲心、四背五口、皆緣心而變者。二腓兼股爲一象。與咸三俱言隨。這段話帶有總論性質。

徐志銳：終取卦本象。何楷：「爾雅丘再成爲敦，兼山之象也。」上九艮終、敦實厚重如山、巍然不動。全卦唯上九得吉。項安世：「三上卦主，三不可止而止故危，上時止而止故吉。」

張立文：尙（上）九，敦根（艮），吉。　譯：精審所照顧的方面則吉祥。　注：敦楊倞注荀子：敦比精審躬親之謂。杜預注左傳敦、厚也。兩說均通。上九對前五爻辭總結。

林漢仕案：字書敦義有：厚重、聚、迫逼、勉、信、怒詆，一曰誰何，盂、惇、盛、殿等，看易家分析敦艮之義如何：

象曰敦艮之吉、以厚終也。　王弼：極止敦重、不陷非妄。　孔疏：在上用敦厚自止、宜其吉也。　虞翻：无應靜止、下據二陰、故敦艮吉也。　程頤：剛實居上、能敦厚、止至堅至善者、六爻之德唯此吉。　蘇軾：敦益、止不志動、天下之至厚。　張浚：艮自坤索爲敦、心厚行事亦厚、古人晚節尤加愼。　張根：敦艮其首乎？記曰足容重、目容端、口容止、頭容直。觀斯則義過半矣。　朱震：艮山實、動成坤厚、知止於至善之道。易傳曰人止難久、人所同患也。　鄭汝諧：艮山形乎上故主在止、上謹終也。　李衡引子：止者正之元、久守福來、非厚德不能止其終。引白：上九自敦厚不動以保其終。　楊萬里：上九高風勁節、止豈可搖！上九亦背家故厚。此伊尹將告歸、仲尼不踰矩事乎！　朱熹：陽剛居止極、敦厚於止者。　項安世：三不可止而故危，上時可止而止故吉。君子思不出位。趙彥肅：其安仁者乎？　楊簡：敦厚不動、亦曰道心、非有實狀也。　吳澄：敦如地厚。卦主、止所當止故吉。　梁寅：艮、外卦之背、人身莫敦厚於背故謂敦艮。　來知德：敦篤同意、自始至終、一止于貞。占者如是則其道光明。　王夫之：上九非強遏制者、以修己治人莫不吉。　毛奇齡：艮主、艮山、山即背。敦厚皆取義于山而背象因之、二聖用字明確如此。　折中引胡：艮在上凡八皆吉。敦臨敦復皆取坤土象。　李光地：重艮之終、敦厚於止則養之深而用不窮。　李塨：敦、兼山之艮。聖學敦厚，非異端寂靜也。　姚配中：上化坤敦艮吉。動而仍靜、上獨厚其止。　吳汝綸：敦艮之艮當訓堅。　丁壽昌：艮山乃坤土厚彌固故其象敦、其占吉。　曹爲霖：思庵葉氏曰知止不殆。司馬光退洛、絕口不論新法、此眞以道事君、不可則止之義。　伊籐長胤：剛能厚其終、此敦艮所以吉也。馬通伯引朱軾曰：萬物從此始矣。　劉次源：艮主止至善也。艮成始成終、至誠非一朝一夕之故。　李郁：大艮、敦禮篤行、止于至善故吉。　徐世大：仁厚禁令與道德限制不同。　胡樸安：止其所、敦厚其生。不僅厚身、且厚子孫。　高亨：敦猶多、敦艮即多顧。考慮周詳、庶無憒事。　李鏡池：敦借爲耑、顚也。猶頭、題、額。注意保護頭部。　屈萬里：敦、迫。傳象以厚釋敦。　傅隸樸：論勢位足制止一切。上九獨無喩稱、因有厚重體力、完成靜止使命。終、完成。　金景芳：項安世說上九時可止而止故吉。　徐志銳：終取卦本象。敦實厚重如山、全卦唯上九得吉。

張立文：精審所照顧的方面則吉祥。荀子敦比精審躬親之謂。杜預注左傳敦厚。兩說均通。

易家繼三聖之後就其最早傳注賦予詳盡委婉詮釋，各展神功、看誰家天下比較翔實近情、由後之傳易來者是是非非以成其主流或非主流學也。未必即是三聖之意。艮之訓山訓止、訓難訓堅、不相交通、東北之卦、很也、目相匕不相下。說卦艮成終成始，艮爲愼爲順。字書經傳所疏箋之義，皆方便後學併圖識豹之所憑籍。經之爻文爲艮其趾、腓、限、身、輔、皆爲人身由下而上敘比、獨何上九非艮其敦、吉耶？又爲何二千年以茲、從象傳以來，惟宋張根曾言敦艮其首乎？記曰頭容直。至民國李鏡池謂敦借爲耑、顚也、猶頭、題、額。彼二人皆必以艮其趾、艮其腓、艮其限、艮其身、艮其輔，上九應是艮其敦。夫如是從趾至首皆艮矣。說卦之所謂艮成終成始也。艮卦可以說畏首畏尾、怯也；可以說一生謹愼、如言諸葛一生謹愼。又如論語之言：非禮勿視、聽，言、動。久假成眞、自自然然形成如王弼言「口无擇言」之定型訓練、循規蹈矩，一絲不羈之純正生活模式。楊萬里亦有所疑乎？彼以上九亦背象故厚。百家皆覓如何敦、如何厚時、艮山可以厚、變坤土亦厚、兩山重疊厚。聖學敦厚。楊萬里乃從人身覓厚、謂上九背象。踵之者如粱寅謂「人身莫敦厚於背，故謂敦艮。此於至善者也。」毛奇齡又因之。能回歸人身則爻之喻前後一貫矣！楊簡謂「敦厚亦道心、厚爲不薄之稱、非有實狀。」又不如硬拗上九獨自敦厚不動以保其終。（李衡引白）或艮外卦八、上九一爻无不善。（梁寅）或上九卦主、九能敦厚於終、占如是吉也。其實背薄如餅，凡針灸師皆知之。又止於至善，非謂到達至善即停止不動、因循保守、不進則退矣！止於至善乃動也、爲追求至善而動也。與爻辭所謂敦厚靜止義正相反。然則上九艮敦吉之義爲何？易家謂敦厚、敦益、敦靜止、敦篤、敦兼山、敦多、敦耑（猶頭），敦迫，敦比精審躬親。山厚土厚背亦厚。

聖人關切初之愚昧、囑愼順其趾、占不冒進則知止不殆、永貞爲利也。關切二愼順其腓、不涉足是非圈、不拯人亦不自拯以明志、快快者六二自心也。關切九三愼順其腰脊。偶然有病痛致坐立不安。關切六四愼順其身、逐點愛護至全體也。六五愼順兼行與言、和而不流、中立而不倚、可免乎有所失。上九之愼順從人身之局部至人格完全養成、已是無處不可憐矣！誰何上九之以剛居柔位，能剛能柔、能怒能愼順、不可污矣！非偲也、爲將亦有怯懦時乎？

☴☶ 漸卦（風山）

漸，女歸吉，利貞。

初六、鴻漸于干，小子厲，有言无咎。

六二、鴻漸于磐，飲食衎衎，吉。

九三、鴻漸于陸，夫征不復，婦孕不育，凶。利禦寇。

六四、鴻漸于木，或得其桷，无咎。

九五、鴻漸于陵，婦三歲不孕，終莫之勝，吉。

上九、鴻漸于陸，其羽可用爲儀，吉。

䷴ 漸，女歸吉，利貞。

彖曰：漸之進也，女歸吉。進得位，往有功也。進以正可以正邦也。其位，剛得中也。止而巽，動不窮也。

象曰：山上大月木，漸，君子以居賢德善俗。

王肅：漸之進也，女歸吉，利貞。（釋文）

陸績：艮變，八卦終于漸，漸終降純陰入坤分，長女三陰之兆，柔道行也。（京氏易傳注）

王弼：漸進卦。以止巽爲進故女歸吉也。進而用正故利貞。

孔穎達：漸者變移徐而不速謂漸。女以夫爲家，歸，嫁也。備禮乃動，故漸，吉。女嫁故女歸吉。女歸有漸得禮之正故利貞。

李鼎祚引虞翻：否三之四，女謂四。歸、嫁也。坤三之四承五，進得位，往有功，反成歸妹兌女歸吉。初上失位故利貞，可以正邦也。

張載：居可久之德，難從无徵之德，君子不以責人，君子以賢德自居。不強率人，待其心回。故善俗自然。（一作不可推行无徵難從之德。）

程頤：以卦才兼漸義而言也。巽艮重爲漸，中二爻交，初終二爻雖不當位，陽上陰下得尊卑之正，亦得位也。女歸如是之正則吉。女歸所以吉，利如此貞正也。

蘇軾：漸之中有進者則女歸之吉也。利於正謂得位有功、可以正邦者也。得位者剛中也。女則二與四、所歸則五也。

張浚：漸、否之變、坤三上、乾四下、女歸以禮是謂女貞、卦象女歸貞爲本，爻象鴻漸進有序爲義、互離爲日、君明於上、時可進、往有功也。上仁下順、天下從其正。

張根：臣之進當如此，又不窮所以能漸。　像彖：進銳則退速故。未有枉己而能正人者。巽者順民心之謂。

朱震：女嫁曰歸，自內之外也。艮陽居三，巽陰居四、男女各得其正。漸進未有犯分躐等，漸專以女歸爲義，非媒不得……如是而歸則正、正則吉。言女歸利於貞也。家道正進可以正邦也。

鄭汝諧：男下女上，言必俟男下交而後歸。剛柔皆正是往可有功、進可正邦。內止安，外巽不急進。山木生必以漸、鴻至有時有序亦漸。繇辭女歸吉以其顯言之也。

李衡引陸：臣之事君，冒寵躁進，凶道。三五二四各正以漸進，故得利貞。　引范傳彖：內止不躁，外巽不爭，進不亦漸乎？長女得位乎外，故女歸吉。

楊萬里：長女歸少男故曰女歸。臣從君、女從夫。漸進則有功。初二三四上漸進獲乎上者。九五上以剛中盛德居大位，諸爻得有位之大君、有不動，動斯達，何窮之有！

朱熹：漸進也。止下巽上，不遽進義。有女歸象焉。又二至五皆得正故占爲女歸吉而又戒以利貞也。

項安世：彖解卦辭、說者多訛其義。漸之進……正邦也解女歸吉。其位……不窮也解利貞。

上段有得位之功、正之效。下段得位者九五是也。質直好義、在家在邦必達也。

趙彥肅：君子之道、造端乎夫婦。女歸吉則成化之漸。

楊簡：木在山上、具長也漸。納采、問名、納徵、請期、親迎而後女至以禮而進也。天下事皆然。其進貴乎漸。唐太宗頗治跡無治化，力假仁義、人心不可彊使化也。

吳澄：漸者進有序不急遽也。占巽女外未歸、艮男內未迎，有女歸以漸象。否變三往四爲巽女，四來三艮男，得位之正所以吉。剛居上居外，柔居下居內亦得女歸之正。故利於正主事者。

梁寅：女子從人非行媒不知名、非幣交不親男、親迎後行、三月廟見後成婦、皆漸之義。其占女歸吉而利於正。下止上巽。止不逼上、巽謙待下。漸者以漸而進也。

來知德：漸者漸進。木在山上以漸而高。婦人未嫁曰歸。女歸有漸、納采、問名、納吉、納徵、請期、親迎。六禮備而後成婚。本卦不遽進有女歸象。主進故戒利貞。

王夫之：水所潤漬曰漸。卦因否變立義。陽下三、男下女，陰上四、婦外歸。媒妁以通其事，各得其正，以漸而吉也。傳象：陽不亢、陰不賊、宜家之化、王化之基。

毛奇齡：漸長女少男義近蠱惑，巽艮非匹、豈容自歸！上巽下止、立漸進之名、無與少男長女象。惟漸則女歸亦吉，漸吉也。貞而後利、非貞又勿利也。

折中引胡瑗：女子必須問名……禮補而正夫婦之道。君子不干時邀君、漸致之乃吉。　引郭雍：女歸以漸爲吉，正固守之、无不利也。　引胡炳文：漸、嫁占，艮止巽進以正女歸吉。

李光地：山上有木、既生後漸至高大堅實、遇時之卦，晉最盛、升次之、漸又次之。漸義當如女歸乃吉、又其進當以正、不正則不能漸矣。

李塨：艮止巽入、止而入漸次之進。六禮備，女歸待男行，漸也。吉矣。論卦艮巽爲夫婦。論爻陰陽爲夫婦。得位則進可正邦國。以五爲尊、剛得中是利貞也。自否變。

孫星衍引釋文：王肅本作女歸吉利貞。引集解傳象：侯果曰賢者德成之名、德是資賢之實也。

姚配中案：自三之四爲歸、自父母家歸夫家也。 案彖傳：女歸有漸、言進不可驟也。否坤爲邦，坤三失位、之四皆正故進可以正邦。

丁晏：彖曰漸之進也。本義云之字疑衍。王注之於進也。輔嗣本有之字。

吳汝綸：漸以之前爲義。剛得中，故利貞定也。

丁壽昌：傳彖本義之字疑衍。之訓往、非助辭亦非衍文。胡安定曰女子尤須有漸。問名納采……正夫婦之道，君子不可干時邀君以希高位，皆由漸致獲吉。程本安定。蘇蒿坪曰巽女艮門庭，女出門而外適、有婦象。

曹爲霖：金谿陳氏曰舜以四岳薦進攝位。諸葛亮以昭烈三聘興漢室、蓋此類也。困學紀聞曰惟進賢可以正君。又清議所以維持風俗。光武侯卓茂、司馬光曰宜乎光復舊物。

星野恒：漸以次進。內艮外巽，卦象長女，進漸莫如女歸。卦體九五剛中、可正邦家而有功。進以禮、退以義，此漸之所以利貞也。

馬通伯：喬萊曰進以漸主仕進言。郭雍曰如女歸之漸則吉。胡瑗曰君子不可干時邀君、急於求進。其昶案嫁娶必以春者、天地交通時。艮巽東方於時爲春。昏期毛謂秋冬。

劉次源：陰漸進于四、默運潛移。剛柔初相交、消否之微幾也。婦人以外爲歸、近相親疑于瀆、放貞之宜也。

李郁：漸改、漸進、漸長、漸成。取鴻爲其貞潔。男貞女潔、血統必良。女指六四。剛來柔往，男下女故歸吉。六二得正故利貞。漸以六四爲卦主。否三之四成漸。

徐世大：漸、止截也，又浸潤。本卦大標題說嫁、女子于歸好，宜永久。百年偕老故曰利貞。

胡樸安：漸趣之借字。進也。頑民定居，革殷淫佚之俗，漸進周南之治。女歸男家而吉也。女不歸男家當是殷俗。女歸者改革以漸色。利女歸男、男女位正必以男爲主也。

高亨：漸、卦名。筮遇此卦，女嫁則吉。舉事有利，故曰女歸吉，利貞。

李鏡池：漸借爲趣、進也。寫家庭生活卦。六爻都以鴻漸起興。女歸：嫁女。說家庭先說嫁女。這是舊筮辭。利貞附載、不必連讀。

屈萬里：傳彖漸之，之疑漸之重文。原文疑作漸：，誤作之。女歸吉也。釋文王肅作女歸吉利貞。晁氏云虞本无也字。傳象王肅本作善風俗。居賢德謂止於善。

傅隸樸：卦以長女配少男是枯楊生華、婚姻之醜。無倫理可言。漸含一步步來、同女嫁男仕、韓非說：「宰相必起於州郡，猛將發於卒伍。」何等的漸。嫁宜貞、仕也宜貞。

金景芳：漸卦女歸吉是女子嫁、經過六禮進程、故漸歸、若速則奔。歸妹是娶講侄娣。咸是男子娶。漸是正式嫁取、女歸漸則吉、利于正。二到五位正、初終亦陽上陰下、亦各得其正。得尊卑之正、亦得位也。程傳說的。

徐志銳：卦義漸漸進。如同女子出嫁、必須有所等待才能逐漸到夫家。胡瑗：女子漸必須問名、納采至親迎、然後成禮、正夫婦之道。因此漸卦之進宜遲不宜速。

張立文：漸，女歸吉，利貞。譯：漸，女子出嫁則吉祥，占問則有利。注：漸：不速而進意。女歸女嫁曰歸。

林漢仕案：序卦漸者進也。說卦漸、女歸待男行。注女從男也。孰進之漸？漸卦敘鴻雁之活動起興，主題乃序人事中之大者，論嫁娶、女待男行也。茲依例節引易家論漸卦之旨如左：

彖：漸進、得位有功，可以正邦，剛中動不窮。

象：山上有木，君子以居、賢德善俗。

王弼：漸進卦，進用正故利貞。　孔疏：徐不速謂漸。女歸以夫爲家、嫁也、得禮之正。

李引虞：女謂四。歸嫁也。反成歸妹、兌女歸吉。　張載：君子不強率人，故善俗自然。

程頤：初終二爻雖不當位，陽上陰下，得尊卑之正、亦得位也。女歸所以吉、利此貞正也。

蘇軾：得位者剛中也。女剛二與四、所歸則五也。　張浚：卦象女歸以禮是謂女貞。爻象鴻漸、進有序爲義。　張根臣之進當如此。傳象巽順民心之謂。　朱震：艮陽居三、巽陰居四、各得其正。未犯分躐等、非媒不得。家道正、可以正邦也。　鄭汝諧：必俟男下交而後歸。山木生漸、鴻進有序。剛柔正是往有功、進可正邦。　李衡引范：內止不躁、外巽不爭。長女得位乎外故女歸吉。楊萬里：臣從君，女從夫，漸進則功。動斯達、何窮之有！　朱熹：漸、進也。二至五皆得正，故占女歸吉，戒利貞。　項安世：彖漸進解女歸吉。不窮解利貞。得位者九五，質直好義，在家在邦必達。　趙彥肅：君子之道、造端乎夫婦。女歸則成化之漸。　楊簡：木長漸。納采、問名……以禮進。唐太宗假仁義、人心不可彊使化。　吳澄：漸進不急遽。剛居上居水、柔居下居內。得女歸之正，故利於正主事者。　梁寅：止不逼上，巽謙待下。非媒不知名、非幣交不親男、親迎後行，皆漸之義。來知德：木在山上漸高、女歸六禮備而後成婚。主進故戒利貞。　王夫之：陽下三、陰上四、媒妁通其事。各得其正。王化之基。　毛奇齡：長女少男、義近蠱惑。巽艮非匹、豈容自歸！立漸名則女歸亦吉。折中引胡瑗：女子禮備而正夫婦之道。君子不干時邀君。引胡炳文：漸、嫁占。　李光地：山木生後漸至高大堅實。漸義當如女歸乃吉。　李塨：論卦艮巽爲夫婦、論爻陰陽爲夫婦。五爲尊、剛得中是利貞。　孫星衍：侯果曰賢者德成之名，德是資賢之實。　姚配中：三之四爲歸，否坤爲邦，坤三失位、之四正故正可正邦。丁晏：本義云之字疑衍。王注之於進。　吳汝綸：漸以之前爲義。　丁壽昌：之訓往。蘇蒿坪巽女艮門庭、女出門而外適、有婦象。　曹爲霖：舜以四岳薦，諸葛三聘進。光武侯卓茂、宜光復舊物。　星野恒：進以禮、退以義、此漸之所以利貞也。　馬通伯：嫁娶必以春、天地交通時也。艮巽東方於時爲春。昏期毛謂秋冬。　劉次源：陰漸進四、近相親疑瀆、故貞之宜也。　李郁：漸進、長、成、取鴻爲貞象。血統必良。六四卦主、否三之四成漸。徐世大：漸、止截、浸潤。女子于歸、百年偕老、故曰利貞。胡樸安：漸趣借字、進也。革般俗、女歸男家而吉也。必以男爲主也。高亨：筮遇此卦、女嫁則吉。李鏡池：借趣、進也。六爻皆以鴻漸起興。寫家庭生活卦。利貞附載。屈萬里：之疑漸之重文、疑作漸漸。誤作之。傅隸樸：長女配少男是枯楊生華、婚姻之醜，無倫理可言。漸含一步步來，韓非：宰相起州郡、猛將發卒伍。何等的漸！嫁貞、仕也宜貞。金景芳：歸妹娶侄娣、咸男子娶、漸正式嫁取。二到五位正，初終陽上陰下亦正。程傳說的。徐志銳：漸進如女子必須有所待、成禮正夫婦之道。宜遲不宜速。張立文：漸、女子出嫁則吉祥、占問有利。

婚姻生活、約定俗成，亦視一二人之導引成風俗耳。孟子之「無後爲大」論、男性社會早已定型矣！中國少數民族中仍有女尊男卑之傳統、一如英國女王伊麗沙白與愛丁堡公爵。維多利亞時代之不可一世、可曾引發男卑女尊所謂人倫之悖？彼血緣幾經更改未聞不良！明明初上不正位、程子謂陽上陰下、得尊卑之正，亦得位也。豈謂彼敦倫時陽上陰下乎？謂形式上初在下、上九在上、可以頤指氣使乎？以不正之初上猶正也彼非比非應、強予湊合而定其得位、眞有菩薩降臨、信徒禮拜而已也！

六爻以鴻漸起興、胡樸安謂借趣爲漸、進也。是卦鴻雁之漸進爲興、女歸吉是主題、而正風俗、序人倫、治邦國、君子不干時邀君。皆造端乎夫婦也爲其所依據，準此有所發揮。謂卦自否來、天地否、三四易位成風山漸。亦可謂正反正對爲雷澤歸妹卦。大翻身倒轉看亦雷澤、山風則爲蠱、澤雷變成隨。六十四卦進程：八八配、天地雷山火水澤風、其流轉一週恰好六十四卦。風天小畜、風地觀、風雷益、風山漸、風火家人、風水渙、風澤中孚、風風巽。是其八卦相錯也、是六十四形成固定排列也。風山漸、彖云止而巽、象云山上有木、皆直謂卦上巽木下艮止之代名成卦之實。不必曲四乾陽入三坤女爲男下女、而直以卦之長女配少男。傳隸樸云醜、云無倫理。乾坤六子若成立、互配即醜即無倫理可言也！再以長女未必年長於少男、蓋來自不同家庭也。傅公豈眞謂長女年長、少男年稚則彼同一父母矣！據生物學家言、雁成雙、若喪其一則終身孤寂不另擇配、孤雁遂淪爲雁群守夜宿衛。果如是、則古人以鴻漸爲女歸利貞、則其意十分明顯引導善良風俗、倡三貞九烈，立貞節牌坊、教化人倫、亦倡士節並進矣！師法畜牲、猶今世球隊稱公牛、大象、飛虎、雄獅、捷豹意願同、取其猛而已。師法鴻雁、亦取其利貞而已。趙彥肅云君子之道、造端乎夫婦。古人所謂齊家也、家齊然後國治。妻者齊者，一面又立七出條例。唯女子小人難養也大男人主義。女可恕男生之豪放逢場作戲、男生可無寬貸因誤而失節之婦人？行住坐臥皆有規矩：立如松、坐如鐘、行如風、臥如弓。今取鴻雁而規範婦女者多、規範男子者少。故皆謂女子之嫁也、問名、納采……又利貞。蓋先賢之立禮進義、不只爲自家「血統必良」，亦乘機創造進退之義、君臣之節。大其家賢德善俗、正其邦國、人人不犯分躐等也。傅隸樸引韓非之論「宰相必起於州郡、猛將發於卒伍。」則無布衣卿相、不次拔擢登壇拜將、或因四岳薦而攝位之舜、昭烈三顧之類矣！天下之人才不爲我用矣！

彖漸之進也。丁晏云本義之字疑衍，丁壽昌之訓往，屈萬里之疑漸之重文。似較王注之於進、蘇軾漸之中有進——合理。

因鴻雁之漸進徐動，興起女子之嫁也，須六禮齊備始合禮法、其義亦必須從一而終。吉、利貞。乃手握政治、經濟資源所組成之男性社團、依男人而立之神意也。故謂占問則吉祥。利貞。

初六、鴻漸于干，小子厲，有言无咎。

象曰：小子之厲，義无咎也。

荀爽：鴻漸于干。干山閒澗水也。（釋文）

鄭云：干謂大水之旁故停水處者。

王肅：干，山間澗水也。（釋文）

翟元：干，涯也。（釋文）

陸績：水畔稱干。（釋文）

王弼：鴻，水鳥。始於下升故以鴻喻之。始進未得其位則困，小子窮於謗言，故小子厲有言。困於小子讒諛之言，未傷君子之義故无咎。

孔穎達：干，水涯。自下升高取鴻飛自下而上。初未得祿，上无援，體窮下，不得寧。易致陵辱、被謗言。小人言未傷君子之義故无咎。

李鼎祚引虞翻：鴻、大雁。漸、進也。小水從山流下稱干。艮山。坎水流下山故鴻漸于干。艮爲小子、初失位故厲，變正、三動受上成震爲言、故小子厲有言无咎也。

張載：鴻爲水鳥。漸，進之始。出至于干。鴻鵠之志、非小子所量，見其出陸，爭欲危之。且疑其所處非君子，信已而行義无咎也。

程頤：鴻之爲物，群而有序，不失其時序，干水湄，水至近也。陰才至弱，上无應援，常情所憂。用柔不躁，无應能漸，於義无咎。若漸初用剛急進，有咎也矣！

蘇軾：鴻、陽鳥而水居，在水則以得陸爲安，在陸則以得木爲樂。初六鴻之在水者也。遠无應、近遇二，以陰適陰故漸于干、干水涯、兩陰不相容至有言、然非志於利、未至凶、无咎可也。

張浚：柔處艮下，其進難，知難爲厲。急應是以有言。處己苟當，言无傷也。君子之進、當致難於初、厲其貴哉！坎下干，艮小子、四互兌有言，干近水、進徐不敢輕也。

張根：君子之進小人不利也。

朱震：初動、離飛鳥、坎水、之二巽進退鴻也。二坎水之干也、三艮少男小子也、初之二艮變兌口、小子有言也。初无應、小子見以爲危厲者也。

李衡引陸：體陰質滯、小人懷土、宴安鴆毒。至有言然无應止，未至害義。引胡：君子進、小人忌。引介：初當應四、三與比、故厲有言、初守分无咎。引袁：不正進必危。小人知危則无咎、君子和光同塵俟漸，不失正也。

楊萬里：鴻、雲飛水宿物。如初六君子在下始進，或抱關擊柝升，或乘田委吏升，燕雀安知鴻志？或欲厲危、有言毀之，君子莞爾勿咎可也。艮初山麓故爲干。

朱熹：鴻行有序、進有漸。干、水涯也。始進未得所安，上復无應，其占則小子厲，雖有言，於義則无咎也。

項安世：艮之麓而爲干者水涯、干上有互坎。鴻鳥始離水至干、進不速、小憂小故時有之，然寧止不進，於大義固无失也。士窮困於流俗語言小故，但大義无咎。

楊簡：有道進漸，彼小子不知，惡其遲遲以爲不亟從！厲而有言。六四雖居上、實小子也。四與初、二陰無應故有厲有言象。干水涯。君子心初無他輿論之所服也，何咎！

吳澄：近水爲干、鴻漸進飛干風中，占艮小子、初進无應故危不安。危而又有言語之傷。止此不進，於義猶无失也。

梁寅：鴻來往有時、飛止有序。宿于水、食於野，則其進將以求食。君子修道進亦以食祿於朝。初六思進如鴻至水涯，如是雖小子危之有言、然時可進於義固无咎也。

來知德：鴻雁之大者。離飛鳥居木上、鴻象。木落南翔，冰泮北歸、不失時序。昏禮用鴻取不再偶。少年進无應、不免小子危厲、言語之傷。占如此、其義則无咎也。

王夫之：鴻飛以漸、不迫不息。干磐陸皆下水石平曠南方陽，陸近北，木陵逵皆高水涸北方陰，暑北寒南得中和氣。干水涯。四往初上、四不能責故有言然。安安後遷故无咎。

毛奇齡：巽鸛、艮黔喙。互離飛鳥。互坎水窪間。其象當爲鴻。雁以時至、飛有序得漸義。

坎中出坎畔，若河之干者。漸之猶近。艮男倒震言，小子喋喋然而无咎者漸也。

折中引何楷：六爻皆取鴻象，往來有時，先後有序。昏禮用雁，取不再偶，女歸之義尤切。

案：昏用雁，大夫執贄亦用鴈，皆取有別有序之義。始進若謀求，危疑大者至矣。

李光地：初在下始進，故以小子言之。無應於上故厲而有言。始進不可援上，故雖有孤危讒毀之傷，於義无咎也。

李塨：艮爲黔喙，互離飛鳥，集互坎水窪。象水鳥。鴻也。初山足在水旁。艮少男，居初爲小子。少年欲進而値坎前，必存危厲心，无敢放逸。四不應若有蜚語，義无咎。

孫星衍引集解鄭康成曰干謂大水之傍故停水處。陸績曰水畔稱干。荀爽王肅曰干，山間澗水也。翟元曰干，涯也。

姚配中案：鴻當漸于中澤，漸于干，失其所也。箋詩鴻飛遵諸喻周公失其所漸。失位化之正故有言无咎，辯之早也。

吳汝綸：鴻鵠，大鳥也。說爲水鳥者非。干，澗也。初象小子。始進則厲而有言也。

丁壽昌：干，鄭水傍。陸水畔。毛傳詩涯也，又澗也。何元子曰昏禮用雁取不再偶。蘇蒿坪曰小子初六，微賤初進，惟厲處則人雖有言而无咎。案艮小子，有言謂謗言。王注困于小子。程傳危懼有言。皆未得其解。

曹爲霖：金谿陳氏曰如班超在西域爲李邑所讒，章帝知超忠。蘇軾在湖州爲李定讒，神宗僅貶軾官。故義无咎也。

星野恒：鴻有信，昏用成禮。干、水涯。陰居下無援，則必疑乎其不可以有進，至滕口舌。
亦奚恤人言！務爲善而已矣！

馬通伯：胡一桂曰互離飛鳥、互坎水居、坎北離南、象鴻遷徙。法言滿而後漸者水，漸猶水。止下漸上者木、亦猶水而已矣。案初言小子則冠禮也，將責成人禮焉！

劉次源：鴻秋南春北嚮、陰往陽來、六爻取其象。干水涯、初柔未遽上也。小子厲意沮喪也。四進初不來故得謗也。傳象小子不躁進乃有守，雖若可危、揆于義无咎也。

李郁：鴻大雁、行有序。干澗。鴻性樂水故漸于干。柔下稱小子所以承考，宜辯良莠愚，嚴教正其趨向于始，故厲有言无咎。傳象：初化剛得正故无咎。

徐世大：大雁停在河邊，小孩子病了，免不了閒言，莫怪莫怪。以古俗推之，似先戀愛而後成禮者。

胡樸安：婚禮用雁是古俗之遺。行婚禮弋雁、進于澗水之中也。小子弋鴻人、弋鴻于澗遇危而有言也。弋鴻行婚禮、宜其无咎也。象曰義、宜也。

高亨：漸借爲趣、說文進也。干讀爲岸、干澗古通用。讀岸義較勝。言當作音、訶譴也。鴻，成人進於水岸無不可，若小子則有落水之虞，大人訶譴則不及險可無咎。

李鏡池：水鳥走進山澗，干、山澗。小孩也到山澗玩，很危險，家長訶責制止。這才沒出事。言借爲音、語相訶拒也。

屈萬里：鴻、熹平石經皆作鳿。釋文陸續曰：水畔稱干。詩伐檀：寘之河之干兮。毛傳干，涯也。

傅隸樸：鴻是陽鳥，干水涯。未著陸又未離水。兩棲生活不安。喻士人進身之初，上無援引，因遭嫉忌讒言，危而不安。立身正大，禮義不愆，又何過咎之有！

金景芳：鴻是大雁，來有時，去有向。干是水邊，河邊。鴻飛到水邊，河岸上。鴻漸于干是對的，小子認爲不對，乃有言，有了怨言，實際上是對的，所以无咎。

徐志鋭：鴻雁春北飛，秋往南。進不亂。初六陽位陰居，陽君子，陰小人。初柔居陽位，不能稱君子，只可稱小子，兒童走几步感到危險害怕。應爻又相敵。並有言語毀傷。義同宜。宜无咎。

張立文：初六，鳿（鴻）漸子淵，小子癘（厲），有言，无咎。譯：初六，鴻雁飛進水澗，小孩亦到水澗，有落水危險，經人警告才沒災患。注：鴻鳿古今字。癘假爲厲，危也。有言，有所告也。

林漢仕案：鴻義有：大，盛，同洪，大鴈，水鳥，鴻鵠大鳥，鶴也，殺也，隨陽鳥，取飛有行列也。字又作鳿堆。

漸本卦名。六爻皆曰鴻漸，則鴻似當爲主詞。漸，形容鴻一種狀態。干磐陸木陵陸等應爲鴻漸之處所補辭。

干之爲言求也，進也，亂，犯，狂，扞，僴，鹵楯，墝埆，水畔，涯，水邊，山閒澗水，小水從山上流下，奸。

可以一飛沖天之鴻鵠、大鴈、今有所係戀而依干磐陸木陵、是摘下世俗之高傲貴志而平凡下來、過閒雲野鶴生活。只羨鴛鴦不羨仙，比翼雙飛去也。卦辭故曰女歸吉。鴻漸、鴻鵠或鴻鴈之徐動、浸漬於互動求愛過程。到達水邊。鴻不高飛而下涯畔、無非爲覓食、求愛。暫時放下理想、悠哉優哉。成群代表其普遍性。六爻以鴻漸爲起興、則下文當敘人事。否則人事融於鴻鴈互動中、不知此身爲鵠雁？抑鴻鵠即我身？茲約輯前輩所敘如后：

荀爽：干山閒澗水。　鄭玄：干、大水旁停水處。　王肅：山間澗水。　翟元：涯。　陸績：水畔。　孔穎達：干、水涯。　虞翻：小水從山流下稱干。艮山，坎水流下山。　程頤：干水湄、水至近也。　蘇軾：干水涯。初六鴻之在水者。　楊萬里：艮初山麓故爲干。　項安世：艮之麓爲干者水涯。鳥始離水至干。　吳澄：近水爲干。　毛奇齡：互坎水窪間。若河之干者。　姚配中當漸于中澤、干、失其所。　李郁：鴻性樂水故漸于干。　徐世大：大雁停在河邊。　高亨：干讀爲岸。干澗古通用。讀岸義較勝。　傅隸樸：鳥未著陸又未離水，兩棲生活不安。

干爲山閒澗水、大水旁停水處、涯、水畔、水涯、水湄、小水從山流下稱干。山麓爲干，近水爲干、水窪間河邊、岸。干、取得共識爲河干、岸邊、水畔也。

鴻：　王弼云水鳥。　李引虞翻：大雁。　張載：鴻爲水鳥。鴻鵠之志、非小子所量。　程頤：鴻之爲物、群而有序。　蘇軾：陽鳥水居。　朱震：離、飛鳥。　楊萬里：鴻、雲飛水宿物。燕雀安知鴻志？　朱熹：鴻行有序、進有漸。　項安世：鴻鳥始離水至干，進不速。　楊簡：有道進漸。　梁寅：鴻來往有時，飛上有序。宿水、食野、進將求食。來知德：鴻、雁之大者。婚禮用鴻取不再偶。　王夫之：鴻飛不迫不息。　毛奇齡：巽鸛、艮黔喙。互離飛鳥。其象鴻、雁以時至。　折中：昏用鴈，大夫贄亦用鴈，皆取有別有序之義。　姚配中：鴻漸失其所也。　箋詩鴻飛遵渚。　吳汝綸：鴻鵠大鳥也。說水鳥者非。　星野恒：鴻有信。　劉次源：鴻秋南、春，北嚮，陰往陽來。　李郁：鴻、大雁。徐世大：大雁停河邊。　胡樸安：行婚禮弋雁。　高亨：鴻漸、借𧼯、進也。成人進於水岸無不可。　李鏡池：水鳥走進山間。　屈萬里：石經作鳿。　傅隸樸：鴻是陽鳥、兩棲生活不安。　張立文：鴻雁飛進水澗。

鴻爲水鳥、大雁、鴻鵠、飛鳥、雲飛水宿物、鸛、成人、陽鳥。　其性爲群而有序、來往有時、不迫不息。有鴻鵠之志。非燕雀可知。　作用大夫贄用雁、婚亦用雁、取不再偶。

小子厲，有言无咎：

王孔以初始進无祿无援、小子困於讒言。　虞翻：艮爲小子。初失位厲、變正成震有言。

張載：鴻鵠之志、非小子所量！　程頤：陰才弱，上无援，能漸无咎。　蘇軾：兩陰不相容至有言。　張浚：艮小子、四互兌有言。　朱震：三艮少男小子也。初无應、小子以爲危厲。　李衡引介：初當應四、三比故厲有言。守分无咎。引袁：君子和光同塵俟漸、不失正也。　楊萬里：初六君子始進、或欲厲危、君子莞爾勿咎可也。　朱熹：始進无應，占小子厲。項安世：小憂小故有之，大義固無失也。　楊簡：六四小子、惡其遲遲不亟從、厲而有言。　吳澄：占艮小子。初進危、止於義无失。　梁寅：初六思進如鴻至水涯、雖小子危之有言、然時可進、於義固无咎。　來知德：少年進无應、不免小子危厲，言語之傷。占如此。　王夫之：四往初上、四不能責故有言然。　毛奇齡：艮男倒震言、小子喋喋然而无咎者漸也。　折中案：始進若謀求、危疑大者至矣。　李光地：抑始進故以小子言之。無應故厲而有言。　李塨：　居初爲小子。四不應若有訾語、義无咎。　姚配中：失位、化之正故有言无咎。　吳汝綸：初象小子、始進則厲而有言。丁壽昌引蘇蒿坪曰小子初六、厲處則人雖有言而无咎。案言謂謗言。王注困于小子、程危懼有言、皆未得其解。

星野恒：陰居下無援、至滕口舌、奚恤人言、務爲善而已！　馬通伯：初言小子則冠禮也，將責成人禮焉。　李郁：柔下稱子小子所以承考。宜嚴正教始、有厲有言无咎。　徐世大：小孩子病了、免不了閒言、莫怪莫怪。　胡樸安：小子弋鴻人。弋鴻行婚禮。進于澗遇危而有言也。　高亨：成人進於水岸無不可、若小子則有落水之虞。大人訶譴則不及險無咎。　李鏡池：小孩子到山澗玩、很危險。家長訶責才沒事。言借爲音、語相訶拒也。

傅隸樸：兩棲生活不安。喻士進身之初、上無援遭讒，危不安。禮義不愆、又何遏咎！

金景芳：鴻漸于干是對的、小子認爲不對、乃有怨言。實際上對的、所以无咎。　徐志銳：初柔只可稱小子、兒童走几步感到危險害怕、應爻敵，並有言語毀傷、宜无咎。　張立文：小孩亦到水澗、有落水危險、經警告才沒災患。

小子：⑴王弼注：始升進而位窮下无應，困於小子讒諛之言，未傷君子之義。孔疏：始進未得顯位，易致陵辱，則是危於小子而被毀於謗言。王孔之意，初爲君子，小子則向空虛構，未指定孰爲小子。初困於彼泛指之小子讒諛之言也。如此虛構一小子者，有張載、楊萬里、朱熹、梁寅、來知德、星野恒、金景芳等。

⑵艮爲小子者如虞翻，張浚、朱震等。（三艮少男小子也）

⑶以初象小子者如李光地、李塨、吳汝綸、蘇蒿坪、徐志銳等。（李郁以柔下稱小子所以承考。）

⑷初言小子，將責成人禮者：如馬通伯、胡樸安云小子弋鴻人，弋鴻行婚禮。

⑸小孩子。有徐世大、高亨、李鏡池、徐志銳。初柔只可稱小子，兒童……張立文。

上五說中以在爻言爻說，似當指定以初爲象小子較佳。蓋以鴻漸起興，鴻之所以漸，不外乎覓食，求偶，休息以便飛更長遠路程。小子我，忘其人微言輕，率爾起而有所批評，討論，以語相訶拒。因初柔不當位而無援應，故所言既未獲理采聽用，亦未遭到譴責。无咎者善補過也。無位無勢才弱，占即无咎也。王弼云始進未得其位則困。困於上不知言也乎？王弼意困於小子讒言，未傷我君子也。初能自我調適若此，又何咎！

六二，鴻漸于磐，飲食衎衎，吉。

象曰：飲食衎衎，不素飽也。

馬融：山中石磐紆故稱磐石。衎衎，饒衍。（釋文）

王肅：衎衎，寬饒之貌也。

陸績：賢人進位也。（京氏易傳注）

王弼：磐，山石之安者。少進得位居中而應。本无祿養，進而得之，其爲歡樂，願莫先焉。

孔穎達：衎衎樂也。進得可安之地所以飲食衎衎然樂獲吉福也。馬季良云山中石磐紆故稱磐。水鳥漸之於高故取山石陵陸以應漸高之義，不復係水鳥也。

李鼎祚引虞翻：艮山石、坎聚、聚石稱磐。初正體嗑，食坎水陽位竝在頤中，故飲食衎衎。

得正應五故吉。

張載：衎衎和樂貌。飲食和樂，不徒飽而已！言獲志之多也。

程頤：二居中得正應五，進之安裕者也。磐、石之安平者，二與五君以中正之道相應，其進安固平易莫加焉，故其飲食和樂衎衎然，吉可知也。

蘇軾：二鴻之在水者近三應五、不得其遇，故擇其可恃者五、二陽皆陸、陸尤可恃以安者磐。五磐，二漸五則食且樂、衎衎、樂也。素飽、徒飽、苟從三、食過憂繼之矣！

張浚：二本坤中得臣道之正、五剛中應二、二得行其志。衎衎和貌。孔子曰邦有道穀。二食粟有道時而言聽計從歟？互坎飲食、艮磐石之安平者。詩云彼君子不素餐兮、二之謂也。

張根：群臣嘉賓之謂。

朱震：自二至五有巽離坎坎鴻象。艮坎爲石、巽高坤平、磐也，大石也。五之二坎飲兌食，兌說衎衎而樂，二五中正相應。君子進不素飽、道行于君，下澤于民也。

鄭汝諧：二艮止於中正，得所止也。磐、石之安平者。衎衎寬裕自養。五應、三四間之不能寬裕，君子之養非徒爲口體之奉，故象以不素飽也明之。

李衡引陸：位中正應於五，五以道義養賢。衎衎、饒益之謂。當位養賢是不素飽。素空也。不空自飽，養賢故吉。

楊萬里：二漸進居大臣位。欲置國家磐石之安，人民衎衎之樂。豈素餐乎！孟子之食方丈、得志不爲，志在平治天下。艮二山之石故為磐。艮小石。

朱熹：磐、大石也。漸遠於水進於干而益安。衎衎和樂意。二柔順中正、進漸上有九五之應，占則吉也。

項安世：二高於初故爲磐石。漢郊祀志作般。孟康云水傍堆也。堆固高於涯矣。二離干至磐，有飲食之樂，止不進、非安於自養、義不可輕進。柔能止、得漸進之義。

楊簡：進漸故磐陸木陵爲象。二漸於磐、猶在下，二無求進意，飲食和樂安暇若將終身焉，故吉。人情好進，有道者不然、疑不事事而素飽，故象釋人疑曰不素飽。

吳澄：鴻離水進止水旁石墩，二五中正相應，安平莫加焉。坎飲二變剛成兌食，衎衎和樂自得、自養以俟時，占居易俟命故吉。

梁寅：二柔順中正猶鴻進居磐石、處安又得食。二得祿豈尸位素餐？上正應而衎衎和樂、喜得行其志者，此無所以吉也。詩云豈弟君子，求福不回。六二之謂乎。

來知德：磐大石、艮爲石。中爻坎飲象。衎和樂也。綜兌悅樂象。二柔順中正。進漸、九五中正應、占則吉。飲食自適、即小象不素飽之意。

王夫之：磐、大石，平而固者。二柔當位而中。衎衎和樂貌。居之安則自得故吉。漸卦近相比，故皆以止而不躁爲吉。

毛奇齡：二居艮石之正中則水傍石、磐也。石之平者。（注鴻固不棲石、正見所次非宜。）但飲坎水唼震稼。衎衎然自得已焉。雖曰志不在徒飽而漸固如是。

折中引胡炳文：艮石故有磐象。鴻食呼衆、飲食衎衎如鳴。安且樂矣，時使然也。二柔中有九五之應也。

李光地：卦惟此爻以陰應陽、合乎女歸之義。又有中正之德、進而得其所安矣。傳象素飽則心不安不得衎衎矣。

李塨：漸于水旁磐石上。（艮爲石）進矣。飽坎之酒食、變兌之和說而飲食衎衎焉。蓋二陰得位，待時而興，非徒飽者、云胡不吉！

孫星衍引集解馬融曰山中石磐紆故稱磐也。又衎衎饒衍也。王肅曰衎衎、寬饒之貌。

姚配中案：衎樂也。二得正有應、初上化成既濟，故鴻漸于磐、飲食衎衎、吉。言得其所也。

引虞翻注：素，空也。承三應五故不素飽。又注詩曰彼君子兮不素餐兮。言有功乃食祿也。素飽則不安、貪而畏人、碩鼠者也。

吳汝綸：磐當依史記作般。山中般紆也。飲食衎衎，山中般紆之地、足以養鳥也。

丁壽昌：說文無磐字。孟康注般、水涯堆。高于水涯。衎衎喜貌。王肅寬饒皃。毛傳詩不素餐、空也。箋仕有功乃肯受祿。本義以證素飽之義甚確。正義素故、非也。

曹爲霖：潛夫論云士之可比孟光者、貴在素其井舂耳。豈謀稻粱者乎！明皇相盧懷愼、以才不及姚崇、每事推之、時人謂之伴食宰相。此不素飽非伴食者比矣！盧稱名相。

星野恒：磐、石之安平者、多在水濱。衎衎和樂。柔中正應五、己德受知於上，自干進磐、和樂自適，宜得其吉，豈素餐之謂乎哉！

馬通伯：晁說之曰磐漢志作般。孟康云水涯堆也。胡炳文艮石磐象，互坎飲食象。鴻食則呼衆衎衎和鳴。案艮少男互坎中男，詩云兄弟旣翕、和樂且耽、此之謂也。

楊樹達：漢書郊祀志武帝制詔御史云天若遺朕士而大通焉，「乾稱飛龍」，「鴻漸于般」，朕意庶幾與焉。

劉次源：磐石廣平、飲食于斯不遽遷、中心歡也。傳象衎衎非口腹貪、時未可爲、姑待之不素餐也。

李郁：磐涯堆。衎衎喜樂貌。二應乎五、爲中饋之主。室家安樂、端賴於斯。得位得應故吉。傳象：婦人有賢德、家事悉治，非徒飲食是謀，故曰不素飽也。

徐世大：大雁停在磐石上、喝酒吃藥、又笑又嚷，好。二爻因婚禮宴客飲食、或小子病愈能飲食。衎、行喜貌。

胡樸安：磐、盤之借。鴻漸集于磐石。行婚禮時、飲食之人皆和樂、意不在飽。象不素飽，不求飽也。婚禮吉也。

高亨：磐說文無、疑借為泮。磐畔泮通用。鴻趣於泮宮，為禁止射獵之所。衎衎、余疑雁鳴聲，猶關關。鴻無矰繳之害、有飲食之利、自是吉象。衎衎飲食喜樂也。

李鏡池：磐本作般、涯岸。泮也、陂也。高出涯上。衎說文訓喜、釋詁訓樂。謂水鳥走上涯岸。家庭豐衣足食，快樂幸福。

屈萬里：熹平石經作衎衎。磐、史記漢書並引作般。王引之云西漢以前無單稱磐者、皆石為文。今案史記封禪書鴻漸于般。孟康注水涯堆也。其義為長。衎毛傳樂也。

傅隸樸：衎衎、和樂狀。平整岸石。喻六二有功陞起來，得到國家祿位、地位鞏如磐石之安，食前方丈之樂。不素餐，不白食、不是無功受祿。

金景芳：程傳認為六二居中得正、上應九五。進到磐石平安平穩、就能飲食衎衎和樂得吉。傳象：不是素餐徒飽、還是想有作為的。

徐志銳：鴻雁進至磐石上、吃飽了和樂安適休息。比喻並非飽食終日无所用心、而是充實力量待時有其歸宿。所以吉。六二柔順中正與五剛中應。不素飽、非徒飽于飲食以自養也。

張立文：六二、鳿（鴻）漸于坂（磐），酒食衍（衎）衍（衎），吉。 譯：六二、鴻雁飛到水澗涯岸，安然自得地飲食（猶人酒食），吉祥。 注：坂假為磐。磐般反陂坂古相通假。 衎衎古相通。謂安然自得的吃著喝著。

林漢仕案：字書衎衎：喜樂、和樂、安定貌。衎衎誾誾、和悅而諍。又苦旱切、音侃、信言也。彊敏貌。

鴻漸于磐、飲食衎衎。似敘鴻雁南飛或北迴中之一站。飲食衎衎、張載云和樂貌。字書云音侃、信言也。則衎衎爲雁群呼食叫聲。馬融云饒衍、王肅云寬饒。鄭汝諧謂寬裕自養。折中引胡炳文云：鴻食呼衆。馬通伯亦謂鴻食則呼衆衎衎和鳴。高亨云：衎衎、佘疑雁鳴聲、猶關關。飲食喜樂也。又從敘雁之和樂飲食、轉而對人之「邦有道穀。」（張浚）二大臣位、志在平治天下。（楊萬里）又因象曰不素飽也之闡發、故謂二得祿豈尸位素餐！（梁寅）有功乃食祿也。（姚配中）不素飽非伴食者比、盧懷慎稱名相。（曹爲霖）漢書武帝詔：天若遣朕士而大通焉、乾稱飛龍、鴻漸于般、朕意庶幾與焉。（楊樹達）張根直書「群臣嘉賓之謂。」漸卦主題乃敘人事中之大者、所謂「造端乎夫婦」君子之道也。古人所謂家齊而後國治。　初陰小子有言、似在如鴻離水澤、婦離母家、嫁入夫家最初建言乎？想依母家狀況改造夫家乎？有言无咎，蓋新嫁娘嬌稚得諒解也。二、鴻漸于磐、離母家稍久、夫家富足和樂。李光地云合乎女歸之義。象云不素飽。謂女主中饋稱厥職也。鴻漸仍是起興。「衎衎和鳴、詩云兄弟既翕、和樂且耽」。（馬通伯云）李郁亦云：「婦人有賢德、家事悉治。」因鴻雁之活動而興起家事、國事、天下事。作易者其有憂患乎？雖然、先賢著書立說必須尊重輯引、看如何安排鴻漸與飲食義、輯說如下：

象云不素飽。乃專指飲食衎衎言。

馬融：山石磐紆。（飲食）饒衍。

王肅：衍衍、寬饒貌。　　陸績：賢人進位。　　王弼：少進居中而應、進得（祿食）。孔疏：衎衎樂也。虞翻：聚石稱磐。初正體噬嗑故飲食衎衎。張載：衎衎和樂貌。言獲志之多也。程頤：正應、進安裕。磐、石之安平者。吉可知。蘇軾：陸尤可恃以安者磐、五磐。張浚：應五剛、二得行其志。二食粟有道時、言聽計從歟？朱震：艮坎石、大石也。君子不素飽、道行于君、下澤于民。鄭汝諧：衎衎、寬裕自養、五應、非徒口體之奉。李衡引陸：應五不空自飽、養賢故吉。楊萬里：二大臣、置國家磐石之安、人民衎衎樂。朱熹：磐、大石。漸遠水進干而益安、有九五應、占則吉也。項安世：二高於初故磐。孟康注漢志般、水傍堆。至磐有飲食之樂，義不輕進。楊簡：磐猶在下，飲食和樂若將終身焉、故吉。吳澄：水旁石墩。五應、安平莫加焉、和樂自養以俟時。占居易俟命故吉。梁寅：居安又得食。上正應和樂。喜得行其志者。詩云豈弟君子、求福不回，六二之謂乎。來知德：二柔五中正應、占則吉。王夫之：磐、大石。居之安則自得故吉。止而不躁爲吉。毛奇齡：鴻不棲石。正見所次非宜。衎衎自得。志不在徒飽、漸固如是。折中引胡炳文鴻食呼衆，安且樂矣。李光地：陰應陽，合女歸義。素飽則心不安。李塨：飲坎酒、兌初悅、二陰得位、非徒飽者。姚配中：鴻漸……言得其所。有功乃食祿也。吳汝綸：山中般紆地足以養鳥也。丁壽昌是本義素飽如詩言素餐、得之以道則不爲徒飽而處之安矣。非正義之素故也。故无祿養、今日得之、故願莫先焉。曹爲霖：士可比孟光者、豈謀稻粱者乎！星野恒：磐多在水濱。受知於上、自干進磐、豈素餐之謂哉！　馬通伯：鴻食呼衆衎衎和鳴。詩云兄弟既翕，和樂且耽。此之謂也。劉次源：中心歡。時未可爲、姑待之不素餐也。　李郁：二應五、中饋主。婦有賢德、室家安樂，故不素飽也。徐世大：大雁停在磐石上、喝酒吃菜、又笑又嚷、好。　胡樸安：行婚禮時、意不在飽。婚禮吉。　高亨。說文無磐、疑借爲泮。泮宮禁獵。衎衎、余疑雁鳴聲。飲食喜樂。　李鏡池：磐、涯岸。泮也。陂也。謂水鳥走上涯岸。家庭豐衣足食、快樂幸福。　屈萬里：石經作衍衍。衎、毛傳樂也。　傅隸樸：喻六二有功、地位鞏如磐石、食前方丈、不是無功受祿。　金景芳：傳象：不徒飽、還是想有作爲的。　徐志銳：雁至磐石上吃飽了休息、充實力量待時歸宿。　張立文：鴻雁飛到水澗涯岸，安然自得地飲食。

鴻漸于干、磐、陸、木、陵、陸。以水鳥、大雁言、當有其一定之進程與目標、所謂衝天之志者。南來北往、無非適應大環境與生存傳存條件。干磐陸木陵陸、乃鴻飛一瞥、作易者爲之所設站名、非是鴻飛依干磐陸木陵每日落腳處、日飛夜宿所在。從干到陸、似北飛回老家也。蓋卦云：漸，女歸吉。因鴻漸起興。又一年矣、雪泥鴻爪、鴻飛有志，有序、有時。女歸之初、鴻漸于干也。小子即初六、善補過也，故厲无咎。二乃以鴻漸起興，飲食衎衎、應指女子之嫁後宜其家人。易家引詩云「豈弟君子。」「兄弟既翕、和樂且耽。」

以磐爲：⑴聚石。（虞）⑵石之安平者。（程）⑶大石。（朱熹）⑷水旁石墩。（吳澄）⑸磐借爲泮、泮官禁獵。（高亨）⑹涯岸。（李境池）

徐志銳云：「雁至磐石上吃飽了休息。」魚肉、蚱猛、蟲蟲如蝗聚居大石上、待雁飛來飽餐乎？孰是其主人？雁群如何能聚落於一塊大石上衎衎鳴叫飲食喜樂？ 象云飲食衎衎、不素飽。姑以衎衎爲雁鳴呼伴飲食言、每隻雁乃須自己努力張嘴尋找魚蝦貝類水草、非是有人準備好大批魚蝦糧食堆積於磐石上待雁來享用。天下有白吃之午餐矣！不懼飲食後之網罟伺侯？故磐之爲涯岸、墩石、聚石、大石、泮宮、皆非鴻飛落腳飲食之所、又何況鴻飛成群邪！所以言飲食衎衎者、李郁云：「二中饋主、婦有賢德、室家安樂。」謂婦也。楊萬里：「二大臣、置國家磐石之安、人民衎衎樂。」又進而由家事國事天下事矣！易家無時無憂患意識！ 朱子之「有九五應、占則吉也。」吳澄云：「占居易俟命故吉。」來知德云：「二柔五中正應、占則吉。」王夫之：「居之安則自得，故吉。」而毛奇齡之謂：「鴻不棲石、正見所次非宜。」 姚配中言與毛相反：「謂鴻漸……言得其所。有功乃食祿。」吳汝綸謂「山中般紆地足以養鳥。」高亨尤富想象力、謂「泮宮禁獵、說文無磐、疑借爲泮。」泮宮禁獵、雖百十隻天鵝肉送上門、女不我食、我可食女地面所有也！由鴻漸于磐興起本爻二五應、占吉祥。人人和樂且耽、李鏡池稱作「快樂幸福。」

九三、鴻漸于陸，夫征不復，婦孕不育，凶。利禦寇。

象曰：夫征不復，離群醜也。婦孕不育，失其道也。利用禦寇，順相保也。

馬融：山上高平曰陸。（釋文）

荀爽：婦乘不育。（孫堂案繩音孕，䋲之誤。䋲，古孕字。乘繩聲近。）

鄭云：三五互離，離爲大腹，孕象。又互坎爲丈夫，坎水流去是夫征不復，婦道顚覆，故孕不育。孕猶娠也。又離猶去也。（釋文）

王弼：陸高之頂。與四相得不復返者。樂邪配、非夫而孕故不育。三艮棄乎群醜，見利忘義，貪進忘舊，凶道也。異體合好，順而相保，物莫能間，故利禦寇。

孔穎達：三居下體之上是進得高象、與四相比，棄其群類，是夫征不反復也。旣樂邪配、妻亦不保其貞，非夫而孕故不育。又爾雅云高平曰陸故曰高之頂也。

李鼎祚引虞翻：高平稱陸謂初變，坎水爲平，三動之坤故鴻漸于陸。三動成震爲征爲夫，體復象。坎陽死夫征不復。孕妊娠也。育生，巽婦離孕，三動成坤離毀故婦孕，不育凶。禦當也。坤用巽高艮山離戈兵坎寇、三動坎象不見故利用禦寇。保、大也。

張載：漸九三六四易位而居、三離上卦，四離下體，故曰夫征不復，婦孕不育。然相與之固、物莫能間，故利用禦寇。變艮得位、如六四得桷、三四非正合故曰失其道。

程頤：平高曰陸，平原也。三在下卦之上、進至陸，若不守正與四合，是知征不知復，征行也。復、反也。孕不育，蓋非道也，是凶。三所利在守正閑邪所謂禦寇也。

蘇軾：三鴻在陸者。无應近四、見四可欲而趨之、故曰夫征不復。二從我非正、三適四不反、則難於二故曰婦孕不育凶。四順五而三寇之、言禦寇之利明三之不利也。

張浚：三四私親，譬君臣之遇不以正。安能成生育之功！四順比三、緩急相保謂禦寇、聖人發進合不以道示大戒。離婦孕、坎盜、離坎不相濟爲不育，且坤上行失母道，是以不育也。

張根：人臣失節者如之。

朱震：三艮山，四變爲坤平地，高者平矣，陸之象。三四无應相比，守正者戒之。坎夫離婦大腹，征以正行，不正，四夫征不復，不育不以正合！三不動四不來，君子自守其正，順相保也。

李衡引陸：陸猶夷道，剛得位，然失中无應，行无功。婦受孕不育子，有事无功凶矣。引牧：醜衆。三剛暴，衆不與，孕漸成體，傷孕是失道。引薛：三上，在上稱陸。

楊萬里：三艮終止極，進必銳；巽下伏久，飛必高。一飛登高平之陸。知進則往不返，好高則比而悅。夫三婦四非耦，醜焉孕不育。醜類也。初、二汝類也，四汝寇也。艮三山之平故爲陸。蕭至忠舍明皇從太平公主，婦孕不育凶也。

朱熹：鴻水鳥，陸非所安也。三過剛不中而无應。其占夫征不復，凶莫甚焉！然以其過剛也故利禦寇。

項安世：艮主純剛質，聖人懼其犯難，故勸戒不可進，征孕昏凶。利在禦寇，言可止也。三在上爲陸，陸在水中，塘上路也。三正在坎中，人爻。群醜謂儕類。

楊簡：陸進於磐矣。上九不應三，乃其醜類。三失其所，爲婦不中失道象故凶。利禦寇，非其正也。非正害我故曰寇。慮二失道，故能禦則我不失正順，夫婦可相保矣。

吳澄：詩言鴻飛遵陸。毛傳陸非鴻所宜。三剛躁故不得其止。九三剛往四爲否，男女不交矣！

征謂行而往四、四婦四來則下體成坤艮壞，无艮男故不育。占夫婦離故凶。禦寇謂止三動則三四不相往來、漸體不變矣。

梁寅：三剛不中、鴻進於陸去水益遠。三以四爲婦征不復、四以三爲夫孕不敢育、比合不正也。占凶之甚。上乃三之寇。婚姻其合正雖凶而吉。禦寇不正占雖吉而凶。

來知德：變坤陸象。夫指三爻艮、四巽謂婦。征往、溺不知反。合坎中滿孕象、三變坤不育象。坎盜離戈兵寇象。三親四失道，故占不育。禦寇在人和。成坤同心故利。

王夫之：三男下女、四女外適故爲夫婦。陰上交陽背下，無反顧之情，征不復。婦雖孕無與恤、不育也。三下無可復上之理，與初二合以禦寇消否。捐生不恤家可也。剛當位故得有此利。遷遽交淺則情不固故凶。

毛奇齡：三愈進愈不安。坎水合艮山背。有云高平曰陸。三剛三夫也。自甘居柔者婦也。在離坤中皆腹、巽虛艮止宜孕未育。坎寇艮剛禦、猶利爲剛、固可用耳。

折中引程敬承：三過剛、懼其犯難故戒征孕皆凶。言不可進也。利禦寇、言可止也。 案：女歸必陰陽應、初厲無應，二安有應、上卦外不應如夫征不復、三剛質失柔順義凶。

李光地：卦女歸故不論陰陽爻皆可取婦女象。陰有婦道、陽剛性、在漸有固不通象。三過剛止無應、如婦孕不育、凶道。宜固守保身、不輕動，禦寇則利。順相保也。

李塨：艮山，乾畫是高平之陸。三剛四陰兩无應、迫比爲夫婦，則非漸女歸而貞者矣！夫征求四則陷坎，比三而坎實、有孕、失漸進之道。不育凶，坎若用禦寇艮止坎險則利耳。

孫星衍引集解馬融曰山上高平曰陸。（釋文）孕以證反。說文戈甑反。荀作乘。　引集解鄭康成曰三上與五互離爲大腹孕象。又互坎爲丈夫、坎水去是夫征不復故孕不育。

姚配中案：離爲甲胄戈兵故征。坎中男、離之夫也。三无應、動之歸妹故夫征不復。　案象：離、麗也。三動之歸妹、麗群陽、婦孕不育、失其道也。禦寇順相保也。

吳汝綸：高平曰陸。三陽止艮上是夫征不復也。四與比兩體不相合是婦乘不育。孕、荀作乘是也。利禦寇者群陰所歸，故曰順相保也。

丁壽昌：釋文陸高之頂。馬山上高平曰陸。孕鄭猶娠。虞巽婦、程四婦、四離中爻爲中女、婦象。三爲群陰困故征不復。吳草廬曰坎寇艮止故利禦寇。王程——非夫不正孕。推測辭。

曹爲霖：陳氏曰失婦道而私孕、姦也。效順相保、如曹操、桓溫、雖亂臣、然征伐亦不爲无功矣。　本爻體艮以止爲進也。上下易位、變三即蒙上九、故利禦寇詞同。

星野恒：鴻水鳥。進于陸、失所安。殆迷錯。爻過剛無援、不爲君知、唯務進。上下陰非朋類相比、征不得還，孕不育。離群欲進不其難乎！當自守自保無過舉斯可矣！

馬通伯：薛溫其曰三上皆在一卦之上故稱陸。胡炳文曰鴻群不亂、止則相保、有禦寇象。胡遠濬曰變則凶，三體艮互坎故禦寇。案三四互坎離夫婦、妄動失位不育象。

劉次源：陸者南陸、初二往、三還與漸義乖、來不返、四婦无應故夭胎。三來失五上同類，與初二順相保故可禦寇。利艮止捍寇災也。

李郁：陸高平地。漸陸則失所。夫指九三。三艮止不宜征。進九四失位難復。婦指三、進成坤虛、雖孕不育故凶。上六化坎爲寇。三艮上利禦寇。外侮、夫婦同心禦之如此。
徐世大：大雁停在高岡，丈夫出門不返，老婆小產，眞糟。爲抵抗強盜、亦無可如何。
胡樸安：進集于陸、已移時矣。女歸男家也。女歸、夫他往不反、婦孕不肯育養。故象言失夫婦之道凶也。組織家庭、同心禦寇、保安寧，象曰順相保也。
高亨：鴻本水鳥、進於陸是物失其宜象。夫征不返家，婦孕不生子，亦物失其宜者。是筮遇此爻則不復不育爲凶。但鴻處高視闊、弋射不能襲，故又曰利禦寇。
李鏡池：水鳥到高平地，丈夫出征沒回來。婦人懷孕流產。凶險。都是由于敵人侵略破壞了家庭生活。所以出利禦寇、主張保家衛國、保衛和平。
屈萬里：馬云高平曰陸。孕、荀作乘。按聲之誤。傳象：離、義同羅。順相保，順愼也。
傅隸樸：初六妾、六二婦。陸、完全上陸了。三剛不中，不擇手段上進、不安份的野心家、好比丈夫出門姘上六四、離妻妾不返。二爲三婦。二應九五偷人，循環報應。二懷孕不養。六四順九三、便可操勝算、故利禦寇。醜配也。
金景芳：爻意是夫爲九三、婦六四、征孕皆凶、不可進也。非理命而至者寇也，應該御寇，否則自失而凶。折中引程敬承：三過剛當進、懼其犯難故有戒辭、言不可進也。利御寇言可止也。征行復返、三四密比故爲戒。陸、平原。
徐志銳：鴻雁距水較遠進到平原了。三剛居陽位、急上往故言夫征不復。夫指九三求婚急進。婦指六四逆比得夫也速，不會有好結果。九三單獨冒進失漸進之道。告誡三、六四對你說不是婚媾而是敵寇。只有防其來才利。三不動可保己。

張立文：九三、鳿（鴻）漸于陸，（夫征不）復，婦繩（孕）不□，利所寇。譯：九三、雁飛到陸地，男子出征不歸家、婦人懷孕不生子、故有禍殃。利於寇賊侵擾。釋：繩假爲孕。帛書利所寇理較順。王本作利禦寇。

林漢仕案：「鴻漸」應是過程、由干而磐而陸而木，猶女歸由女、小媳婦、小姑奶奶，主中饋是賴至熬成婆、大姑奶奶，老姑奶奶。鴻由干至陸、從一個完全放任自主、無處無食、張口即有魚蝦之地，至磐至木處處設限之所、各有所興。九三之興爲「夫征不復、婦孕不育、凶。利禦寇。」小象以「離群醜，失其道，順相保。」釋夫征、婦孕、禦寇。茲依易家時代先後次序、羅列其義以見指撝：

馬融：山上高平曰陸。　鄭玄：三五互離大腹、互坎爲夫，坎流夫征、婦道顚覆故（娠）孕不育。　王弼：與四相得、樂邪配、非夫而孕故不育。三棄乎群醜、貪進忘舊，凶道也。異體合、物莫間利禦寇。　孔疏：與四比、棄其群類。樂邪配、妻不保貞。　李引虞翻：初變……三動成震爲征爲夫，三動成坤離毀故婦孕不育凶。禦、當、保大。離戈兵、坎寇、三動坎象不見故利禦寇。　張載：三四易位、夫征不復、婦孕不育。三四非正合故失其道。　程頤：陸平原也。不守正、與四合、是知征（行）不知復（反）。孕非道是凶。三利在守正閑邪所謂禦寇。　蘇軾：見四可欲不反，二從我非正故孕不育凶。三寇四明三不利也。　張浚：遇不以正安能成生育之功。四順比三、聖人示大戒！離孕坎盜、離坎不相濟爲不育。坤夫母道。　張根：人臣失節者如之。　朱震：三艮山、四變三坤高者平。三四无應相比，守正者戒之。君子守正順相保也。李衡引陸：失中无應，行无功；不育，事无功。引牧：醜、衆。傷孕失道。　楊萬里：三進銳則往不返，巽好高則比而悅。夫三婦四非耦。醜、類也。初二類也。四寇。蕭至忠從太平公主、婦孕不育凶也。　朱熹：鴻水鳥、陸非所安。其占夫征不復。以其過剛，故利禦寇。項安世：勸艮主不可進，征孕皆凶。利禦寇言可止也。群醜謂儕類。　楊簡：上不應三、三失其所、不中失道故凶。非正害我故曰寇。能禦不失正、夫婦可相保矣！吳澄：詩言鴻飛遵陸。毛傳：陸非鴻所宜。三往四爲否、四來艮壞、无男故不育。占夫婦離故凶。禦寇謂止不動、漸體不變。　梁寅：進陸去水益遠。四以三爲夫、孕不敢育、比合不正。上乃三之寇、禦寇不正、占雖吉而凶。　來知德：夫三艮、婦四巽、征往溺不知反。坎中滿、孕象，三變不育。三四失道故占不育。成坤、人和同心故利。　王夫之：三男四女爲夫婦，三下與初二合禦寇、無反顧之情、婦雖孕無與恤、捐生不恤家。遷遽交淺情不固故凶。　毛奇齡：三剛夫也，自甘居柔者婦也。離坤皆腹、巽虛艮止、宜孕未育。坎寇艮禦、猶利爲剛。　折中引程敬承：戒三過剛故征孕皆凶、禦寇言可止也。上卦外不應如夫征不復。三失柔順凶。　李光地：三過剛，止無應、如婦孕不育。禦寇則利、順相保也。　李塨：三四迫比爲夫婦，則非漸女歸而貞者矣，失漸進之道。若用艮止坎險則利。　姚配中：離甲冑故征。坎男離之夫、動歸妹故夫征不復。不育失道也。　吳汝綸：三陽止艮上是夫征不復。四比兩體不合是婦乘不育。利禦寇者群陰所歸故曰順相保。丁壽昌：四離中爻爲中女、三爲群陰困故征不復、吳草廬曰坎寇、艮止故利禦寇。王程非夫孕推測辭。曹爲霖：陳氏曰私孕姦也。本爻以止爲進、上下易位、變三即蒙上九、故辭同。星野恒：水鳥進陸殆迷錯。無援務進、上下陰比、征不得還、孕不育。當自守自保可矣。馬通伯引薛溫其曰：三上皆在一卦之上故稱陸。胡炳文曰：鴻群不亂：止則相保。案三四坎離夫婦。妄動失位不育象。劉次源：四婦无應故夭胎。三來失五上同類。與初二相保、利艮止捍寇。李郁：漸陸失所。夫九三不宜征、進四難復、婦指三。進成坤虛，上六化坎寇、三艮上夫婦同心禦之。徐世大：大雁停在高岡。丈夫不返、老婆小產。爲抗強盜、亦無可如何？胡樸安：女歸、夫他往不反。婦不育養。失夫婦之道。組織家庭、同心禦寇保安寧。高亨：水鳥進陸失其宜、夫征婦孕不生子亦失其宜。鴻處高弋射不能故曰利禦寇。李鏡池：丈夫出征、婦人流產、凶險。都是敵人侵略破壞家庭、所以提出禦寇主張。屈萬里：離義同罹。順、愼也。傅隸樸？初六妾、二婦、三剛不安份、出門姘四、離妻妾不還、二應偷九五、復環報應。二孕不養、四順三可操勝算、故利禦寇。醜、配也。金景芳：夫三婦四、征孕皆凶。三四密比故爲戒。徐志銳：鴻進到平原了，夫三急上往求婚不復、婦四逆比得夫也速。戒三冒進、六四不是婚媾而是敵寇。三不動可保己。張立文：鴻飛到陸地、男子出征不歸、婦人懷孕不生子。帛書利所寇。

易卦本身、六爻互搞關係，所謂剛柔相摩、八卦相盪。可久之德、可大之業、富有日新之盛從茲搞定。子曰：「知幾其神乎！」蚯蚓雌雄同體、蝸牛亦同時具陰陽生殖器官、或自己與自己敦倫，或彼此互相盡天職、皆可以生生不息、果眞生生之謂易也乎？齊莊公時，姐妹不嫁者七人、穢亂宮廷、樂且樂矣！如何作之君、作之師？如何表率天下、家齊國治？易家謂初變成離爲大腹、三動成震爲征夫、四比棄其群類。二從我非正故孕不育。（蘇軾）四以三爲夫，上乃三之寇。（梁寅）夫三艮、婦四巽、溺不知反、坎中滿孕象。（來知德）三男四女爲夫婦、三下與初二合禦寇、無反顧之情。（王夫之）上卦外不應如夫征不復。（折中引）四離中女、三爲群陰困故征不復。（丁壽昌）三四迫爲夫婦。（李塨）三四坎離夫婦。（馬通伯）初六妾，二婦、三剛姘四。二應偷九五、循環報復。二孕不養、四順三可操勝算。（傅隸樸）夫三急上往求婚、婦四逆比得夫。（徐志銳）

三上本敵應、上變則正應。梁寅謂上乃三之寇。

初四，二五兩對、九三伸魔掌祿山爪爬初、入二又包四、孕者或謂二或謂四、蔑視二五正應謂彼偷情、又不謂五爲三寇、所謂「守正閑邪爲禦寇。」（程子）九三成大色狼矣！丁壽昌謂王程非夫孕、推測辭。然解卦文辭孰非推測？曹爲霖謂姦也。鴻群不亂。（胡炳文）今亂如是、羞煞鴻也、能爲人謀乎？爲鬼謀乎？劉次源云四婦无故夭胎。徐世大謂老婆小產。胡樸安云婦不肯育養。高亨云失征婦孕不生子失其宜。李鏡池云丈夫出征、婦人流產。張立文云婦人懷孕不生子。可暫不管比應之亂點鴛鴦譜、直溯爻辭判案。避去張根言：「人臣失節者如之。」之斥責。又不如朱子之「其占夫征不復。」吳澄之「占夫婦離故凶。」梁寅之「占雖吉而凶。」來知德之「占不育。」直訴之占辭也。漢仕以爲折中引程敬承言敬承果然敬承前賢精緻要點：「三征孕皆凶。」蓋九三時段：由鴻逐漸遠離賴以維生之家，由干而磐而陸、一失；夫征不復、二失；婦孕不育、婦之在家無子可從矣，三失。所謂凶者失也。然未至絕望。禁人爲非爲禦寇。（程子：肆剛暴爲寇）此時如何衝擊橫逆、渡過難關，明日朝陽又東昇、雨過天晴矣！

六四、鴻漸于木，或得其桷，无咎。

象曰：或得其桷，順以巽也。

馬融：桷，榱也。（釋文）

翟元：方曰桷，桷，椽也。（釋文）

王弼：鳥而之木得其宜也。或得其桷遇安棲。雖乘于剛、志相得也。

孔正義：六四進得位。桷，榱也。之木遇堪爲桷之枝，取得易直可安也。四與二相得，順相保，无乘剛之咎。

李鼎祚引虞翻：巽木、桷椽也。方者桷。巽爲交爲長木，艮小木，坎脊離麗，巽繩束之，脊形椽桷象故或得其桷，得位順五故无咎。四承五顧得三故或得其桷也矣！

張載：木非鴻所居，如四之易位而在上也。然本坤爻、進而爲巽順，故或得桷、居可安也。順巽則衆與、故得所安。

程頤：四陰柔進據陽上，非安地，如鴻進于木。鴻趾連不能握枝故不木棲，桷、橫平之柯。謂四處本危、或得平柯則安。四居正巽順，宜无咎。必因得失以明其義。

蘇軾：四鴻之在水者。近五非應故曰漸木、木生陸、鴻足不能握、其无咎蓋得其大而有容如桷者焉，五之謂也。或者幸辭。无應而從、非巽順何以相保乎！

張浚：履高位而至安、其惟順乎？順道非順事，居安吾身亦安。巽木爲桷，桶平柯也。或者得之難也。公孫碩膚、赤舄几几、詩詠周公、四其是哉！

張根：鴻、水禽。棲宿水石間而遊于陵陰，至木則失其所矣！順以巽庶可免乎！

朱震：四柔進介二剛間，巽木、漸于木也。鴻足蹼不握木，漸于木非所安之地。然承五、三順接、得位而无咎。桷、椽之方者、易傳橫平之柯。猶或得其桷也。

李衡引子：木非鴻所止。或得桷上附。承五亦非安、五順，不可傾故无咎。　引介：乘剛疑所與，桷木在上者，上承也。上順巽故乘剛无咎。　引房：棲謂上附五故无咎。

楊萬里：四登木則在陸之上矣。六四超九三而出其上、在剛暴小人之上，此危道也。惟降棲于可椽可桷之卑枝則无咎。漸木、飛至。得桷、順巽。三禦四陰寇陽，四順三柔巽剛。

朱熹：鴻不木棲，桷平柯也。或得平柯則可以安矣。四乘剛順巽，占者如之則无咎。

項安世：四始離下擇木而栖。得桷人不忌者，柔居柔、順巽、進得安也。四在上卦故爲桷、三四人爻、桷在人上也。

楊簡：木又進於陸。木非鴻所古，得桷則安無咎。木有橫向者爲桷。六與四俱柔又入巽卦，有順巽象。榱亦名桷。

吳澄：鴻不木棲，飛而過其上，未高猶在木杪也。桷，屋椽之方者，鴻飛過木猶有棲止意。鴻未沖夫，猶將擇木而止，賢君子難進似之。占乘風進不遽故无咎。

梁寅：四近君多懼地如鴻進栖於木，非其所安也。然柔得正，善於自處，又如鴻栖木得柯，保身如是，可无咎矣。

來知德：巽木，桷，椽也。木如桷則橫平，棲可安矣。或偶然。四柔似不可以漸進，然巽順得正，有鴻漸于木或得桷象。占如是則无咎。

王夫之：桷橫枝，平出如椽。鴻趾有幕不木棲，得桷可暫安。四无所擇輒往，與三同遽動。當位故得桷。陰進位外順承五上剛，變不失正故賢於三而无咎。

毛奇齡：鴻棲以蹠不以爪。能漸木而漸之，巽爲木，稍開平因變名曰桷，可容蹠然未安，無咎者以漸故。

折中引房喬：漸木失所也。或得勁桷容足安棲，謂附五故无咎。引胡炳文：鴻掌不能握木，雖高非鴻所安，或得平柯處亦安矣。　案：四承五順上，高而不危得桷象。

李光地：四雖無應而承於五，爲棲木得桷象。四五有相承之義故也。

李塨：四由陸進有鴻漸于木象。杌捏甚矣。然卦巽坤順，若能順以巽，或得橫平之枝如榱桷者乃无咎。（訂詁曰坎爲宮，且陽畫橫亙下桷象。）或者不敢必之辭。

孫星衍引集解馬融陸績曰桷，榱也。　翟元曰方曰桷，桷，椽也。

姚配中案：鴻，水鳥不木止者。初失位不應四，故四漸于木，失其應也。舍初承五、非正應故曰或。

吳汝綸：桷以喻木之細枝也。木、五也。桷、三也。虞云四已乘五，顧又得三是也。

丁壽昌：說文：秦曰榱、周謂椽、齊魯謂桷。錢融堂曰先儒謂鴻不棲木、殆失考。案今鴻雁多棲水濱。錢氏所見、偶棲平柯之上、先儒未嘗失考也。

曹爲霖：思庵葉氏曰孔子舉意氣豪邁，目無阿瞞、范史稱猛虎在山、藜藿不採。然失巽順之道、卒以不免！張文清公其知漸之六四者與！視乎不復不育者何如也！

星野恒：桷、榱也，枝堪爲桷者。柔進據剛、非所安。然巽順之性、有時或居非所據、唯順自牧、無淩犯之意，則可免於咎矣！如鳥之得横平枝而止之。

馬通伯：俞琰曰三非應故曰或。焦竑曰或得平柯暫棲、可進不遽進也。其昶案：鴻之飛經干磐陸柯至高陵、鴻不木棲、得桷暫安、言能稱物之宜也。巽稱而隱故動不窮。

劉次源：鴻足蹼不可木棲，得横桷或可就。進不失其正、得位賢于三故无咎也。

李郁：巽木。四在巽初故漸于木。鴻趾非棲枝者、得平桷而止稍自安。上九桷，在巽頂。或者進退之辭。四進上退，柔得位乎上故无咎。

徐世大：四爻似婚姻不理想。似指士婚禮。意在巨材，僅得小椽。憑媒妁之言有之。譯文：
大雁停在大樹，有人得了小木橛，不要把嘴崛。

胡樸安：陸木高于陸。鴻進集於木、其時久矣！女歸男家，修繕防舍也。得桷、修繕材料具備也。象巽、具也。

高亨：桷、人所伐之椽置林野河岸也。鴻足蹼不能棲於木枝、然或得人所伐桷則可棲息。此進非其所、偶得其所象、可無咎。

李鏡池：水鳥飛上樹木，貴族準備好蓋房子的桷條。或：有人、這裡指貴族。要蓋新房沒有問題。

屈萬里：方言秦曰榱、周謂椽。齊魯謂桷。

傅隸樸：椽桷是屋上托瓦的木板、厚一至四寸。鴻無爪。或作假如解。假如遇到桷般樹枝就安穩無害了。鴻水居，木上不安。四乘九三剛不安。材庸而謙卑接待僚屬，必可相安無事。

金景芳：桷是平柯。雁不栖樹。平柯上能安處。柯指九五是桷、四五比。折中引房喬說：進于木失所也。或得桷可安栖、謂附五故无咎。折中按：四承五例皆吉、陰承陽、合女歸之義。高而不危、故有集木得桷象。

徐志銳：雁由陸到樹上。樹木非其居地。四乘三剛、三急升四、六四不安其居象。巽順不急進故又言或得其桷。桷、探出房檐的椽頭。六四順所遇不急進、有咎變无咎。

張立文：六四、鳿（鴻）漸於木，或直其寇，㲄，无咎。 譯：六四、雁飛到樹木上、正當遇到寇盜（捕鳥者），但捕鳥者不獵，故無災患。 注：按㲄、棄也。馬王堆帛書作㦸。實乃作㲄。作殸誤也。

林漢仕案：鴻離水愈遠、是否生存條件愈困窘？猶之女歸夫家、時間愈久、思歸母家愈迫切？

若然、是不明女以男爲家、失處翁姑之道也。女歸時即注定歸宿處將榮焉、將養我以老，尊我爲祖婆。北國莽莽神州、鴻飛南北者、是南水、北國亦大沼澤湖泊足資養生也。冰凍則大塊死寂、南行爲漸終歸北國也。故鴻漸于干、于磐、是南行之漸逐次北返乎？每進一寸則喜增一分。遊子思故鄉也。六四仍以鴻漸起興、喻北返途中所遭遇枝節困難也。

或義：經傳釋詞或之、疑之也，或若有也，猶又也，語助。經詞衍釋或、猶如也，若也。古書虛字集釋或、字或作惑，或猶誰，猶何，猶則、即、所也。

雁群之飛、敘或得其桷、視鴻漸爲興、則或得爲敘人事，猶鴻漸于磐爲興、飲食衎衎、可以直言鴻呼食衎衎鳴聲而樂也。兼言鴻之動態。本爻或得其桷、謂鴻群之動、聚干聚磐、聚陸聚木、皆集體行動、非謂孤雁也。雁蹼似鵝、水陸兩棲、然遇水如龍如魚、故得水則悠然戲樂翻騰。在陸則蹣跚衎衎無礙其生。然未聞以木棲鵝也。俗語「趕鵝鴨上樹。」喻絕無可能。是實不能也、非不爲也。雁陣驚寒、聲斷衡陽之浦。王勃敘雁南飛、過衡陽陽浦因驚寒而噤聲未必確實。而雁群之群起群宿、如獅虎象群居群食相似。九四鴻漸于木、是鴻漸時聚落以木爲標的乎？其中或有較頑皮或負瞭望者得其桷落腳、桷之從角、角斗稱，淮南時則注、平也。桷爲椽、榱頭、爲合鴻漸之足、本爻鴻漸于木、特打造方曰桷——、釋文引翟注。於是，樹木中得方平如桷椽榱者、有雁得之則可漸時駐足負觀察之責、是六四非領袖群鴻、即爲孤寂鰥寡、駐足不能握之枝頭。非爲釋木而棲之良禽、蓋有不得已也。

茲輯易家之說如下：

象云：或得其桷、順以巽也。象之略鴻漸、是擺明以鴻漸之動、而得爻義爲順以巽也。馬云桷、榱。　翟元方曰桶、椽也。　王弼：「鳥之木得其宜。」王弼釋初六爻辭以鴻爲水鳥。孔穎達釋六二鴻漸謂：「不復係水鳥也。」豈其預爲六四王注「鳥之木得其宜。」孔疏先應之乎？水鳥顧名思義亦當善泳、從水中討生活者。足趾連不能握是想當然耳。　孔疏桷、榱也。木堪爲桷、取易直可安。　虞翻：巽木、桷椽。方者桷。　張載：木非鴻所居。　程子：鴻趾連不能握枝、故不木棲。桷、橫平之柯。或得平柯則安。　蘇軾：木生陸、鴻足不能握。蓋得其大而有容如桷者焉。或爲幸辭。　張浚：巽木爲桷、平柯也。或者得之難也。　張根：鴻水鳥、至木失其所矣！　朱震：鴻足蹼不握木。漸木非所安地。桷、椽之方者。　李衡引子：木非鴻所止、或得桷上附。引房：棲謂上附五故无咎。按无咎之說、前此孔正義謂「四與二相得、无乘剛之咎。」李引虞翻謂「得位、順五故无咎。」程子云「四居正巽順、宜无咎。」朱震云：「承五、三順接、得位而无咎。」楊萬里云：「惟降棲于可椽可桶之卑枝則无咎。」晚來之朱子云：「四乖剛順巽、占者如之則无咎。」以上无咎即得五說：⑴上附五无咎。⑵四二相得、无乘剛之咎。⑶四得位居正、巽順（五）故无咎。⑷承五、三順接得位而无咎。⑷棲可桷卑枝則无咎。⑸古者如之則无咎。項安世以下猶有說者謂：「得桷在人上、人不忌。」吳澄：鴻飛過木、有棲止意。將擇木而止。占乘風、進不遽故无咎。　梁寅：四多懼猶鴻棲木、善處得柯、保身如是可无咎。　來知德：或、偶然。桷橫平、棲可安矣。占如是則无咎。　王夫之：桷，橫枝、平如椽、鴻得桷可漸安。當位得桷。 折中引房：漸木失所、或得勁桷容足安棲无咎。承五順上、高而不危、得桷象。 李塨：漸木、杭捏甚矣！若能順、或得榱桷乃无咎。或，不敢必之辭。 姚配中：水鳥不木止，漸木失其應、舍初承五、非正應故曰或。 吳汝綸：桷，喻木之細枝。木五桷三。虞云乘五得三。丁壽昌：錢融堂曰先儒謂鴻不棲木、殆失考。案鴻多棲水濱、錢氏偶見棲平柯。先儒未嘗失考也。 星野恒：柔進剛、唯順自牧、無凌犯之意則可危咎。如鳥之得橫枝止之。 馬通伯：俞琰曰三非應故曰或。焦竑曰或得暫棲、不遽進。案鴻不木棲、得桷暫安。 劉次源：鴻足蹼、得橫桷或可就、不失正得位故无咎。 李郁：巽木、鴻趾非棲枝者、上九桷、或者進退辭。四進上退、柔得位乎上故无咎。 徐世大：婚姻不理想、意在巨材、僅得小椽。 胡樸安：鴻進集於木。女歸得桷、修繕材料具備。高亨：桷、人所伐之椽、置河岸。或得則可棲。偶得其所象、可無咎。 李鏡池：水鳥飛上樹木。有人準備好桷條，蓋新房沒問題。 傅隸樸：椽桷厚一至四寸，托瓦木板。鴻無爪。或、假如。鴻居木不安，四乘九三不安。 金景芳：九五桷，四五比。附五故无咎。陰承陽、合女歸義。高而不危，故有集木得桷象。 徐志銳：由陸到樹、樹非其居地。桷、探出房檐的桷頭、四順所遇、有咎變无咎。 張立文：雁飛到樹上、遇到寇盜（捕鳥者），但捕鳥者不獵故無災患。

雁之南北飛、自有預定目的地，猶女之嫁娶、亦有其前定之目標、將蕃衍焉、努力打拼、將終老於是焉。至其過程、或將如何、不影響既定遠程也。所謂衝天之志也者由北而南之天池而已。欲朝秦楚，莅中國，平治天下而已。從至高無尙、擇木而棲、一飛沖天、終須平靜下來所謂造端夫夫婦。以鴻漸起興、言女歸也。于干、于磐爲過程。于木則知非林也。得桷：丁壽昌引說文云：「秦曰榱、周曰椽、齊魯謂桷。」獨木爲木、衆木成林。鳥群有得桷而駐足者、謂女歸以時、爲順以巽、姑且湊合忍耐也。易家以桷義、有解爲：

1. 榱，椽。（馬、翟。傳隸樸言椽桷厚一至四寸、托瓦木板）
2. 木堪爲桷。（孔）橫平之柯。（程）大而有容如桷者。（蘇）巽木爲桷、平柯。（張浚）桷橫平。（來）桷，橫枝、平如椽。（王夫之）
3. 桷、喻木之細枝。木五、桷三。（吳汝淪）
4. 丁壽昌引錢氏偶見棲木之鴻。（張立文即云雁飛到樹上）
5. 意在巨材、僅得小椽。（徐世大）
6. 桷謂女歸、修繕房屋之材料具備。（胡樸安、李鏡池）
7. 女歸、高而不危。九五桷、四五比、附五故无咎。（金）
8. 桷、探出房檐的桷頭。（徐志銳）
10. 桷三。（吳汝綸）上九桷。（李郁）

易爲卜筮之書，鴻漸于木爲興、亦當有其義，易家之探索：鴻蹼不能握枝是事實，喻困難境界。鴻將擇木而止。亦另一境界。若謂女之已歸、猶懷擇木而棲之志、是女之不軌前奏也。謂鴻有沖天之志、蓋生民有志有夢、未嘗是罪過。唯沖天目標非南溟即北溟耳。

終究須平靜下來。易家之謂三桷、五桷、上九桷。不如直言六四即得桷者。桷之爲物、非三、非五、亦非上九。六得之而暫寄身也。或、語助也。得桷、无咎乃卜辭、朱子云占者如之則无咎。吳澄：占乘風進不遽故无咎。來知德得占如是則无咎。易家稱六四无咎之文如前言：附五、二四相得、四得位居正而順、棲可桷卑枝外。項說居人上、人不忌故无咎。折中承五順上，高而不危。李郁謂漸木、杭捏甚矣，若能順、得桷乃无咎。即徐志銳所謂有咎變无咎。張立文捕鳥者不獵故無災患。　而梁寅之謂：「四近君多懼地。」金景芳引折中按：「四承五例皆吉。」則六四之所以无咎者，可以如朱熹、來知德之言：「占如是則无咎」矣。

由鴻漸于木起興、雖遭遇困難、得桷則勉彊可順時渡過窘境，占如之則无咎也。（余疑或得其桷、蓋另遇知己、勉于湊合。張根以時人女子重節烈，故責之人臣失節者如之）

九五、鴻漸于陵，婦三歲不孕，終莫之勝，吉。

象曰：終莫之勝，吉，得所願也。

陸績：鴻漸于陵。　陸陵俱是高處，然陵卑于陸也。（口訣義（補））

王弼：陵、次陸者。得中隔三四，不得與其應合，故婦三歲不孕。各履正居中，三四不能久塞其塗，進而正邦，三年有成則道濟。

孔穎達：五進中位處尊高故曰于陵。不得與其應合故不孕，然二五履正居中，三四不能久塞其路，終遂所懷。五尊得位，三四不敢塞其路故不過三歲也。

李鼎祚引虞翻：陵丘、婦四，三動受上、四體半艮山故稱陵，巽婦離孕坎歲、三動離壞故三歲不孕。莫无勝陵，得正居中故莫之勝吉。上變之三成既濟、坎心故得所願也。

程頤：陵、高阜。象君位。二正應而隔三四，三比二、四比五，未能即合，故三歲不孕。然中正必亨，但合有漸身，終得其吉也！

蘇軾：五鴻之在陸者、遇上九陵也。進陵動无嫌、故六二爲婦三歲不孕。之陵不得願、婦爲之貞願孰大？故進以正邦，求之身雖服天下可也。

張浚：間除道合、生化之功成。二五皆有中德、得君臣正位、志同道合、卒得所願。自二至五歷三位爲三歲、三歲不孕、三四實間之、艮上爲陵。三四不中爲終莫之勝。

張根：不枉道以從人者也。異乎持祿養交者矣！

朱震：五巽高、二艮山、二之五復有山、陵也，大阜曰陵。二進五得尊位非所樂、王天下不與存焉！巽婦、離大腹，乾歲，二五易離毀不孕。二五應、中正同德、豈三四所能間，故終莫之勝吉、吉正也。歷三至五三爻三歲。

李衡引子：三應五、三止之。五三故三歲不孕。　引牧：長女少男志交而不感而不孕。五尊位保終莫好勝則吉。

楊萬里：九五剛明中正君、欲親二而三間之，二欲親五而四間之。此所以三歲不孕。三間臣四間君不行於九五而終吉。婦謂六二、不孕謂功无成，五出山木之上故爲陵。

朱熹：陵、高阜，五居尊，二正應在下，爲三四所隔，然終不能奪其正也。占者如是則吉也。

項安世：五對二爲高故爲陵，高於堆者。五居尊得所願，漸之遂志者也。雖三歲无子，妾以子貴，婦以位貴，正進者其效如此。衍極其位剛得中也。此後得所願矣！離爲大腹而中虛故不孕。无產難矣！歲指陽卦。

楊簡：高平陸、大陸阜、大阜陵。陵高於木。夫婦六二象。二進漸、三阻故不孕象。二不孕、三不育、三不中、二中正，邪不干正，二五正應卒得所願、安得不吉！

吳澄：五變成艮，在山之半故曰陵。二正應，婦也。五與二經三歲未諧夫婦之好故不孕，正應終必合故終莫之勝。勝、堪也任也，無訓陵者。作勝負非也。占終相合故吉。

梁寅：五尊位如鴻進於岡阜其地益高。然正應爲三四所隔，五不得自安。婦三歲不孕，正應未合不能成生育之功也。然五二皆中正，始雖未遂，終則吉矣。

來知德：高阜曰陵。爻變艮山。婦指二。離中虛不孕，離居三，三歲。正應君子，比爲小人。相比小人不得以間五與二合也。終不能奪其正。占者有所遲阻而後吉也。

王夫之：鴻之南經鴈門之塞，所謂陵也。五居尊得位，婦謂四，五主其正配。四欲上進五遠引不交不孕象。四情五安能終拒！漸接彖所謂可以正邦者也，故不勝其吉。

毛奇齡：陵，山之高者有陵駕陵轢之義。四居離腹尙不能育，五居巽中歷二三四坎離反則腹孕亡之。三不育，此不孕，不育固失其道，不孕反得其願何也？漸使然也。

折中案：三五取婦象。三無應五應陰反其類，有甚於無應。不孕不和合以甚。五有中正之德，讒邪國寇，君子進不能和合者、寇勝也。然五德可正邦有終吉之理。

李光地：當漸之時、九五亦婦象。二陰五陽、反其類無相應之義故三歲不孕、視孕不育者又加甚！五德位皆貴而無遇、處非時必有間之者。時合讒邪不能間故終莫之勝而吉。

李塨：由木再進則漸于陵矣。高得位亦危難居。二正應、吾婦。艮止難進、歷三爻三歲，適中空(互離爲中空)未能孕，然五剛中二柔得位、剛塡柔吾知終獲孕願，誰能勝之哉！

孫星衍引集解陸績曰陵陸俱是高處、然陵卑於陸也。

吳汝綸：五之婦二也。自二歷三四、以一爻爲一歲、故三歲不孕、此孕荀不作乘。終莫之勝者、正應必合也。

丁壽昌：虞曰艮山稱陵、巽婦離孕。得正居中故莫之勝吉。說文陵、大阜。蘇蒿坪曰巽爲高陵象、又爲婦、互離孕。巽三畫故婦三歲不孕象。離終變艮止、終莫之勝象。

曹爲霖：漢宣帝初議立皇后，公卿心擬光女、上詔求微時故劍遂立許婕妤、此鴻漸于陵也。後光妻毒許后而立其女，上卒聞其謀、族誅之！則亦安能終勝哉！

李宏甫云二獨立無營是孟光也。五漸陵不肯苟而安也。不孕不肯配而育也。晚始愜願、梁鴻是也。

星野恒：陵、高阜也。陽剛中正、居尊應二。爲三四所隔，交不能合故三歲不孕。然中正之道豈終見抑奪！必相合而吉。

馬通伯：錢志立曰二五以德相匹、五一於二謂更无有勝之者。鄭杲曰三歲不孕亦漸之義也。

劉文鳳曰妾媵不得以不孕而奪其正。此可釋七出中无子之疑。案爻應不可亂，聖人畫卦、嚴男女之別、正夫婦之道、最是易中大義。

劉次源：南尚集于陵、不遽進、二婦三隔之、艮數三故三歲不孕也。二情切知其中正，燕婉得遂所願，讒終莫之勝、其吉也。

李郁：高阜曰陵。言居尊也。婦指六二。由二之五歷三爻故三歲。二有止德、堅不就五，守貞不字故不孕。五不能強奪其志故終莫能勝。五中正不爲非禮故吉。

于省吾：虞翻艮爲山、五半山稱丘。巽股升其高陵，巽爲高。在艮山下故稱陵。陵丘、三動受上、四體半艮山故稱。口訣陵陸俱高處，然陵卑於陸。陵丘大小之別耳。易林以乾爲陵。震漸無乾象、其說不盡然也。

徐世大：指婚而不育。大雁停在高原、老婆三年不見喜，沒人說她不濟、好。殆指置妾言。

胡樸安：陵高于陸、其時又久。婦歸男家至三歲之久不孕也。九三家庭組織未鞏固、雖孕而凶。此鞏固不孕而吉也。

高亨：陵高於陸。水鳥進於陵、是物失其宜象。婦久不孕亦物失其宜。是以筮遇此爻、婦三歲不孕。但漸於陵、處益高、視益闊、弋射莫能篡之，故終莫之勝、吉。

李鏡池：水鳥飛上山、婦人多年沒懷孕、但始終沒有被欺陵，家庭生活幸福。陵出嶺。勝、虞注陵也。欺陵。作者表現對婦女的關懷、不滿陋俗不孕被休、有贊揚意味。

屈萬里：周禮地官舞師：教羽舞。鄭注析白羽爲之，形如帗也。周禮春官樂師：凡舞有帗舞、羽舞……鄭引鄭司農云：帗舞全羽，羽舞析羽。終莫之勝言終必孕也。

傅隸樸：鴻至高阜、無可再陞了。必求賢宰輔、但遇合不是驟然，也是以漸。好比夫婦、三阻二應五，四阻五應二。隔三爻三歲不孕。愛情堅固、邪不勝正、終必如願。

金景芳：陵更高。程傳認爲五與二相應、都居中得正。中間三四兩爻隔著、三二比、四五比、五二不能合、其象爲婦三歲不孕。但終能合的。程傳說得通。沒有更好講法。

徐志銳：鴻漸進至高的土山上。蔡淵陵、高阜。觀望止磐石之六二、二飽不急進、五不急娶。三年后成婚、妾媵不得奪其正、終莫之勝吉。男有室女有家得夫婦之正道。

張立文：九五、鳿（鴻）漸于陵，婦三歲不繩（孕），終莫之勝，吉。譯：九五、雁飛到丘陵上，婦女三年不懷孕，始終未被陵侮，吉祥。　注：虞翻勝、陵也。謂終不能陵侮。

林漢仕案：九五仍以鴻漸于陵起興。愈遠於母家也。所以言婦者、有舅姑也。服也。字從女持帚灑埽。配也。禮記曲禮下：士曰婦人。庶人曰妻。疏曰：「服事其夫。諸侯亦呼婦。貴賤悉曰妻，詩刑於寡妻。妻之言齊也。」然則九五所稱之「婦」，三歲不孕。」即卦辭稱「女歸吉」。經納雁爲采、六禮已備嫁入家門之婦人。隨夫流動。九三「婦孕不育。」又因流動中「夫征不復。」導致孕而不育。六四之「或得其桷」可有勉強得湊合之人乎？羞煞雁也。人不如禽。然古代男子強壯、不以事二夫爲失節婦加以排斥欺壓、觀漢景帝之寵王夫人、曹操之檢二手貨者多許，即其子丕之后、亦人妻也。漢唐之俗如此不忤婦人之二事，蓋男子深知享受體態之美、女子之成熟可愛、甜美之果實在眼前也。晚唐及宋人或因書生之體質、不勝負荷婦人床笫之野、而喜幼枝嫩葉、歌頌乳臭未乾「娉娉裊裊十三餘」、眞是罪過。有調侃老少配故事云：及笄新娘怕日、習常夜不怕日、時久日不怕、三十四十怕不日。(用四川口音念)果然話醜理正。九五亦爲人生最佳時刻、金錢體力黃金時段、一場奮鬥至九五則入高峰、以鴻漸于陵起興、蓋曾經滄海之水乎?謂婦人三歲不孕、其爲繼九三婦孕不育、或係生理常態也。九五亦不因婦人之不孕而弛其寵。爻文謂「終莫之勝。」終者崇也，竟也。崇高無以尚之也；竟莫之勝、終竟無人能勝之也。

茲隨輯家之傳以見其意：

象云得所願也。　陸績：陸陵俱是高處。　王弼：隔三四不得應合、故三歲不孕。正邦三年有成則道濟。　孔穎達：五位尊高，不得其應故不孕。終遂所懷，不過三歲也。　虞翻：婦四、四陵、三動離壞故三歲不孕。得正居中故莫之勝吉。　程頤：陵、高阜。象君位。三比二，四比五、二正應而隔三四故三歲不孕。中正、合有漸耳。　蘇軾：五在陸遇上九陵。六二爲婦三歲不孕。　張浚：自二至五歷三位爲三歲不孕。三四不中爲終莫之勝。張根：不柱道從人者也。　朱震：二五應、豈三四所能間!三至五三爻三歲。　李衡引牧：長女少男、志交而不感而不孕。五尊位保終、莫好勝則吉。　楊萬里：五中正君欲親六二婦、三四間、不孕謂功无成。　朱熹：陵、高阜。五二正應、三四隔、終不能奪正。　項安世：五對二爲陵、婦以位貴。離中虛故不孕。无產難矣!　楊簡：夫婦六三象、二不孕、三不育、三不中。二五卒得所願。　吳澄：五變艮、在山之半故曰陵。二婦、五與之三歲未諧失婦之好故不孕。占終必合故莫之勝。　梁寅：五尊、地益高，三四隔、不自安，未合不能成生育功。終則吉。　來知德：婦指二、中產不孕、離居三、三歲。占者有所遲阻而後吉也。　王夫之：鴻南經鴈門所謂陵。婦謂四，五主其正配。四進五不交、不孕象。四情五安能終拒！可以正邦故不勝其吉。　毛奇齡：陵有陵駕、陵轢之義。三不育失其道，此不孕反得其願何也？漸使然也。　折中：五應陰有甚於無應、不孕、不知合之甚！然五德有終吉之理。　李光地：二陰五陽，反其類無相應之義，故三歲不孕。時合、讒不能間故終莫之勝吉。李塨：高得位亦危、難居。二吾婦、歷三爻三歲，（互離中空）未能孕、剛塡柔吾知終獲孕願，誰能勝之哉！　吳汝綸：此孕、苟不作乘。終莫之勝者，正應必合也。　丁壽昌：蘇蒿坪云巽高陵、又婦、互離孕。巽三畫三歲不孕、離變艮止、終莫之勝象。　曹爲霖：漢宣帝立許婕好、光妻毒許后而立其女、上聞族誅之！則亦安能終勝哉！李宏甫云不孕不肯配而育也，晚始愜願，梁鴻是也。　星野恒：中正之道豈終見抑奪？必合而言。　馬通伯：錢志立曰五一於二謂无有勝之者。劉文鳳曰此可釋七出中无子之疑。案爻應不可亂。　劉次源：南集陵不遽進、艮數三故三歲不孕。二情切、燕婉得所願。李郁：高阜言居尊，二有止德、堅不就五、守貞不字故不孕。五不能奪其志故終莫能勝。五中正不爲非禮故吉。　于省吾：口訣陵陸俱高處、然陵卑於陸。　徐世大：指婚不育。老婆三年不見喜、沒人說她不濟。　胡樸安：陵高於陸。此家庭組織鞏固不孕而吉也。高亨：水鳥進陵、物失其宜。婦久不孕、亦物失其宜。處益高、視益闊、弋射莫能故終莫之勝、吉。李鏡池：婦人多年沒懷孕、但始終沒被欺陵。作者不滿陋俗不孕被休，有贊揚意味。屈萬里：終莫之勝言終必孕也。傅隸樸：求賢輔、遇合是驟然、好比夫婦、三阻四阻、愛情堅固、邪不勝正、終必如願。金景芳：程傳說得通、沒有更好講法。徐志銳：二不急進、五不急娶、三年後成婚、妾不得奪正。得夫婦之正道。張立文：雁飛到丘陵上、婦女三年不懷孕、始終未被欺侮。吉詳。

以爻位言、干磐陸木陵、似愈飛愈入至上九大陵、莽莽神州。由鴻漸起興、由初六小子厲，六二飲食衎衎，九三婦孕不育，六四得桷，至九五婦人三歲不孕。上九羽可爲儀。彖，最早界定漸卦義之作者稍漸進有功、動不窮。大象謂君子賢德善俗。小象初義无咎。二不素飽。三不育失道、禦寇順相保。四順以巽、五得所願、上不可亂。今九五爻云三歲不孕、不孕原因在：

(二五)隔三四、不得應合、故三歲不孕。——王弼。
婦四、三動離壞故三歲不孕。——虞翻
三比二、四比五、二五正應而隔故不孕。——程頤。
五遇上九陵、六二婦三歲不孕——蘇軾。
長女少男、志交而不感而不孕。——李衡引牧。
離中虛故不孕。——項安世謂无產難矣。
夫婦六三象。二不孕、三不育。——楊簡。

二婦、五與之三歲未諧夫婦之好故不孕。——吳澄。
婦二中虛不孕，離居三、三歲。——來知德。
婦謂四、四進五不交、不孕象。四情五安能終拒！——王夫之。
三不育失道、五不孕反得願、漸使然也。——毛奇齡。
不孕、不和合之甚。——折中
二陰五陽，反其類無相應之義故三歲不孕。——李光地。
互離孕、巽三畫三歲不孕。——丁壽昌引蘇蒿坪。
不孕不肯配而育也。曹爲霖引李宏甫。
此可釋七出中无子之疑。——馬通伯引劉文鳳曰。
艮數三故三歲不孕。——劉次源。
守貞不字故不孕。——李郁。
指婚不育、老婆三年不見喜。——徐世大。
家庭組織鞏固、不孕而吉也。——胡樸安。
婦不孕物失其宜。水鳥進陵、物失其宜。——高亨。
婦人多年沒懷孕、但始終沒被欺陵。——李鏡池。
　婦謂六二者佔易傳中主流、大多數。
婦謂六四者有虞翻，王夫之等。

夫婦六三象。有楊簡。

因比應之立、易家總愛卦內搞關係。又不足、伸至卦外、一變再變。卦內自相淫穢、不爲忤逆亂倫、衛道之士不斥爲妖爲孽、津津樂道、大勢所推。馬通伯案:「爻應不可亂。」漸卦亂矣!王夫之謂四情、五安能終拒。梁寅謂四以三爲夫。李塨稱三四迫爲夫婦。傳隸樸云初妾、二婦、三姘四、二偷五。祿山之爪亂伸、精寶亂射、其爲易教乎?社會高層亂象乎?易爲卜筮之書言、卦爲女歸吉、則初二三四五六、女歸之歷程也。由小姑怕日至日日惟恐不日。其所以不孕者、據古病今醫作者言:所以不孕之病理分析爲男子陰莖過大或過小、先天無精症或疾病。女子處女膜過厚、無卵、子宮異位、疾病致輸卵管發炎而連粘或閉塞。經檢查查出病因、調整交合期、加荷爾蒙治之。

孟子之不孝有三、無後爲大。影響至今,婚姻最大任務即生育。男子定七出條例、寃哉女子!無子列第一條。(儀禮喪服疏)幸好天子諸侯妻無子不出。而禮無法框框天子諸侯也。所能制裁者弱女子耳!漢仕以六爻程、卜者得如卜辭之進程也。初時如何!二時如何!九三孕不育、六四如何,九五不孕、皆卜者自己之遭遇。不孕非是「不肯交配。」亦非長女少男。離中虛象。蓋互離亦爲大腹孕也。亦非三比二、四比五故二隔不能進五而不孕。也非作者不滿陋俗不孕被休、贊揚意味。尤非李塨之「剛塡柔、吾知終獲孕願。」蓋未診治病理、不孕是否出自男方? 逕判七出休妻、弱者終無可如何含恨而出另適他人、往往七子八女連生不休！若病理未明、雖日以繼夜蕃殖栽植、柔任剛塡、不生即不生依舊也。

爻稱婦三歲不孕、終莫之勝、吉。

易家補牆！謂終孕、功不唐捐、終得所願、屈萬里等謂終必孕也。傅隸樸、徐志銳皆謂終必如願。

毛奇齡謂不孕反得所願者何？胡樸安言家庭組織鞏固、不孕而吉也。徐世大言三年不見喜、沒人說她不濟、李鏡池：作者表現對婦女的關懷、不滿陋俗不孕被休。

終莫之勝、終莫勝之也。謂九五雖婦不孕，而其九五崇高之位終無人能勝之也。九五已深入矣、如鴻漸于陵 如婦嫁三歲不孕喻久、而其崇高之位無人能勝之也，九五之有得，九五之吉也。

上九、鴻漸于陸，其羽可用爲儀，吉。

象曰：其羽可用爲儀吉，不可亂也。

干寶傳象：處高位，斷漸進，順艮言，謹巽含，履坎通，據離耀，婦德既終，母教又明，有德可愛，有儀可象，故曰其羽可用爲儀，不可亂也。（集解）

王弼：進處高絜、不累其位、无物可以屈其心、亂其志，峨峨清遠，儀可貴也。

孔穎達：上與三皆處卦上並稱陸。然居无位之地，處高不以位自累、其羽可用爲物之儀表，可貴可法也。必言羽者，旣以鴻明漸，故羽表儀也。

李鼎祚引虞翻：陸謂三。三坎爲平，變而成坤故稱陸。三變成旣濟與家人彖同義。上之三得正、離鳥故羽可用爲儀吉。三得位又變受上，權也。

張載：无應於下，羽潔无汙，且處於高故曰漸陸。

程頤：安定胡公以陸爲逵。逵、雲路也。爾雅九達謂逵。上九至高如鴻飛于雲空而不失其漸，賢達高致故可用爲儀法。羽、鴻所用進也。傳彖：以有序不可亂也。

蘇軾：上九鴻之在逵者。上无所適、三非其應故漸逵。漸三陽、二爲陰溷、惟上九无累於物、進退雍容可觀矣。

張浚：巽位東南、陸也。蓋大臣謙恭自處，无高亢之累、進止施爲、皆有法度。詩美周公鴻飛遵渚遵陸，謂其儀刑可法。巽白爲羽、互離文明爲儀、爲不可亂。

張根：鴻飛冥冥乃其最也，而易之所取在于漸身，故極于可用爲儀焉。

朱震：上動之三成坤，艮山變坤爲平地，陸也。自下進上，漸也。反三亦曰漸。羽、剛爻翰也。君子進退不失其時，上九進退有序可用爲儀，變正而順不亂群亦可爲儀吉。

李衡引陸：羽毛輔飛、禮義輔德、治不亂爲夷易故吉。　引石：上臣位所以云陸。改陵非也。引胡：陸當作逵，雲路也。　引垣：曰陸戒使退。介於道適於分、是儀民者矣。

楊萬里：九五漸于陵、高之極不可踰。故上九至陸而止。安於進也。上復至陸其進爲退、位彌高、心彌下、進彌徐、退彌速。豈不足爲天下儀表乎？

朱熹：胡氏、程氏皆云陸當作逵，謂雲路。今以韻讀之良是，儀羽旂旌纛之飾。上九漸至高出乎人位，雖極高不爲无用之象。故其占爲如是則吉也。

項安世：上對三爲高故爲逵、人立於九逵之逵望飛鴻、其勢又高。上九漸道成、國人望之爲儀表、足以儀刑衆庶、使國人有所矜式。

趙彥肅：漸極而大通。一曰進而知退者也。鴻能往能來。

楊簡：上九應在三、三爲六，上居巽體上故降從陸歟？羽可爲人儀。安定胡公以陸爲逵。晦庵謂諸爻協韻，姑存是說、易之道也。

吳澄：逵舊作陸。澄案訛坴爲自也。逵路也。鴻漸在天際、下視大塗人間地上、所謂漸于逵也。儀法、望飛鴻之羽於逵、見其次序足儀刑也。占上九爲最吉。

梁寅：上九如鴻飛于雲路矣！群而不亂、羽毛鮮可爲儀飾。自人言、進于朝可師百僚、超俗高志、有勵貪懦。大雅卓爾不群、於上九見之。

來知德：即三之陸、、爻變又水在山上故漸陸象。上三正應、知進知退、羽可儀則猶人百世師，言行可法則也。胡安定公以陸作逵者非。蓋易極即反、亢龍有悔類也。

顧炎武：吉安胡氏改陸爲逵。朱子從之謂合韻、非也。仍當作陸爲是。古高士不臣天子、未嘗不踐其土食其毛也。朱子上往進、反亦進。巽爲進退、說並得之。

王夫之：陸舊說逵譌。韻義皆通，謂雲路也。乘巽風雲際不下象。羽飛儀法。蓋鴻南違寒就暵，適水草稻粱之鄉，愛身愛道，揚雄所謂鴻飛冥冥、弋者何篡。砭頑起懦矣！

毛奇齡：巽爲進退，既漸陸復漸陸。鴻至此第可用其羽爲舞具而已。儀舞也。兩言陸，古文變換法。漢唐人不敢改竄今輒以己意擅改經字，吳澄季本罪可勝數耶！

折中引王安石：其進以漸不失時，其翔以群不失序，進退可法者也。案：上九女已老，臣已退，無所取歸與進義。保姆黎老超然進退之外。陸先儒改逵，意者乃阿之誤。

李光地：上無進義、下無敵應、亦無女象。超然於進退之外。與蠱上九志可則同。六爻皆叶韻。先儒以陸爲逵，逵儀古韻不叶。竊意陸乃阿字之譌、大陵也。阿儀叶。

李塨：漸極故鴻復返而漸于陸。知進退（巽爲進退）雍容甚。羽爲舞儀、无有亂其度者。上以退爲進、不遠于磐故吉。

姚配中案：三化上之三。其羽、鴻羽也。上已之三故曰其羽、化而得位故可用爲儀、吉。鳥之飛以羽，君之羽以臣。

吳汝綸：上九進極而退、復歸于陸。去人逾近，故其羽可得而用也。陸叶儀。古音之展轉合韻者、不可以近儒之分部拘也。

丁壽昌：程引胡以陸爲逵。折中逵儀古韻非叶，意陸乃阿誤。蘇蒿坪曰巽白長、鴻羽白而長。爲儀象。公羊五年何曰羽、鴻羽。孟子見羽旄之美。上六鴻終以羽可飭言之。

曹爲霖：思庵葉氏曰儀者儀則，羽翮整肅、于飛有序，可爲儀法也。蓋有世之師也。吳氏易說云此爻如後世大臣言論丰采、恐不敢狎易、如宋景濂先生其人是也。

星野衍：陸、安定。胡曰當作逵、雲路也。謂虛空之中。逵儀叶。剛上、下不應、賢不爲世用，而行履可觀、非爵祿所得而縻。鴻飛冥冥，弋者何慕！較蠱上九德特著焉。

馬通伯：惠士奇曰陸、天衢也，天文有北陸西陸。沈該曰卦至高巽極至潔也。胡炳文曰无用地亦足為人表儀。孔廣森鴻飛遵陸。案：舞動陽氣導物有節，陽不可變也。

楊樹達：藝文類聚引班固擬連珠：易曰鴻漸于陸，其羽可用為儀。

劉次源：陸者北陸，欲南還未發、滯北陸不欲以驟迫也。進退以時故羽可用為法。鴻能候時，可取羽為儀型、進序不可亂也。

李郁：上九陸由高陵至平地也。去水就陸失所故凶。去高就卑故安吉。鴻雌雄愛最篤，母子情深，故昏禮用雁示貞操。儀則也。鴻羽喻清潔高尚。葆貞不亂故吉。

徐世大：陸當與逵同譯為大路。易為矰繳所及。譯文：大雁停在大路傍，他的羽毛好做儀仗，漂亮。

胡樸安：江永：陸當作阿。鴻進于大陵，為時更久。收藏鴻羽可用為儀式。此夫婦相謂之言也。吉、家庭和好而吉也。借鴻漸表時之久常、意不在鴻也。

高亨：上五爻皆有韻、本爻陸儀非韻。知陸譌字。余疑陸當作陂、訓沱，古池字。鴻進野間池上、其羽可用作舞具。漸漸陂可弋取、就鴻言則凶、人言可用為儀吉。

李鏡池：江永、王引之、俞樾均說陸、阿之訛。水鳥飛上大山、它的羽毛可作文舞道具。用舞蹈代指家庭幸福歡樂。卦以尊重婦女、突破陋俗可貴。協韻與藝術頗講究。

屈萬里：江慎修亦謂陸當作阿。丁壽昌疑陸乃阿誤。儀、蓋冠上飾、若後世之錦雞翎也。蓋即以雞羽飾冠也。僞古文干羽蓋即儀也。公羊六羽何注鴻羽。孔云取其一舉千里。

傅隸樸：九三陸、上九又是陸，這說明由上又下來了。九五登峰造極、再前進便向下了。朱震曰當以陸爲正。鴻飛羽翮之健，士君子羽喻德、儀風範、功成身退、足爲後人風範。吉是嘉勉辭。上九失位、志上不下，是嘉勉之，警戒之。

金景芳：陸字有問題。三陸上又出個陸。胡瑗陸當作逵。程朱都從胡說。逵路，朱補充逵儀是韻。改不對，陸就是陸、不要改了。孔穎達三上皆處卦上故幷稱陸。這個講法可以了。羽毛爲儀表還是可用的、故吉。

徐志銳：陸惠士奇天衢也。即言鴻飛天上象。說明漸進然後能高飛萬里。儀法也。吳澄說。雁飛上天空、翅膀翩翩動、整齊有次序、可供教法。處漸效法雁不可亂次序。

張立文：尙（上）九，鳿（鴻）漸于陸，其羽可用爲宜（儀），吉。　譯：上九、鴻雁飛到山巒上，鴻羽可用文舞的舞具，吉祥。　注鴻漸於陸猶云鴻漸於巒，高於陵。高亨疑陸當作陂訓沱、古池字。恐違經恉。　宜假爲儀。

林漢仕案：上九鴻漸于陸與九三鴻漸于陸起興相同。九三之陸應是水陸之陸、甫離水畔岩層、進入完全陸地。上九之陸爲內陸、大陸、高原地帶也。如蒙古高原、西藏高原。前者距海水平面百十尺而已，後者即高原平地距海水平面二千公尺以上。孔穎達疏首先釋疑何爲三上皆同辭稱鴻漸于陸。孔云「上三皆處卦上並稱陸。」程頤引胡「以陸爲逵。逵、雲路。爾雅九達謂逵。」有人提出、即有附其議與反制之者。是之者如朱熹云：「今韻讀之良是。」謂陸當作逵也。項安世云：「上對三爲高、故爲逵。」楊簡云：「安定胡公以陸爲陸。晦庵謂諸爻協韻，姑存是說。」吳澄云「訛辵爲自也。逵路也。鴻漸天際、下視大塗人間地上、所謂漸于逵也。」梁寅：「上九如鴻飛于雲路矣！群而不亂。」儼然改字成功，以陸爲逵矣！王夫之云韻義皆通。

來知德反制之者一，謂「爻變又水在山上故漸陸象。胡安定公以陸作逵者非。」顧炎武亦謂改陸爲逵非也。仍當作陸爲是。毛奇齡云：「兩言陸，古文變換法。漢唐人不敢改竄，今輒以已意擅改經字、吳澄季本罪可勝數耶！」

李光地反制之者二，李云：「先儒以陸爲逵。逵儀古韻不叶。竊意陸乃阿字之譌，大陵也。阿儀叶。」折中：「意者乃阿之誤。」

第二次改字以陸爲阿。其反應爲：字當回歸原陸字。一從新改之字「阿」釋義。一仍從初改胡瑗所謂陸爲逵。

第三次改字、意者字既可改、大家改。從前改陸爲逵、爲阿、今吾改爲陂，訓沱、古池字。

李塨、吳汝綸等回歸本字陸。吳云「陸叶儀、古音之展轉合韻者，不可以近儒之分部拘也。」楊樹達：藝文類聚引班固擬連珠：易曰鴻漸于陸，其羽可用爲儀。」劉次源云「陸者北陸。」李郁：「上九陸、由高陵至平地也。」金景芳「陸就是陸，不要改了。」徐世大云：「陸當與逵同譯爲大路。」

胡樸安：「江永、陸當作阿。」王引之、俞樾同議。

高亨：「陸儀非、知陸譌。余疑當作陂、訓沱、古池字。」

馬通伯引惠士奇曰：「陸，天衢。」徐志銳引惠言後云：「即言鴻飛天上象。」

張立文注陸字云：「猶鴻漸於巒。高於陵。高亨作陂、訓沱、古池字。恐違經恉。」

以上鴻漸于陸、一改爲鴻漸于逵。二改爲鴻漸于阿。三改爲鴻漸于陂。（沱、池）惠士奇云「陸、天衢。」與程子云「逵、雲路。」有何差別？張立文以鴻漸于陸爲鴻漸於巒，自謂高於陵。內陸高原地帶高於沿海丘陵地也，不必山巒即已高出多多矣！

鴻漸于陸不過起興、距出發地已遠、目的地已近、歲云暮矣。一生高去高來、志氣次序、條理、紀律、智慧、外加昏禮用雁示貞操、大夫初見贄禮用雁（周禮春官）雁之合群，知時，守秩、有人之道在也。鴻鵠即天鵝。韓詩外傳：鴻鵠一舉千里、所恃者六翮耳。孟子有「一心以爲鴻鵠將至。」蓋其肉味甚矣，鳥中上品也。郭璞謂翔鴻：「此鳥飛青雲之外、翔深谷之中、自東自西、安可籠也！」又天子射上林、得雁、足有書。是蘇武雁足傳書故事。小雅、鴻雁：鴻雁于飛、肅肅其羽；鴻鴈于飛、集于中澤；鴻鴈于飛、哀鳴嗸嗸。美宣王能勞來、無不得其所。又豳風九罭：鴻飛遵渚、公歸無所；鴻飛遵陸、公歸不復。美周公也。張浚引是詩云其儀刑可法。

鴻飛從漸于干、于磐、于陸……于陵。自始至終、皆離地面一定高度。以海水平面言、于干、鴻飛距離地面約二三百公尺。愈飛愈入高原、始終離地二三百公尺、實質上愈飛愈高而不自覺也。蓋高原地帶距海水平面已三千公尺矣。保持距離，不可褻玩。是鴻雁也。

象云羽可用爲儀，不可亂也者，即申明爻辭：鴻羽可用爲儀、吉也。易家之闡述、今約輯於后：

干寶：婦德終、母教明、有德有儀可象。　王弼云：无物可屈其心、亂其志、儀可貴也。孔疏：處高不以位自累、可貴可法。鴻明漸、羽表儀。　虞翻：離鳥故羽可用爲儀吉。張載：羽潔无汙。　程頤：鴻飛雲空不失其漸、羽鴻所用進、有序不可亂。　蘇軾：上九无累於物、進退雍容可觀。　張浚：大臣无高亢之累、進止施爲、皆有法度。詩鴻飛謂其儀刑可法。巽白羽、離文明爲儀、爲不可亂。　張根：鴻飛取在漸、故極于可用爲儀焉。朱震：剛爻翰、進不失時、上九進退有序。變正而順、不亂群。　李衡引陸：羽輔飛、禮輔德。引坦：介道適分、是儀民者矣。　楊萬里：上至陸、位彌高、心彌下、進邇徐、退彌遠，豈不足爲天下儀表乎？　朱熹儀羽旄旌纛之飾。占如是則吉。　項安世：人立於九逵之逵望飛鴻，足爲儀刑衆庶，使國人有所矜式。　趙彥肅：知進知退、鴻能往能來。楊簡：羽可爲人儀。吳澄：望鴻飛之羽、見其次序足儀刑。占上九最吉。　梁寅：鴻飛雲路、群而不亂。羽毛鮮可爲儀飾。　來知德：羽可儀則猶人百世師、言行可法則也。顧炎武：古高士未嘗不踐土食毛。朱子上進反亦進。巽爲進退，說並得之。　王夫之：鴻南違寒就暝、愛身愛道。楊雄所謂鴻飛冥、弋者何篡。砭頑起懦矣。　毛奇齡：第可用其羽爲舞具而已。儀、舞也。　折中引王安石：進不失時、翔以群、不失序、進退可法者也。　李光地：超然於進退之外、與蠱上九志可則同。　李塨：極復返陸、雍容甚。羽爲舞儀。无有亂其度者。　姚配中：羽、鴻羽。化得位故可用爲儀。鳥飛以羽、君羽以臣。　吳汝綸：進極退歸陸、去人近，故羽可得而用。　丁壽昌引蘇蒿坪：巽白長、鴻羽白而長。孟子見羽旄之美。上六鴻終以羽可飾言。　曹爲霖：儀則、羽翮整齊、于飛有序、可爲儀法。蓋百世之師也。　星野恒：鴻飛冥冥、弋者何慕！較蠱上九德特著焉。　馬通伯引胡炳文曰：无用地亦足爲人表儀。案陽不可變也。　劉次源：鴻能候時，可取羽爲儀型，進序不可亂也。　李郁：去水就陸凶，去高就卑故吉。鴻羽喻清潔高尚。葆貞不亂故吉。　徐世大：他的羽毛好做儀仗。漂亮。　胡樸安：借鴻漸表時之久常、意不在鴻。鴻羽爲儀、此夫婦相謂之言也。　高亨：鴻羽可用作舞具、就鴻言凶、人言用爲儀吉。　李鏡池：它的羽毛可作文舞道具，代指家庭幸福歡樂。卦以尊重婦女、突破隨俗爲可貴。　屈萬里：儀蓋冠上飾。蓋即以難羽飾冠。　傅隸樸：鴻飛羽翮健。士君子羽喻德，儀風範。功成身退、足爲後人風範、吉是嘉勉辭。　金景芳：羽毛爲儀表、還是可用的故吉。　徐志銳：儀法。雁飛上天空、翅膀翩翩動、整齊有次序、可供效法。效法雁不可亂次序。　張立文：鴻羽可用文舞的舞具，吉祥。

漸卦以鴻漸起興、至上九兼取鴻羽之可用爲飾矣！今人常言「愛惜羽毛。」愛惜珍重自己之名譽地位身分也。所謂自小看重自己。況垂垂老矣未、豈能毀美譽於一旦、前功盡棄？以鴻飛起興、而法其沖天之志、法其漸而有序有法有時、違寒就暝、愛身愛道。見其羽毛之美、勁可長空一覽、一舉千里、所恃者翮耳，困持白羽之羽以其鮮美可飾以表志。外加肉味甚美、鳥中上品。凡人不可籠。藝高者如大夫以上則手到擒來。高亨云就鴻言凶者。人爲之主宰也。人法天、法道、法自然者、喜愛虎威而寢虎皮、飾虎頭、見怪已不怪矣！漸之女歸，至此熬成婆矣！鳳儀一家一方矣！

䷷ 旅卦（火山）

旅，小亨。旅，貞吉。

初六、旅瑣瑣，斯其所取災。

六二、旅即次，懷其資，得童僕，貞。

九三、旅焚其次，喪其童僕，貞厲。

九四、旅于處，得其資斧，我心不快。

六五、射雉，一矢亡，終以譽命。

上九、鳥焚其巢，旅人先笑後號咷。喪牛于易，凶。

䷷ 旅，小亨。旅，貞吉。

彖曰：旅，小亨。柔得中乎外而順乎剛，止而麗乎明，是以小亨，旅貞吉也。旅之時義大矣哉！

象曰：山上有火，旅，君子以明愼用刑而不留獄。

荀爽：謂陰升居五與陽通者也。（集解）

王肅：旅，軍旅。（釋文）

姚信：此本否卦，三五交易，去其本體故曰客旅。（集解）

蜀才傳彖：否三升五，柔得中于外，上順于剛，九五降三，降不失正，止而麗乎明，所以小亨旅貞吉也。（集解）

陸績：火在上无止象旅之義。（京氏易傳注）

王弼：不足全乎貞吉之道，唯足以爲旅之貞吉，故特重曰旅，貞吉也。

孔穎達：旅者客寄之名，羈旅之稱。失其本居而寄他方謂之旅。旅義小亨而已！是旅之正吉。

李鼎祚引虞翻：賁初之四、否三之五。小謂柔得貴位而順剛，麗乎大明故旅小亨，旅貞吉。再言旅者謂四凶惡，進退无恒，無所容處故再言旅，惡而愍之。

程頤：如卦之才可以小亨，得旅之貞正而吉也。

蘇軾：二五陰據用事之地，三四上陽寓其間所以爲旅。小者无主、大者旅，爲主得中順剛爲亨、故曰小亨。爲旅居貞不取爲吉。特曰旅、貞吉者，指三陽、非二陽爲王者之事也。

張浚：卦自否來、乾剛易位、所臨者狹，功用不及天下曰旅。旅用中順剛、止以麗明、可以小亨，以貞獲吉。柔居必內有剛德然後不牽於聲色、不惑於讒諂、任賢不貳以立功。

張根：處旅以柔順麗明爲貴。惟仲尼爲能盡此。

朱震：剛當上、柔當下，六居五失其所居而在外旅也。然柔得中能順上下之剛、不爲剛所揜，以六五言小者亨也。九三正、止而麗乎明、以三言旅貞吉也。旅，時措之宜非大人孰能盡之！在卦氣爲四月，太玄準之以裝。

鄭汝諧：止而麗乎外、未安其所是爲旅。陰據二五用事之地。三四上皆陽、寓其間亦旅義。蘇張走列國、孔孟皇皇亦旅也。觀旅之得失係其所處如何爾。

李衡引胡：身寄它國，親戚輔己者少，故其道不得盛行，其志不得大通，但不失爲旅之正則吉。

引石：寄旅不失中，常人所難，仲尼棲棲，聞政以溫良恭儉讓而得之。

楊萬里：山止不動猶舍館，火動不止猶行人。旅，人失其所居、窮於外者也。在上謂蒙塵、在下謂喪人。旅柔不過柔、必須乎剛乃爲得中、仲尼不答靈公是也。故貞則吉。

朱熹：羇旅也。山止下火炎上、不處象。五得中於外而順上下三陽。艮止離麗故占可以小亨，能守旅正則吉。旅非常居、然道无不在故自有其正、不可須臾離也。

項安世：凡卦辭重用卦名者、別出一義，不緣上文也。旅小亨。就旅之卦才言之，可以小亨、不可以大用。旅貞吉者，旅於正則吉，不正則凶，乃處旅之道也。

趙彥肅：二陰居中故小亨，陰託於陽，得其所託也。剛上柔下、貞也。旅有未濟之義。陽不得在內爲主、陰附於陽爲客，皆旅之義。

楊簡：山上火、行不止、旅象。觀卦象是以小亨；體本柔是以小亨。由正者吉、失正不吉。止而麗乎明、自足以亨、自足致吉。得中得正順剛麗明皆大矣哉！

吳澄：旅者衆處於外之名。旅舉火於外、晝食夜宿每依山故山上有火爲旅義。六五得中而順剛，小者亨。占止宿麗明處，旅之正主事者，如此則吉。蓋指九三言。

梁寅：凡客於外皆謂之旅。天子蒙塵、寄寓、去亂、周游皆是，遭時之變者。故可小亨不可大亨。旅時守正、所謂素患難行乎患難者也。時之所值者雖變豈以失吾之常哉！

來知德：羈旅。山止猶舍館、火動猶行人。小亨者亨之小也。然亨以其正。道无往不在、理无微可忽，能守此正則吉而亨矣。小亨者、占之亨也。聖人教處旅之道。

王夫之：相從而行曰旅。火在山上野燒、燄燄相踵、若行者在途相躡而遄征。陽旅自否變。陽旅陰從。先儒謂仲尼爲旅人，小亨，小者陰也。得隨寓而安得旅之正，樂天安土得其吉矣。

毛奇齡：旅衆也。以否之三柔升之爲五而得居外卦之中、是客外也。否五降三順乎剛。亨雖小而時義甚大。蜀才曰九五降三不失正爲旅貞吉。才即范賢。三國人見華陽國志。

折中引胡炳文：在旅而亨之小。事有小大，道无不在。大亨固利於貞，不可亨小失貞，正道可須臾離？

李光地：物不居莫如火，山上之火尤寄而不居，旅象。人不能無旅、然後往來通而民用利。亨雖非大、小亨之道也。傳彖旅貞所以致亨者也。以柔爲善。

李塨：旅以師旅陳行、衆也、易之爲羈旅。六五柔中順上下之剛、艮止麗明、自處不昧。得中順剛、不偏不觸，是旅中必小乃亨、且貴于貞也。孔子周流重耳出亡亦旅也。

孫星衍引集解王肅曰旅、軍旅也。

姚配中案：五陽當發之正故旅貞吉。重言旅者、明五非陰位、居之如旅耳。陽可發之正、五所謂射雉一矢亡，言去之易也。注：若天子諸侯而爲旅則失國之象。蓋以喻殷也。小謂臣民也。

吳汝綸：旅，太玄擬之爲裝。云陽氣雖大用事、微陰據下裝而欲去。是旅者陰入而陽將去、有若寄寓。陰自下上至五是小亨。凡亨皆言陽、此陰亨故云小。吉者柔順剛也。

丁壽昌：王肅等以爲軍旅。案羈旅之旅、肅說非也。虞曰小謂柔、貴位順剛故小亨貞吉。蘇蒿坪曰小謂柔，旅道以小而亨。旅道爲貞則吉。旅指卦言、與師貞頤貞一例也。

曹爲霖：開元初、行者雖萬里、不持寸兵。天寶後有馬嵬之慘，此窮極于大者必失其居之驗也。

星野恒：羈旅也。內艮外離、居易俟命，可以致小亨。當行以正。不可逞智術以取困窮。

馬通伯：旅一字句、柔得中順剛釋所以小亨之故。王逢曰止而麗乎外、旅也。俞琰曰旅時最難處、不可不知其亨雖小、時義則大。劉宗周曰仕止外又有旅之一途，君子審去就之機。

劉次源：行旅、野火燒山蔓无際。陽行陰從暫假館。豐大而驕必失其居。故以旅次也。傷明時不遇、小者亨大无裨也。雖旅不離乎正、吉斯備也。

李郁：失所卦。旅人无親，勢不可久。人生若寄，得失萬端。六二卦主。小指六五，得中故亨。貞謂二、二不動、上降五以應之故吉。

徐世大：軍旅、行旅。農業社會交通不便、旅行少普偏，行久則見多故久吉。譯文：旅行：少普偏，旅行久好。

胡樸安：旅衆羈旅義。殷頑旅於外之事。旅无所容也。失其本居、寄居他方。獲小亨是旅之正吉。亨訓會貞訓事。旅中小會，柔順剛、衆順首領行也。旅之時大矣哉，贊歎之辭。

高亨：旅卦名。古人舉行小亨之祭、曾筮遇此卦、故記之曰小亨。本卦旅字多謂客人。旅貞者客人有所占問，筮遇此卦則吉，故曰旅貞吉。

李鏡池：商旅行旅專卦。前一旅字是標題、后一旅字泛指行旅。小亨、貞吉都是貞兆辭。

屈萬里：傳象山上有火、爲旅人在山上炊食之象。

傅隸樸：中國古代哲理無輪迴說、但盛衰消長、禍福倚伏卻極發達。旅是豐的倒體。喪家亡國的人、苟安便是小亨，陳公子完辭卿云：「敢辱高位、以速官謗。」後昌齊是 旅貞之吉。

金景芳：羈旅可以得亨，但只能得小亨。旅正得正則吉。止與明附麗一起就得出旅小亨吉來。

徐志銳：羈旅、失所居寄住它方的人。寄人籬下、只求安身、不可求大通幹大事、故言小亨。

旅柔順要適中、如主爻六五柔順中正處兩剛間：象徵投靠強者爲己助。卦體止而麗乎明、依附大明德之人。項言知止依正得吉。

張立文：旅，少（小）亨。旅，貞吉。　譯：旅、可行小祭，旅客有所占問則吉祥。　注：少假借小。

林漢仕案：經傳「旅」義師也猶軍旅、衆也、俱也、序也、陳也、列也、行也、道也、客也、拒也等。旅卦、言羈旅過行寄止、失其本居、客寄他鄉之客。謂行商、商旅搬有運無、通四方販賣賈客。謂逐水草、周遊尋找思想之出路、所謂行道者也。卦名旅，卦辭小亨、貞吉。且聽二千年來學者心聲：

王肅謂旅爲軍旅。　姚信云客旅。　孔穎達：客寄之名，羈旅之稱，失其本居而寄他方謂之旅。　虞翻云進退无恒、無所容處。　張浚：所臨狹、功用不及天下曰旅。　朱震：六居五先其所居而在外旅。　鄭汝諧：未安其所是爲旅。孔孟皇皇亦旅。　李衡引胡：身寄他國、親戚輔己者少，道不得行、志不得通。　楊萬里：人失其所居、窮於外者也。在上蒙塵、在下喪人。　朱熹：羈旅、非常居、然道无不在。　趙彥肅：旅有未濟義、陰附於陽爲客。　吳澄：旅者衆處於外之名。　梁寅：凡客於外皆謂旅、天子蒙塵、寄寓、去亂、周游皆是。　來知德：羈旅、山止猶舍館。　王夫之：相從而行曰旅。陽旅陰從。　毛奇齡：旅衆也。客外也。　李光地：人不能無旅、然後往來通而民用利。　李塨：旅以師旅陳行、衆也。易之爲羈旅。　吳汝綸：太玄擬之爲裝。陰入陽將去、有若寄寓。　丁壽昌：

王爲軍旅、非也。羈旅之旅。　劉次源：行旅。傷明時不遇。李郁：失所卦、旅人无親、人生若寄、勢不可久、得失萬端。徐世大：軍旅、行旅、旅行。胡樸安：旅衆羈旅義。无所容、失其本居、寄居他方。高亨：旅爲多謂客人。旅、卦名。李鏡池：商旅、行旅專卦。傳隸樸：旅是豐倒體、喪家亡國的人。徐志銳：羈旅、失所居寄住它方的人，寄人籬下、只求安身。

約而言之、旅：

1.軍旅。2.客旅。3.羈旅、客寄之名、失其本居而寄他方。4.進退无恒、無所容處。

5.所臨狹、功用不及天下。6.未安其所、如孔孟栖皇。7.身寄他國。8.窮於外者。上蒙塵、下喪人。9.旅有未濟義、陰附陽爲客。10.衆處於外之名。11.客在外皆曰旅。12.相從而行。陽旅陰從。13.往來通、民用利、　如商旅。14.裝、陰入、陽將去，有若寄寓。15.行旅、傷明時不遇。16.旅是卦名。

試看六爻之義：

初不能安於下，隨夢囈理想或負氣出走、所以自取困窮。旅六二、已上路矣，果無懷其寶而周遊乎？本人或有理念但隨員無也，必須與僕從多溝通、自勉行之以正道。九三、雖身免旅途災害、但附從多棄我去者日多、不能追、不可追、前途茫茫、人亦念其家也。九四行腳至一處，其州處乎？傳來舊君山陵崩、禮爲舊君有服、或三月，或五月、我心之不快者、壯志未酬、不能爲親者報佳音也。六五旅遊展轉已有所試矣！一發十二矢、僅一矢亡失、十一矢中的、孰毀孰譽、如有所譽、必有所試矣！六五不失中道、盡其在我者已全展現、其餘在人者觀上九之先笑後號咷。鳥焚巢、失所依；　喪牛于易、失所資。笑謂我能、人必我親、我用；號咷謂現實無情、人我標準取舍異、暮年失依、寡助之至也、其個人雖有崇高理想而極力造作、可有色取仁而行違乎哉！所至之國無人聞問、歸去來兮耶？抑留、繼續他鄉異縣栖皇奔走？喪依喪資、行不得也哥哥！

從六爻旅義、似以客旅羈旅爲是。

旅之象(1)陸績云火在上无止、象旅義。　楊萬里：山止不動猶舍館，火動不止猶行人。朱子山止下、火炎上、不處象。　李光地：山上之火尤寄而不居，旅象。　屈萬里云山上有火、爲旅人在山上炊食之象。　劉次源以爲野火燒山蔓无際。

旅之象(2)軍旅、師旅陳行、衆也。（王肅、李塨）

旅之象(3)蘇張走列國、孔孟皇皇。天子蒙塵、天寶後有馬嵬之慘。陳公子完辭卿云：「敢辱高位、以速官謗。」（鄭汝諧、李衡引、曹爲霖、傅隸僕）

旅之象(4)太玄擬爲裝。陽用事、陰據下裝而欲去。旅者陰入、陽將去、有若寄寓。（吳汝綸）

旅之象(5)五非陰位，居之如旅耳、五陽當發之正。（姚配中）

旅之象(6)商旅、行旅專卦。

旅之象(7)卦自否來。（張浚）旅有未濟義。（越彥肅）豐大而驕必失其居。（劉次源）

旅是豐的倒體。（傅隸樸）

旅之象⑻象云君子以明愼用刑而不留獄。（項安世謂不留獄象火之過山。朱子注謹刑如山、不留如火。）

象⑻象之言「明愼用刑而不留獄。」查說卦與逸象離艮皆未出現刑獄字樣。九家逸象艮、爲虎。項注：艮主寅虎、京房以坤爲虎刑。艮、孟氏逸象有爲愼字樣。姑依項朱之注入象⑻。

旅義爲客旅、羈旅。即如上言⑺種旅象。則旅失其本居、客寄他鄉、旅如何能小亨？如何言貞吉？茲依例引前賢說以明究竟：

彖云：柔得中、外順剛、止而麗乎明、是以小亨。

象：山上有火、旅、君子明愼用刑而不留獄。

荀爽：陰升居五與陽通。　姚信：否三五易、去本體故曰客旅。　蜀才：否三升五柔中、上順剛。降三不失正、所以小亨貞吉。　陸績：火在上无止象。　孔穎達：客寄他方、小亨而已，旅之正吉。虞翻：小謂柔得貴位而順剛、麗乎大明故旅小亨。再言旅謂四凶惡、惡而愍之。　程傳：卦才可以小亨。得旅之貞正而吉也。　蘇軾：小者无主、大者旅。爲主得中順剛爲亨。特曰旅貞吉者指三陽。　張浚：用中順剛、止以麗明、可以小亨、以貞獲吉。　張根：處旅以柔順麗明爲貴、惟仲尼能盡此。　朱震：六居五失其所居而在外旅也。得中順上下剛、不爲剛掩、以六五言、小者亨。三言旅貞吉。非大人孰能之！　鄭汝諸：陰據二五用事之地。觀旅之得失、係其所處如何爾！　李衡引胡：不失爲旅之正則吉。引石：寄旅不失中、常人所難、仲尼溫良恭儉得之。　楊萬里：旅不過柔、必須剛乃得中、仲尼不答靈公、故貞則吉。　朱熹：艮止離麗，占可以小亨、守旅正則吉。道不可須臾離也。　項安世：旅小亨，不可大用、就卦才言。旅不正則凶、正則吉、乃處旅之道。　趙彥肅：三陰居中故小亨。剛上柔下、貞也。陰附陽爲客。　楊簡：卦象小亨、體本柔是以小亨。止而麗乎明、自足以亨、自足致吉。　吳澄：六五得中順剛、小者亨。占止宿麗明處、如此則吉。九三正主事者。　梁寅：客於外乎遭時變者、故可小亨不可大亨。守正、所謂素患難行乎患難者也。　來知德：小亨者占之亨也。聖人教處旅之道亨之小以其正、守此則吉而亨。　王夫之：陽旅陰從、小者陰也。隨寓而安得旅之正、樂天安土得其吉矣。

毛奇齡：否三柔升五是客外、五降三順剛、亨雖小而義大。　折中引胡炳文：不可亨小失貞、正道可須臾離？　李光地：人不能無旅、亨雖非大、小亨之道也。旅貞所以致亨者、以柔爲善。　李塨：六五順上下剛、自處不昧、是旅中必小乃亨、且貴于貞也。　姚配中：五陽當發之正、故旅貞吉。重言旅、明五非陰位、居之如旅耳、五陽當發之正。　吳汝綸：旅者陰入陽將去。凡亨皆陽，此陰故云小。吉者柔順剛也。　丁壽昌：小謂柔、貴位順剛故小亨貞吉。引蘇蒿坪曰旅道以小而亨、旅道以貞爲吉。　星野恒：居易俟命、可致小亨、當行正、不可逞智術。　馬通伯引俞琰：旅時最難處、不可不知其亨雖小、時義則大。劉次源：陽行陰從暫假館、小者亨、大无裨也。旅不離乎正、吉斯備也。

李郁：小指六五得中故亨、六二卦主、二貞不動、上降五以應之故吉。　徐世大：旅行久則見多故久吉。　胡樸安：寄旅獲小亨、是旅之正吉。亨訓會、貞訓事。旅小會、柔順剛、衆順首領行也。　高亨：古人行小享祭、筮記曰小亨。旅、客人。旅貞、客人有所占問。　李鏡池：商旅專卦。小亨、貞吉都是貞兆辭。　傅隸樸：喪家亡國的人、苟安便是小亨。陳公子完後昌齊是旅貞之吉。　金景芳：止與明附麗一起就得出旅小亨吉來。　徐志銳：寄人籬下、不可求大通、幹大事、故言小亨。如六五處兩剛之間、象徵投靠強者為己助、附大明德之人、項言知止依正得吉。　張立文：旅可小祭、客有占問則吉祥。

彖柔中順剛、止麗乎明為旅小亨條件。如何旅？軍旅、商旅、羈旅、喪家亡國之旅，栖栖皇皇寄望行道之旅、抑如今日報載以萬兩黃金只作短暫數天之太空之旅？今人不只可以臥遊、坐遊宇內、六合外亦可親遊經歷矣！顯然旅卦或以孔孟周遊為主要揮洒空間。象之「明愼用刑而不留獄。」似成絕響。又旅者陰爻？陽爻？虞翻謂四凶惡。」旅而排除四。朱震云「得中順上、下剛、六五失其所居而在外旅也。」姚配中云：「五當發之正、明五非陰位、居之如旅耳。」　謂六五柔中順剛、因六五陰柔亨故謂小者亨可也。謂旅爻三升五、五降三。六二卦主、二不動、上降五以應之而亨而吉、而謂之旅小亨、旅貞吉，猶之稱：酒宴嘴爽、新婚陽乂爽、升官心爽、愈搔愈癢皮爽、而無關乎其他手腳頭臉、腿耳鼻舌身意。旅卦。即初爻至上九皆旅在外所謂旅次者也。故酒不只爽於口、新婚不祗陽之爽、四肢百骸皆爽、又不止陽爽、陰亦四肢百骸爽。旅之不可拆、當以整體全卦流離失所計之也。特六五如張浚云「柔君有剛德、不牽聲色、不惑讒諂、任賢不貳」耳。又不只六五得中而順剛、以柔爲善。楊簡云「止而麗乎明、自足以亨、自足致吉。」朱熹、來知德等云「占者可以小亨。守旅之正則吉。」張根云：「惟仲尼爲能盡此。」則又大美化孔子皇皇栖栖之旅矣！梁寅云「旅時守正不失吾常、素患難行乎患難。」王夫之亦謂「隨寓而安得旅之正，樂天安土得其吉矣。」夫之先生又云「先儒謂仲尼爲旅人。小亨、小者陰也。」以仲尼之旅爲小、孰能爲之大？劉次源云：「小者亨、大无裨也。」以之方孔孟、則又愛之反害之矣！「聖人教人處旅之道。」當非自喻。姚配中謂「天子諸侯之旅爲失國家、小謂殷臣民。」如此而論旅道、難免「太政治化」而忽略旅之多角層次、泛言旅道、君子審去就之機。李鏡池即謂：「后一旅字、泛指行旅。」項安世云：「旅小亨、就旅之卦才言之可以小亨、不可大用。」旅貞吉者、旅於正則吉。或以貞卜也。占問旅之前程、貞兆辭云吉皆是也。然所謂正者、乃視國家、個人與環境之許可耳、如齊桓公正而不譎、晉文公譎而不正。齊得稱霸，晉亦享伯諸侯。蓋亦權乎哉！苟利國家、成事勿論乎？齊桓、晉文之事、不因孟子對王稱「仲尼之徒無道桓文之事者、是以後世無傳焉。」而息、已文公因譎得國之實。所謂晉乘楚檮杌、其事則齊桓晉文、其文則史、孔子曰其義丘竊之矣！桓公史事、萬世不斬也！

初六、旅瑣瑣，斯其所取災。

象曰：旅瑣瑣，志窮，災也。

馬融：瑣瑣，疲弊貌。（釋文）

鄭玄：瑣瑣猶小小。互艮小石，小小象。三聘客、初二介，介當篤實，而用小人瑣瑣然不能辭，不能對，不能以禮行之、則其所以得罪。

王肅：瑣瑣，細小貌。（釋文）

陸績：瑣瑣，小也。艮爲小石，故曰旅瑣瑣。履非正，應離，離火艮山，以應火災，自取也故曰斯其所取災也。

王弼：最處下極，寄旅不得所安，而爲斯賤之役，所取致災、志窮且困。

孔正義：瑣瑣者細小卑賤貌。爲斯卑賤勞役，由其處窮下，故致此災。

李鼎祚引虞翻傳象：瑣瑣最蔽之貌。失位遠應之正，介坎，坎爲災眚，艮手爲取，謂三動應坎，坎爲志，坤稱窮故志窮災也。

張載：瑣瑣不能致命遂志，身窮而志卑也。宂細其所爲，取災之道也。

程頤：柔處卑下、是柔弱之人。至卑處旅，瑣細无所不至，所以致辱取災咎也。才質如是，上雖有援，无能爲也，四陽性離體，非就下者，與它卦大臣位者異。

蘇軾：羈旅之世、物无正主、近則相依、自二至上皆陰陽相鄰、初獨孑然處六二之下，窮无依、隸於六二、役於九三、三焚二次、并及初，故斯其所取災也。斯、隸也。
張浚：旅初闊略細、艮小石爲瑣瑣，其細已甚，人誰堪之！旅其戒哉！志窮失常，初應四、四位離火下爲災。
張根：不能自激昂故。
朱震：鄭瑣瑣、小也。艮小、之四艮、小之又小、瑣瑣也。初卑柔不中正，恃應求四、四極躁不能容初，志窮遇險，初四上下皆有艮手取災象，指兩爻言之。
鄭汝諧：旅以中爲貴。隨處適其宜。初處下、宜自強。今以柔弱處之是瑣瑣也。瑣瑣則見鄙於人。其志窮而无立、自取災咎也。
李衡引胡：柔順太過、爲卑賤動其心、苟容苟合，其道不通，其志困窮，是以取災。
楊萬里：初柔卑下、小人棄逐在旅者、方且經營瑣細鄙事以自封植、此其所以致災也。小人得志則驕溢，失志則困窮。故瑣瑣取災。關羽種菜於魏、志不在菜；蘇武牧羊匈奴、志不在羊、志大爲之者，必辨之。
朱熹：旅時以陰居下位，故象占如此。
項安世：初六以不正取災，初止於下而遠於明、其志卑汙故曰志窮。君子旅以行道，小人旅以求利，非明不濟，若止於瑣瑣則胥失之矣！瑣瑣細小貌。
楊簡：初六陰柔狹小、有瑣瑣象。斯其所以取災歟？志窮故也。
王應麟：王輔嗣注云爲斯賤之役。唐郭京謂斯合作㒋。愚案後漢左雄傳：職斯祿薄注云斯、賤也。不必改㒋字。

吳澄：旅初泛言處旅之道，六陰小初卑下，小之又小故瑣瑣。占旅貴得衆，瑣瑣失衆心、此其所以取災也。

梁寅：常人旅時頤頓失志、卑詘詭隨、无所不至。唯君子能旅而守正。初柔卑下、瑣瑣无稱，是豈徒難免於羈旅乎！所處失正，蓋又有自取其災矣！

來知德：瑣、細屑猥鄙貌。初柔下、處旅間、計財利得失之毫末，此自取其災咎也。旅最下瑣瑣取災，最上焚巢致凶。中柔中順剛而麗明方得盡善。

王船山：瑣瑣細小貌。初六卑柔、無遠志隨陽爲旅，則卑屑而爲裹糧結屨之謀，災至若出意外而不知，務小忘大，正其所自取也。傳象：自窘於微細之中也。

毛奇齡：㒋廝本通字。所句。旅人本猥屑、當艮止下柔尤纖細之至者。蘁圤包裹瑣瑣然，寄跡天涯。所者旅寓也。瑣所爲韻。瑣瑣如是豈能免患、其窮致災必耳。

折中案：易中初爻多取童稚小子之象。在旅則童僕之象。

李光地：陰性吝嗇，處下則志卑行賤、故發此戒。程傳志窮迫益自取災。

李塨：寄居櫚牖所跼縮尺寸而與同行者較量彼此，必至分析其處所而後已！旅本偪仄、瑣瑣豈能免患！說文斯爲分。爾雅爲離。所者行居之名。漢制車駕所在曰行在所。

孫星衍引釋瑣或作璅、非也。 引集解馬融曰瑣瑣、疲弊貌。 鄭康成曰猶小也。互體艮小石象。三聘客、初二其介。當以篤實人爲之，小人瑣瑣然不能以禮行之、其所以得罪。

（儀禮疏）王肅：瑣瑣、細小貌。（釋文）

姚配中案：初旅非其位、伏陽、終當發成離焚初。孔子曰動行不知所務，止立不知所定，日選於民不知所貴，從物而流不知所歸。其旅瑣瑣之謂乎？

吳汝綸：斯其所三字爲句。所、瑣韻。斯、離也。瑣瑣、小也。見小故志窮也。

丁壽昌：釋文瑣或作璅者非也。鄭云小，馬疲弊，王細小案當作肖。輔嗣注斯賤役。焦里堂讀斯爲廝。韋昭云折薪曰廝。斯此常解，程承孔疏之誤。蘇艮手取離火災象。

曹爲霖：旄邱詩以黎侯久、寓有瑣兮尾兮之嘆。左襄公二十九年在楚、外爲敵人所制不得歸，內爲權臣所逼不敢入亦此象。

星野恒：瑣瑣、猥細狀。柔處卑所以猥瑣鄙俚。雖上有應而無能爲也。蓋陰躁之人常不堪窮，動作屑屑以求榮達，往往遇災，可不自戒乎！

馬通伯：萬年淯曰初以瑣瑣取災。柯劭忞曰斯即廝養之廝。謂才如此、爲童僕固其所也。斯賤也。案童僕終其身旅於人者。童僕非賤、志瑣瑣乃賤。初失位不化志窮取災。

楊樹達：（風俗通怪神篇）凡變怪皆婦女下賤。何者？小人愚而善畏。易曰其亡，斯自取災。（漢記昭帝紀論）昌邑之廢、豈不哀哉！易曰斯其自取災。言自取之也。

劉次源：初卑下明不及遠、瑣瑣計較隨陽爲旅、因小失大、災所自取也。

李郁：瑣瑣猶小小也。陰小在下失位，履非正。詩云：「人而无禮、胡不遄死。」流離瑣尾之災、自取矣。 傳象：初艮下不能之四故志窮。

于省吾：陸績瑣瑣小、艮小石。儀禮鄭瑣瑣猶小小。釋文瑣或作璅、非也。鄭云小，馬疲弊，王細小。按毛奇齡以斯爲離，虞翻坎爲災眚是也。不進爲宜，離其所則取災。

徐世大：旅行人瑣瑣屑屑，這是他所以得禍的。

胡樸安：初羈旅於外、各自分散而有疲弊貌。斯，賤役，窮而爲廝養、是其所取之災。

高亨：余疑瑣瑣或借爲惢。瑣惢古通用。言旅人多疑也。斯：爾雅釋言離也。俞樾斯其所句。離其所也。離其所乃取災害也。離其故居、見恨於人、災害遂至。

李鏡池：瑣、惢假借、三心兩意、疑慮不一。斯、毛奇齡作分析解。取災、得禍。商人多疑、離開寓所反而闖禍。與九四我心不快聯系看、可知商人瑣瑣、錢多怕出事故。

屈萬里：瑣瑣、疑謂性情不恢宏而吝嗇也。詩「瑣瑣姻亞」毛傳小貌。馬融疲弊貌。王肅云細小貌。

傅隸樸：初六是國亡家破、窮無立足、一個喪家亡國之人，初六失位陰柔、無振作之志、作粗賤瑣事餬口，是由其自取也。斯正本作廝。孔疏自取此災也。今從孔。

金景芳：陰居下卑瑣的。斯、王弼作賤講，原義廝。愚按後漢左雄傳職斯祿薄注斯、賤也。我看這裡作「此」解是可以的。我同意程傳的看法，不把斯解爲賤。

徐志銳：處旅之道貴柔順中正、能順乎剛。不自卑、不自亢。若居下身窮志短、就難致小亨。初六柔居最下、身窮志短、行爲卑賤、斤斤計較小事、无遠大抱負、很討人嫌、招來忌恨、灾難隨之而至。

張立人：初六、旅瑣瑣，此（斯）其所，取火。譯：初六、旅人理貝、有聲肖肖，在此寄居寓所，會得禍。釋：旅瑣瑣謂客理貝時發出聲音。火災通用引伸爲災禍。

林漢仕案：莊子：百里奚飯牛而牛肥。衣弊履穿、貧非憊也。坐忘其身。秦穆公亦忘百里奚之賤而授之政。素貧賤行乎貧賤、君子固窮、安於其分也。有人欲忘我忘身、入於大惑大愚、鶉居鷇食、其家人恐而急蘄天下名醫診治、皆不得其門而入、一日遭辯士解悟復常。彼人怒斥何爲悟己使復墮生死榮辱富貴、勞我於生。不樂壽、不哀夭、不榮通、不醜窮。奈何以初之位瑣瑣計較其卑賤！如初者可以居无常所、食无常飽、雖適廝從馬醫作役假食而不惜，豈辱彼哉？士大夫相呴以溼、相濡以沫、食生懼死、以爲大塊載我以形、得建不朽功業以榮我生，不若是則非所謂大丈夫。孟子有勞心勞力之別、豈強勞力者之必爲大辯、大勇之人耶？茲從先賢羅列旅初六之大略作一比較：

象：旅瑣瑣、志窮、災也。馬融：瑣瑣、疲弊貌。

鄭玄：瑣瑣猶小小。用小人不能辭、不能對、所以得罪。王肅：瑣瑣、細小貌。陸績：履非正、應火災、自取也。王弼：處最下爲斯賤役、志窮且困。孔疏：細小卑賤勞役、窮下故災。虞翻：瑣瑣最蔽之貌。坎災害、坎爲志、坤窮。張載：身窮志卑，冗細其所爲，取災之道。程頤：柔處至卑、所以致辱取災、上雖有援、无能爲也。蘇軾：羈旅孑然處下、窮无依、隸六二、役九三、三焚二次、故斯隸其所取災。張浚：初闊略細已甚、人誰堪之。四離火下爲災。張根：不能自激昂故。朱震：艮小、之四艮，小之又小。上下艮手取災象。鄭汝諧：初最下、宜自強、瑣瑣見鄙於人。李衡引胡：柔太過、苟容苟合、其道不通。楊萬里：小人棄逐在旅者、方且經營細鄙事以自封植、此其所以致災也。朱熹：旅時陰居下位、故象占如此。項安世：初不正、遠明、志卑污、止於細小則胥失之。楊簡：初六陰柔狹小、有瑣瑣象。王應麟：輔嗣斯、賤役。唐郭京合作廝。案左雄傳職斯祿薄注斯、賤也。不必改字。吳澄：六陰小、初卑下。小之又小故瑣瑣。失衆心。梁寅：初卑下、豈徒難免於羈旅乎！失正、自取其災矣！來知德：瑣細屑猥鄙貌。計財利得失之毫末，此自取咎也。王船山：無遠志、隨陽爲旅。卑屑爲裹糧結屨謀、自窘微細之中。毛奇齡：廝廝通。所句。旅寓也。藿圤包裹、寄跡天涯。折中：初童稚，在旅則童僕象。李光地：陰吝嗇，志卑行賤、故發此戒。李塨：旅本偪仄、與同行較量彼此、豈能免患！說文斯爲分。爾雅離。所、車駕所在曰行在所。孫星衍：釋文瑣或作璅、非也。小人瑣瑣不能以禮行之、其所以得罪。（儀禮疏）姚配中：初伏陽、發成離焚初。行不知所務、旅瑣瑣之謂乎！吳汝綸：斯其所句、斯、離也。瑣瑣小也、見小故志窮。丁壽昌：韋昭折薪曰廝。斯此常解。寓有瑣兮尾兮之嘆！星野恒：陰躁之人常不堪窮、屑屑求榮達、往往遇災！馬通伯：謂才如此、爲童僕固其所也。終身旅於人者。志瑣瑣乃賤。不化志窮取災。楊樹達：凡變怪皆婦女下賤、小人愚而善畏、斯自取災。劉次源：初卑下隨陽爲旅、明不及遠、因小失大、災自取。李郁：詩云：「人而无禮，胡不遄死。」初不能之四故志窮。于省吾：按毛奇麟斯離、虞翻坎災眚是也。離其所取災。　徐世大：旅行人瑣瑣屑屑，這是他所以得禍的。　胡樸安：初羈旅分散，有疲弊貌。窮爲廝養所以取災。　高亨：疑瑣借爲惢、古通用。言多疑。離其所見恨於人。　李鏡池：惢假借。商人多疑、錢多怕出事、離寓所闖禍。九四我心不快聯系看。　屈萬里：疑吝嗇。詩瑣瑣姻亞。毛傳小貌。　傅隸樸：初六國亡家破、作粗賤事餬口、無振作之志。　金景芳：斯、我看作此解是可以的。同意程傳不解爲賤。　徐志銳：處旅貴柔順中正、不自卑亢。初斤斤小事、招來忌恨、災難隨之而至。　張立文：旅人理貝、有聲𧴪𧴪、會得禍。火災引申災禍。

布衣卿相以後、社會開放、百姓可以平步青雲、不甘久居下位者於是乎營營終日，懸椎刺股。「君子疾沒世名不稱焉。」「吾未免爲鄉人」。孔孟也發「莫我知也乎」之嘆。社會現象，一股衝天勁蓬勃發展在每一角落。人往上流、然而仍有人久甘市井、長爲人下者、以販夫走卒亦樂此以終其生、無他、才與志耳。孔子不式陳國築城者衆、正是卑賤彼人雖多而無才知、庸俗之人耳。凡人若能自知其凡、安居下位、如之何反恥辱彼小人瑣瑣作役假食、弊衣破屨？蓋不能也、非不爲也。士人一以吾輩視彼、不平之音響徹古今、可笑亦可悲也。所謂惟聖知聖、惟賢識賢。今聖賢反不識下里巴人庸俗平凡、惡得其爲聖賢哉！楊萬里之關羽種菜於魏，蘇武牧羊匈奴以提陞柔小可議份量。曹爲霖更以左襄公二十九年在楚、外爲敵制、內迫權臣。提高爲諸侯國君之蒙難者。夫如是而議其瑣瑣然不能辭、不能對、不能以禮行之。責其身窮志卑可也。否則初本在下卑賤苟容苟合爲無志、猶責家犬之不能編入狗監、爲周狗，（衛靈公獒犬），爲韓盧，爲獵犬同樣無理也。聖賢才知平庸愚劣、各得其分可矣！然在下位者又未必即平庸愚劣、斯大賢之所以寄望彼者而責之深耶？素貧賤行乎貧賤。貧與賤不與其道得之、不去也。是激厲彼輩飛揚激昂，脫穎而出耶？張根故云：「不能自激昂故。」

旅瑣瑣：象云：志窮，災也。　馬融：疲弊貌

鄭玄：猶小小。　王肅：細小貌

陸績：履非正、應火、災。自取也。

王弼：處最下爲斯賤役、志窮且困。

虞翻：最蔽之貌。坎災、志、坤窮。

程頤：柔處至卑、上雖有援，无能爲也。

其餘象子然；艮小、之四艮小之又小；爲裹糧結屨謀、虀卝包裹、寄跡天涯；初童稚，發成離焚、斯作此解。又斯，婦女下賤，小人愚畏。窮爲廝養。以斯作此解者，其離斷句讀以所句、住所、行在，即旅人所住之所。高亨疑瑣借爲惢、言多疑。屈萬里疑吝嗇。張立文以貟貟爲旅人在數錢，故云理貝貟貟有聲，財已露白矣！字書瑣另有：爲姦細之行者，計謀褊淺貌、作璅璅、小也。以旅瑣瑣言旅人計謀褊淺或爲姦細之行者，斯、此也，謂此其所以取災也。解一。

初扮演卑賤、二得履之、初爲二之僮僕。扮演卑賤得安於下、經人反覆激盪鼓勵，如陳

勝、吳廣者亦發大丈夫當如是也之大願、囈語苟富貴、毋相忘。雖能翻起風雲、終因計短志窮而泡滅、此蓋因不安於位所以自取災也。解二。

合而言之、初扮卑賤又不安現狀、為自身計其謀褊淺、廝賤役者之所以自取災也。

六二、旅即次，懷其資，得童僕，貞。

象曰：得童僕貞，終无尤也。

九家易：即就，次舍，資財。陰居二，即就其舍，故旅即次承陽有實，懷資，初卑賤，二得履之，故得僮僕。處和，得位，正居故得僮僕貞矣。（集解）

王弼：次者可以安行旅之地。懷、來也。得位居中體柔、奉上以此寄旅、必獲次舍。懷來資貨、得童僕之所正也。旅不可處盛、故其美盡於童僕之正、過斯則見害矣！

孔穎達：得位居中體柔、承上以此而為寄旅、必為主君所安，得次舍懷來資貨、又得童僕之正，不同初六賤役。

李鼎祚引虞翻傳象：艮為僮僕，得正承三故得童僕貞而終无尤也。

案：二履正體艮，艮為閽寺僮僕貞之象也。

張載：居得位，即次之義。得三之助故曰懷其資。下有一陰、无所係累，故曰得童僕貞。

程頤：有柔順中正之德，處不失當，故能保其所有。次舍、旅所安；財貨、旅所資；童僕、旅所賴。就舍懷財得童之貞，旅之善也。不云吉者，旅寓之際，免災則已善矣。

蘇軾：六二、九三之所即以爲次也。因三之資以隸初六、故曰得童僕貞。初雖四之應、而四爲三所隔、終无尤之者也。

張浚：得中爲即次、艮中爲懷。其資蘊利己利物之德、得童僕貞謂賢才助之也。其周公居東、十夫予翼之事歟？艮童僕、離嬴蚌，艮山爲資。

張根：得處旅之道，然必正乃可以免。

朱震：艮止、二止而得位，即次舍也。離兌爲嬴、貨貝資財象，得三四五之助也。艮少男、初卑陰賤、二畜之童僕也。貞則二親信不疑，初貞於二也。夫子曰審所從之謂貞。

鄭汝諧：旅惟二五爲吉，得中也。凡卦皆貴乎中而旅得中尤吉。中、安平之地也。

李衡引九：陰居就舍、承陽故懷資。二履初得童僕。引陸：資才，不敢自顯其才、惟以卑順得童僕之正故无尤。引石：居位懷材、舍得童僕爲使是吉。引薛：懷戀資貨附不正，不能任中自奮，在童僕得正，非君子之道。

楊萬里：二公侯大臣之顯者。喪而在旅者也。然能柔順下人、中正立己、故所至有次舍。所挾有資用、臣僕得其心而不離。雖曰旅而无悔尤矣。

朱熹：即次則安，懷資則裕。得童僕之正、信則无欺而有賴、旅之吉者也。二柔順中正之德、故其象占如此。

項安世：次所居謂二。資本有之財、二止于內故懷資而已謂六。童僕、所賴也謂二，三外來比二，在二爲得，二以陰得陽故得。旅以貞爲吉，如六居二中正柔順、貞此則无尤也。

趙彥肅：二者陰之次、六居之即次也。陰自守故懷其資、陰爲童僕，所居正也。

楊簡：六二得中、得旅之道。故即次而安，懷資而利，又得童僕之貞。得童僕心則無所不得終無尤也。

吳澄：五三上下卦主，應位爲次，二者五之次，上九者三之次。五得中得位、次舍之最善也。懷藏資財，巽利互巽資，艮少男、童僕能正主事、諸美具焉。

梁寅：二柔順中正、乃處旅至善者。旅時即其次舍、懷其資財、得童僕之貞艮則處之安矣！然三者皆由己以致之。苟失其道、雖有之亦喪也，可不愼乎！

來知德：即就、次者旅之舍。資財也。少童長僕、奔走服役者。二有柔順中正之德、故有即次得安、懷資童僕貞之象。蓋旅之最吉者。占有是德、斯應是占。

王夫之：二柔得中、旅得所安之次舍矣。陰爲資糧、童僕謂初。以柔懷童僕使效其貞。皆小節爾而易猶告之，學易者愼微之道在焉。

毛奇齡：艮門中就所宿也。旅既宿必有齎持，齎即資也。二互巽之末則已懷其資（巽爲利）、艮小子爲童、爲僕。周叔夜曰唐人詩漸與骨肉遠、轉于童僕親。又何尤焉！

折中引胡炳文：旅中賴童僕之用，亦不免童僕之欺。得貞信則無欺有賴。 引趙玉泉：二中正內不失己、外不失人。案：二得中下有初比、自二視之則爲童僕之貞。

李光地：二有柔中之德安於所處、保其所有而善撫其下者，故有三者之善。 傳象：三者之中、童僕爲重。

李塨：聘禮問幾月之齎即資也。二以艮中當互巽之初、則已能懷其資（巽爲利），且艮爲閽寺、僕、篤實。得童僕之貞者矣。漸與骨肉遠、轉于童僕親。得貞何尤！

孫星衍引釋文：懷其資、本或作懷其資斧。非。

姚配中案：二得正故終无尤、謂不化也。

吳汝綸：即次懷資、有懷璧越鄉之懼。以得童僕而終无尤。得童僕貞者心也。國語不更厥貞、大命其傾。是其證。九家以得童僕爲句、貞一字句、亦通。

丁壽昌：本或作懷其資斧非。說文男有辠曰奴、奴曰童。九家易即就次舍也。資財也。虞仲翔曰艮爲童僕。李資州曰二履正體艮、艮爲閽守、童僕貞之象也。

曹爲霖：思菴葉氏曰晉文公之奔也、至楚楚享之、至齊齊妻之。資之以適他國，所謂旅即次懷其資也。腹心有子犯等實紀綱之僕、所謂得童僕貞也。陳氏曰二所處善矣。

星野恒：即次就其所安也。在旅柔順中正、居旅得安者。資財童僕、旅之所須所賴、貴貞信皆得之無所恨也。

馬通伯：龍仁夫曰艮爲門庭有次象。巽近市利三倍、有資象。案艮爲閽寺、童僕象。初艮、二大夫。自二視之、初不知自奮則是終身服役、爲得童僕貞矣。

劉次源：柔得中、安旅次，陰資糧、中充裕也。初陰比得正僕之助。懷資本危、童僕忠貞故无尤也。

李郁：即就，次舍。陰居二而得位故就舍。承陽有實故懷資。艮童。二與三比故得童僕。不動故貞。　傳象：二不得應有尤，然上降五以應二故終无尤也。

徐世大：旅行到店，懷藏川資，得僕人久。言謹愼又得忠僕、旅途必然順利。

胡樸安：羈旅而得所居之地，懷其資財，且得童僕，可以旅而无尤矣。故象曰終无尤也。

高亨：次實借爲茨。謂旅人就客舍也。資下有斧字。資從貝、斧當讀爲布、資斧猶今云錢財。貞下疑當有吉字。得童僕謂得奴樸也。此殆亦王亥故事。

李鏡池：次借爲肆、市場。即：就、走到。商人到市場去，帶著一筆錢、買了一批奴隸。

屈萬里：九家易：即就，次舍，資財也。　說文男有罪曰奴，奴曰童。　賈子：抱一不移謂之貞。此言得童僕其性貞固也。

傅隸樸：二柔居中承三、能以恭順事羈旅國君長、得到生活物資。懷、感恩意、得童僕供役使。初人供人役使、六二役使人。旅中有住、有衣食、又有役使的童僕。貞是正，含有滿足童思。存干政野心、就失正道了。

金景芳：二柔順得中，這樣能「即次」得到住所，旅所安也。有資財，可信童仆。胡炳文說旅中不能无賴乎童僕之用，亦不免乎童僕之欺。得其貞信者則无欺而有賴。

徐志銳：六二柔居陰位得下體中位、處旅得正道、受到熱情接待。還有童僕服務。雜卦說寡親。旅人舉目无親，得童僕、同居家內相差无幾了。如此有何怨尤！

張立文：六二、旅既（即）次，壞（懷）其茨（資），得童剝（僕），貞。　譯：六二，旅客寄住旅店，懷藏貨幣，買得奴僕，占問吉利。注旣假爲即。壞假爲懷，包藏。茨假爲資。剶假爲僕。

林漢仕案：經傳中即字義有：就、今、猶若、半、從、死、近、食、則等。次義有：過信爲次、止息、市中候樓（亭）、宿、幄帳、列比中第處等。六二旅、若過信爲次、出門三宿以上，確定離鄉背井、浪跡他鄉矣！需要自我堅強、自我照顧、懷中囊藏包裹著走天涯之資斧、材質、對扈從童僕、宜以德澤籠絡、得者德也。貞者正也。毛奇齡引周叔夜曰唐人詩有：「漸與骨肉遠、轉于童僕親。」應是實情。然旅人能中能正、予從者效忠效命之所必經；主人懷材質之美、予從者信心。深信苦難之必將過去。蓋有其前景也。若無限期之流浪、雖財用足、身雖正、亦德其童僕、人亦念其家也、欲維持一小康局面恐有所不能矣！六二之旅過信宿、確定浪跡天涯、懷有其材、又善待侍者、還須貞正從事。義蘊可无咎也。故象曰終无尤也。程子云免災則已善矣。

茲輯易家衆傳釋六二爻辭者如下：

九家易：即就其舍、懷資財、二履初得童僕貞矣。承陽懷資。

王弼：寄旅安行、來資貨、美盡於得童僕之正，過斯則害。

孔疏：寄旅得次舍、來資貨、得童僕之正。不同初賤役。

虞翻：二履正體艮、艮爲童僕、故得童僕貞而終尤。

張載：得位即次義、三助懷資、下一陰无累故得童僕貞。

程頤：柔中正、就舍懷財得童僕之貞、旅之善也。

蘇軾：二三之所即次。因三資隸初六故得童僕貞、四爲三隔故无尤。

張浚：得中爲次、艮中懷、資蘊利己利物之德。艮童僕、艮山資、離贏蚌。其周公居東事歟！

張根：旅必正乃可以免。

朱震：止次舍，離贏貨財、二畜初、貞於二。夫子曰審所從謂貞。

鄭汝諧：二五得中、旅得中尤吉。中、安平之地。

李衡引陸：資才。引石：居位懷材。舍、得童僕爲使是吉。引薛：懷貨不能任中、童僕得正、非君子之道。

楊萬里：二顯者喪而在旅。有次舍、挾資、臣僕不離、无悔尤矣。

朱熹：即次安、懷資裕、得童僕之正。柔中正、象占如此。

項安世：次所居謂二、資財謂六、童僕三、二以陰得陽。

趙彥肅：二陰六居之即次、自守故懷資、陰童僕所居正也。

楊簡：得中即次而安、懷利又得童僕心則無所不得！

吳澄：五三卦主、應爲次。二者五之次、諸美具焉

梁寅：二中正、即次舍……三者皆由己致、苟失其道、喪也！

來知德：次者旅之舍。資財也，少童長僕。占有是德、斯應是占。

王夫之：旅得所安次舍、陰資糧、童僕初、懷柔使效其貞。皆小節、易猶告之、學者愼微之道在焉。

毛奇齡：艮門就宿、必齎資。漸與骨肉遠、轉于童僕親、又何尤焉！

折中引胡炳文：旅賴童僕之用、亦不免欺、貞信則有賴。

李光地：二柔中、保其所而善撫下、三者童僕爲重。

李塨：齎即資也。艮閽寺、互巽利。得貞何尤。

孫星衍：本作懷其資、非。

姚配中：二得正故終无尤。謂不化也。

吳汝綸：有懷璧越鄉之懼、得童僕貞者心也。

丁壽昌：說文男有辠曰奴、故曰童。

曹爲霖：晉文公之奔、楚享齊妻、腹心子犯等紀綱之僕、所謂得童僕貞也。二所處善矣。

星野恒：居旅得安、資財童僕，皆得之無所恨。

馬通伯：初不知自奮則是終身服役、艮門庭次象、巽利。

劉次源：安旅次、陰資糧、童僕忠貞故无尤。

李郁：陰居二得位就舍，承陽故懷資，比三童僕，不動故貞。

徐世大：旅到店、懷川資、謹愼又得忠僕、旅途順利。

胡樸安：羈旅得居地、懷財得僕、可以旅而无尤矣。

高亨：次借茨、旅人就客舍。資從貝、斧讀布、錢財、貞下疑有吉字。得奴僕。殆王亥故事。

李鏡池：次借肆、市場。商人走到市場、帶一筆錢、買了一批奴隸。

屈萬里引賈子：抱一不移謂貞。此言得僕其性貞固。

傅隸樸：旅中有住、食、役使童僕、貞正含滿足意思。

金景芳：「即次」得到住所。童仆貞信則无欺而有賴。

徐志鋭：旅人无親、得童僕、同居家相差无幾了！

張立文：住旅店、懷貨幣、買奴僕、占問吉利。

資、多數易家指貨財（錢財）、孫星衍、丁壽昌以爲「本或作懷其資斧、非。」高亨則以資下當有斧字、斧讀爲布、資斧即錢財。考之情理：出旅者若身無分文、其將乞討過日、或打零工換取生活。如何「即次」從過信爲次出門三日後始敘懷藏資斧、得其童僕。蓋或有人從中接應？細察其文理、似不類。出門既已過信爲次矣、未曾乞討、未打零工、而謂懷資、得僕、則旅者與資財本爲一體、早有準備。此處敘一行旅人、其主子懷其資、即懷其寶而迷其邦可乎之寶、謂才幹、學識、材質也。易家於是乎有多種不同之描述六二謂資財、貨財、資貨、懷財者有：九家易、王弼、程頤、張浚、朱震、楊萬里、朱熹、項安世、楊簡、吳澄、梁寅……至張立文、舉世滔滔、似不可易也。李衡引薛更謂「懷戀資貸、附不正、不能任中自奮、在童僕得正、非君子之道。」王夫之以「陰爲資糧。」毛奇齡引唐人詩「轉于童僕親。」與李衡引薛「非君子之道。」似有斟酌。高亨之次借為茨、今帛書即作茨、張立文謂茨假為資。貞字、舍張立文謂其貞卜占問外、屈萬里亦謂「得童僕其性貞固。」高亨疑貞下有吉字。薛溫其稱「非君子之道。」不為後學採信矣！李光地以安處、保有、撫下三者中以「童僕為重。」貞乃書生公子如折中稱「旅中賴童僕之用。」王夫之謂「皆小節爾、而易猶告之。」懷資得僕、小節乎哉！

漢仕姑從衆、故亦謂懷中囊藏包裹資斧走天涯。而另加上懷有美材、懷其寶也。得童僕、得德也、恩待扈從。以主人之美材大寶、以正道感格其下、賦予信心、暫時可維持旅中小康局面、「苟富貴、毋相忘。」給與「人亦念其家者。」莫大鼓舞也。哥倫布航行故事似相類、足以佐證、意志操之在主人、仰賴僕從中佐助耳。

李衡另引陸云：資才、不敢自顯其才。引石：居位懷材。惜乎其下幾成絕響。

六二、旅、即：猶若、今也。次：過二宿信為次、三宿以上也。出旅若過三宿以上、證明確已上路矣、前途茫茫、懷其寶而周遊列國、出走他鄉、須扈從童僕助一臂之力、故必須德澤加諸他人、使寄以希望。子帥以正、孰敢不正、勉以正道行之也。貞乃勉二而非二賴童僕之忠貞。九家易以得童僕句。貞一字句。吳汝綸云「亦通。」

九三、旅焚其次，喪其童僕，貞厲。

象曰：旅焚其次，亦以傷矣！以旅與下，其義喪也。

王弼：與二相得，以寄旅之身而爲施下之道，與萌侵權，主之所疑也。故次焚僕喪而身危也。

孔穎達：居下體之上、據二上无應，欲自尊而惠下。是萌侵權爲主君所疑。疑則黜害故焚其次舍、喪其童僕之正而身危也。若齊田氏故爲主所疑。

李鼎祚引虞翻：離火、艮童僕。三動艮壞故焚其次。坤喪三動艮滅入坤故喪童僕。動失正故貞厲矣。

張載：以陽居陽，其志亢也。旅即驕亢、焚次宜也。下比二陰，喪其御下之正，危厲之道。

程頤：旅以柔謙爲先，三剛不中，又居下上，有自高象。高則不順上故焚其次，失所安也；剛暴下故下離而喪童僕之貞信。失其心則危厲之道也。

蘇軾：下初六也。二我之次、初隸二、懷二并有之、則初亦我之童僕矣！三以剛居上、見得忘義、焚二取初、一舉而兩決之矣！

張浚：剛過不中、承離爲焚其次。近小人、失君子、不知與下之義。喪童僕、失賢才之助。乾五下居艮、三變五爲離、三復承之曰焚次、剛愎自高是以焚。危厲莫大於是。

張根：剛而不中，傷矣乎！

朱震：三艮止得位，次舍也。巽木離火、焚其次也。初艮童僕、初三易位、初失正、喪其童僕貞也。剛柔皆失中，四五所不與，旅如是寡助、危矣！三居不正、危之道。

鄭汝諧：旅不及中者卑下也，衆所鄙，如初瑣瑣。旅而高亢者衆所棄也。三與上是也。三下有二陰，旅而高亢，豈爲之用哉？故其義必喪也。

李衡引子：與二相得不能守正，反通於下，失旅義，故次焚。童僕失主，次其亡矣，故喪其所親而危及之。

楊萬里：九三亦公侯大臣之顯者喪而在旅者也。剛處剛，下卦之上有上人之心，宜焚其次舍而无所歸，喪其童僕而莫之助。近離故焚。貞猶厲，況不貞乎！

朱熹：過剛不中居下上，故象占如此。喪童僕則不止失其心矣！故貞字連下句爲義。

項安世：三比二，在三爲喪，三以陽得陰故爲喪。如九居三，重剛不中，以此爲貞，適以自危而已。旅自否來三五升降成卦，離火焚其次。與二陰同止无助故喪童僕。

楊簡：九三不中，用剛而過。自居位得勢者尙不可免禍，況於旅乎！宜焚其次矣！在旅而以此與下，中喪童僕之貞，危厲之道也。

吳澄：九三其次則上九也。在離火上故焚其次。否變旅中晝（童僕）去三就五是喪童僕之貞者。占居下上危地也。

梁寅：九三過剛不中，占與六二相反。貞厲言貞固守此，危之道也。

來知德：九三居下之上，過剛不中，自高不能下人，衆莫之與，所處失當故有焚次喪童僕貞象。危厲之道也。三近離火，焚次之象。

王夫之：九三以剛居剛，不中而爲進爻，急去不留，無反顧之情，焚其次誓不復反；徒衆解散不可復收。雖使其去合於正，亦危矣！傳象：好勇不知所裁，與鳥獸同群乎！

毛奇齡：三從五來，五即離火之中，是焚其所居也。三居艮剛，反之倒兌，是兌脫艮所得也。

旅惡過高亦忌太下，今由上五寄居下三、是以旅與下也、求不喪得乎！

折中引潘夢旂：三居剛用剛焚次，上九焚巢，位愈高愈亢則禍愈深。　引邱富國：三貞厲者、過剛不中故也。案：三得位有即次象。以其過剛故焚之也。

李光地：三過剛所處則不安、所撫則不順、以是爲常，能無危乎？　傳象：焚次已可傷，況喪童僕乎！人心不附故其義喪也。

李塨：九三剛无應、比于火下、有焚其即次之象。且互兌爲毀折、爲刑人。獨居艮上、下視艮之童僕如路人、逆旅漠不關念童僕、危矣！

姚配中案：初發成離、艮象壞故焚次，剛不中故厲。案象以已也，傷言甚也。下謂初、三本得位欲之初、與童僕雜居齊齒則小人犯上、有童僕不爲用矣。

吳汝綸：三近離火故象焚次。以剛馭下、故喪童僕貞。

丁壽昌：孔疏程傳貞屬上句、非也。孔云喪其童僕之正。程傳喪貞信謂失其心。當從本義。

蘇蒿坪曰剛不中不知止、失旅道故有焚喪之象。以此爲貞不免厲。變柔欲其改也。

曹爲霖：金谿陳氏曰焚次亦旣傷于旅矣。群下相與、或重其傷、喪僕宜也。如范滂黨錮、過南陽、鄉人侍旁、滂謝曰子隨是重吾禍也。程頤遷、學者曰不必及吾門、蓋此類也。

星野恒：過剛不中、上有離火傷剛暴，失所安又失所賴，雖行正猶不免厲、況不正乎！過剛自高、焚次喪僕固也。

馬通伯：王宗傳曰以旅視下則童僕亦以旅視上矣。黃湻耀曰刻薄寡恩、視童僕若旅人、義當喪。胡煦曰艮廬離逼互巽風、焚次象。案三動焚喪童僕无貴賤、妄動失位故貞厲。
劉次源：三逼離火焚次也。過剛不中、僕有異志、窮无所歸、正亦厲。以羈旅待下寡恩也。
李郁：離火、艮童，又爲廬舍。三近離四、以剛迫剛，又與上九敵應，危極，非貞自守、剛化柔則艮毀舍焚、童僕亦喪。傳象：三傷于離四焚次，反艮不見，喪童僕也。
徐世大：三爻言遭遇不幸。譯：旅行店燒了，失了僕人，久病。貞久厲病也。
胡樸安：所居之舍被火焚，可傷事也。童僕逃亡，其事危厲。象其義喪也。義、宜也。宜其逃亡。
高亨：此殆王亥故事。楚辭天問篇述王亥事。王旅有易時所居客舍忽遭火焚、失其童僕、其事甚危。
李鏡池：商人所到的市場失火、奴隸們乘機跑掉、商人倒霉。
屈萬里：言守其常不移乃厲也。傳象以旅與下，不與上九應而與六二比。
傅隸樸：三剛居剛、艮主。不以現狀爲滿足、不應是傲上不順。據六二初六是與君爭民。違反羈旅正道、燒房舍、收回童僕。盡失生活所有。失正必危故曰厲。
金景芳：旅還是柔弱好。九三有點剛暴、所以焚其次。厲，危險。程傳童僕貞連讀、我同意。朱子貞厲句。傳象黃淳耀認爲下即童僕。以旅與下。把童僕看作旅人。那麼童僕當然不信任你了。
徐志銳：三過剛不中。旅柔中才有人資助。三傲不恭、豈能爲人所容！還非常刻薄看童僕。

旅舍被燒、不能以旅與下。童僕跑掉合情理。與二爻相反。

張立文：九三、（旅焚其次，喪其童僕，貞厲。） 譯：九三、旅居的客舍被火燒了，奴僕乘亂逃亡、占問有危險。 注：喪、亡也。

林漢仕案：初卑賤、如楊萬里謂關羽種菜於魏、蘇武牧羊匈奴。漢仕謂如百里奚之飯牛、蓋心甘情願也，如是旅而雖瑣瑣必不有災害加身也。謂初如左魯襄公二十九年在楚、外為敵制、內迫權臣。（曹為霖）鄭汝諧云蘇張走列國、孔孟皇皇。李衡引仲尼栖栖。姚配中謂天子諸侯旅、則失國象。孔子重耳亦旅也。傳隸樸云陳公子完後昌齊、是旅貞之吉。是旅初之出走、如棄於國人、卑賤如童僕。若後車千乘之遊、卦不合斯象。出奔則有追殺、人命危淺、若自身又不安現狀、計謀褊淺、或甚為姦細行、斯其所以取災也。蓋警辭、非謂初已取災。六二位中正、蓋本賢者為進逐理想、扮演下人。如童僕模樣出走他鄉異縣、今已過信宿、前進茫茫、懷其寶而周遊、為實現理想、德澤與衆共享、分享希望、皆以正道出之。爻文不著吉凶，則知人亦念其家也未全擺平、只是暫時尚相安無事。九三以剛居剛、又為艮主、而無上應。項安世謂重剛不中。高亨云此殆王亥故事。哥倫布、麥哲倫之航海危機亦似之。兩氏一困窮、一身死人手。皆有其個人理想也。象云傷矣、喪也。茲輯易家述九三焚次喪僕狀態：

王弼云：寄旅侵權、主疑故次焚僕喪身危。 孔穎達：據二无應、若齊田氏故為主疑。

虞翻：三動艮壞故焚次。艮滅入坤故喪僕。動失正故貞厲。 張載：志亢焚次、宜也。比二陰，喪其御下之正。　程頤：三居下上自高象。焚則失所安、下離喪童僕貞信，失其心危厲。

蘇軾，三剛居上、見得忘義、焚三取初童僕。　張浚：承離爲焚、剛愎自高、焚。近小人、失君子、不知與下之義。　張根：剛不中、傷矣乎！　朱震：喪其童僕貞、四五不與、寡助、危矣。　鄭汝諧：旅而高亢者衆所棄、故其義必喪。　李衡引子：與二相得不能守正、故次焚、童僕失主。　楊萬里：下卦之上、有上人之心、宜焚无所歸。貞猶厲、況不貞乎！　朱熹：喪童僕則不止失其心，貞連下句爲義。象古如此。　項安世：三陽得陰故喪。重剛不中、以此爲貞、適自危、與二陰同止无助故喪童僕。　楊簡：自居位得勢、尙不可免禍、況旅乎！　吳澄：三次上九也、離上故焚其次、占居下上危地。　梁寅：貞厲言貞固守此、危道也。　來知德：三自高不能下人、危厲之道、近離火、焚次象。　王夫之：三進爻、剛居剛、無反顧之情。好勇不知所裁、與鳥獸同群乎！　毛奇齡：旅惡過高亦忌太下、求不喪得乎！　折中引潘：位愈高愈亢則禍愈深。案三得位有即次象。過剛故焚。　李光地：三過剛則不安、撫不順。人心不附、故其義喪。　李塨：剛无應、比火其即次象。視艮童僕如路人、危矣！　姚配中：三本得位、之初與雜居齊齒、小人犯上、有童僕貞不爲用矣。　吳汝綸：近離火故象焚次。以剛馭下故喪童僕貞。　丁壽昌引蘇：剛不中、失旅道、以此爲貞不免厲。　曹爲霖引陳：焚次傷旅，群下相與、重其傷。范滂謝隨、程子不必及吾門、蓋此類也。　星野恒：上離傷暴、雖正猶不免厲、況不正！　馬通伯引黃：刻薄寡恩、義當喪。三動焚、无貴賤、妄動失位故貞厲。　劉次源：羈旅待下寡恩也。　李郁：離火、艮童、又廬舍。上九敵。化柔則艮毀焚喪。　徐世大：三旅、店燒僕失、久病。　胡樸安：舍焚僕逃。象義喪、宜其逃亡。　高亨：殆王亥事。　李鏡池：市場失火、奴隸跑掉。　屈萬里：比二不與上九、守常不移乃厲。　傅隸樸：不應傲上、據三、與君爭民、燒房舍、收回童僕、生活所有盡失。失正必危。　金景芳：旅還是柔弱好。程傳童僕句　、我同意。把童僕看作旅人、童僕不信任你了。　徐志銳：三傲不恭、豈能爲人所容；刻薄看童僕、跑掉合情理。　張立文：旅居客舍火燒了，奴隸跑了。占問有危險。

九三爻辭爲焚次喪僕、故九三變與不變皆無所逃、其命運如是也。高亨云殆王亥事。李孝定甲骨文字集釋第十四引大荒東經曰『有困民句姓而食，有人曰王亥，兩手操鳥，方食其頭，王亥託于有易、河北僕牛、有易殺王亥取僕牛。』郭璞注引竹書紀年曰：『殷王子亥、賓于有易而淫焉，有易之君緜臣殺而放之、是故殷主甲微假師于河伯以伐易、克之、遂殺其君緜臣也。』（史記作振、楚辭天問作該。陳夢家云「王亥可能即殷之主要始祖契。」　高亨殆謂九三注定被殺，如王亥之爲有易殺、取僕牛同。易家加九三之罪爲*1.*過剛不中。*2.*侵權主疑。*3.*志亢暴下，見得忘義。*4.*好勇不知裁、與鳥獸同群。*5.*无應比火、視僕如路人、或與雜居齊齒、小人犯上。*6.*焚次傷旅、隨者及門皆重其傷。*7.*刻薄寡恩、動失位焚。*8.*燒旅店、久病僕逃。*9.*殆王亥故事。*10.*市場失火、傲上比下、奪其童僕。*11.*

守常守正則危厲。正不免厲、況不正乎！失正必危。

依上⑾說得：九三未未罹凶死、躲過火葬災害。九三失人心，上下俱失。奴僕獲得自由。守正尚危、況不正乎！傳隸樸看成「失正必危。」是正與不正皆危厲、無所逃。九三經火之洗禮、所謂過二宿信爲次、三宿以上、周遊中途遭火焚、幸自身无害、隨員皆棄我而去。在我說缺一臂助力。在童僕言、從恢復平等自由身、未嘗不是件喜事。貞厲也者、依正道追回童僕乎？依正道訴訟追回童僕爲危厲事也。爻在六二、其辭曰得童僕、貞。則九三亦當曰喪其童僕、貞厲。貞乃對九三言、非謂童僕貞、厲。君子守貞尚難、易其以所寄望君子者寄望小人耶？

九四、旅于處，得其資斧，我心不快。

象曰：旅于處，未得位也。得其資斧，心未快也。

子夏傳：得其齊斧。

王弼：斧所以斫除荆棘以安其舍者也。雖處上體之下不先於物、然不得其位、客處不得其次而得資斧之地故其心不快也。

孔穎達：四不同三之自尊、不得位猶寄旅求次舍、不獲平坦之所而得用斧之地。言用斧除荆棘然後乃處。所以不快。

李鼎祚引虞翻：巽處、四焚棄，惡人失位，遠應故旅于處，言无所從。離爲資斧故得資斧。

三動、四坎爲心，其位未正故我心不快。

張載：以陽居陰，旅于處也。所應在初，初爲瑣瑣，志窮卑下，不能大助於己，但得其資斧之用而已！志未有得其心不快。

程頤：剛雖不居中，處柔能下之象。剛才爲五所與，初所應。然非正位，上无剛陽與，下唯陰應，故不能伸其才，行其志，其心不快也。我、據四而言。

蘇軾：資斧所以除荆棘、治次舍也。四剛而失位、所乘者九三、斧而无地者也，故處而心不快。

張浚：晉文在秦，剛不過、柔不屈、賢士從之。得資斧之義。志未及行、心其快邪？離戈兵、巽木斧，離南方爲心、四離剛德、位不得中、曰心未快。

張根：雖非其位而麗乎明故。

朱震：二三止得位爲次舍。四巽入未得位、行者處而已。離兌羸貝資，離兵巽木貫斧。資利、得斧爲斷。上得五，下得三助，然未得位不足發五志、致二之賢，未免爲旅人故我心不快。孟子曰久於齊、非我志也。

鄭汝諧：失位處旅，進居上體、得資也。斧器質剛，可以治次舍，來童僕。然未處安平之地，故心未快。齊魯君待孔孟以季孟間，以萬鍾，甘旅不就者，處非其地也。

李衡引陸：陽居陰謙下、得旅之宜。應初比五未決、必資以斧斷所取，卒承五、應初非本志故不快。引牧：雖有才、志不得行故心不快。體剛于旅未盡善。引介：居陰得行，有剛斷志故能安其不可爲之時。此知者之旅也。　引朱：雖得資利斧斷，未允爲旅人故不快。

孟子久齊非志也。

楊萬里：四在下卦之上、上卦之初，亦公侯在旅者。剛明居柔以下人、得資猶能富貴人、得斧猶能威罰人。猶未快心。非二五未得位、近乎五故旅于處。

朱熹：陽居陰、處上之下，用柔能下，然非其正位，又上无剛之與、下唯陰柔之應，故心有所不快也。

項安世：四剛炎上志高明、不以得利爲足故心未快。四在旅能順、麗乎明、兼得資財致用之利，不若得中得正之爲快也。君子所樂、利不與焉。可爲，未得位故我心不快。

趙彥肅：陽居陰暫遇爾，非即次也。離性上行，陽能動有上從五、以復于次之志。得資斧可剪除荊棘，開通道路。有志未上達故心不快。

楊簡九居四不安，處未得位，旅道非止於柔弱，亦有剛斷之道焉。四剛有斧象、非昏妄者故曰得資斧。然非中非得道者、故未能安、有不快之心焉。

吳澄：四乃五比近依乘之地，暫時居處也，互巽資、離兵斧，用以析薪斬伐也。我謂五卦主，然所依者非正位，豈心之所樂哉！

梁寅：四處不當位、九三強暴爲四之害者。三思奪四、四才剛有備、故云得其資斧。漢書引資作齊、應劭云利也。四雖有備、在羈旅遇暴、其心不快、處不安而懼害也。

來知德：旅處、暫棲息也。資助財貨，斧防身具。九四陽居陰、乃巽順從人者，故旅處得資斧象。但下應陰柔、所托非人，故又有我心不快象。占者亦如是也。

王夫之：處羈旅所處之國。斧、行攜以備樵、採椓杙之用。四剛失位、退爻、未可留而姑留者。留則得其資斧，四志本剛、非以資斧爲念者也，故心不快。若孟子於齊梁是也。

毛奇齡：四獨得所居處也。處者居也。今旅也而于處矣。旣懷巽資、復得離斧。餱糧戚揚，正旅遷者所有事。當大坎中，坎爲亟心、恐于其心有未快耳。（或謂斧釜通、非是）

折中引蔣悌生：凡卦陽皆勝陰，惟旅不然。二五柔吉，三上剛凶。九四姑安身而已！　案：四位非正、旅處多懼地，加斧自衛，安得快然而安樂乎！

李光地：九四雖非純剛、亦無柔中之善。暫寄於所處、以資斧自防，心未能坦然安樂。　傳象：斧者阿患。坦然安舒則無所用之。故二言資不言斧。

李塨：四以剛處柔、未得其位，故不若二三之有其次也。姑處耳。且得資又須得離兵以防之、心曷得安焉！

孫星衍引釋文：資斧，子夏傳及衆家並作齊斧。虞喜志林云齊當作齋。齋戒入廟而受斧。集解云張軌曰齊斧蓋黃鉞斧也。　引張晏曰齊整齊也。　引應劭曰齊、利。

姚配中案：資、衆家作齊、張晏曰整也。應劭曰利也。亡利斧則無以復斬斷也。齊斧喻征伐。心未快、其文主尊征見讒象與？四之正有應故得資斧之正。互坎心病故不快。

吳汝綸：資斧、衆家本幷作齊斧。齊、利也。與資同聲通借。齊斧以喻威柄。旅于處即處于旅倒文也。處旅而得威柄，蓋位輕而權重，故心未快。

丁壽昌：資、子夏傳作齊。張軌蓋黃鉞斧。張晏整齊。應邵利。志林當作齋。資齊古通、讀如齊衰之齊。虞離爲資斧。蘇蒿坪：我心不快、取變坎加憂之象。

曹爲霖：陳氏曰旅非正位，雖有得而弗快也。孟子在宋有遠行，在薛有戒心。二國交餽然未能行其道。象亦類此。

星野恒：陽剛居近君位，下與初應而專斷割。然居不中正、其心不樂。雖外有相與之人、卒不危疚。況旅窮時可不自正其躬乎！

馬通伯：應劭云齊、利也。王樹枏曰齊資同字。陳法曰三爲行旅之旅故曰次。四羈旅淹留處。案旅久處必戀。蓋懼旅人懷安而深警之。齊斧衛身、有戒心故不快。三四皆値卦之中、心位。

屯園先生：才剛失位、雖處不安。君子志不在溫飽故寡歡。羈旅求志、未得道奚行？縱助以資斧，違初心也。

李郁：四艮上、依舍而棲故曰旅于處也。又四物可養生，亦可戕生。養生曰資、戕生曰斧。或資或斧、我心憧憧，是以不快。 傳象：雖有棲止之地，亦未安也。

于省吾：三動四坎爲心、位未正故我心不快。按說卦坎爲加憂、爲心病。孟氏逸象坎爲心爲憂。來氏變錯、誤與虞等。不求諸大象而誤。二至五互大坎。象俯拾即是。

徐世大：四爻言阻於中途、雖囊資充裕而焦急。譯作旅人停留、得他盤纏、我心不快活。

胡樸安：舍焚而無所往、仍旅於其處。言無固定居處也。資作齊，利也。得利斧謀生活、心終不快。

高亨：殆王亥客舍被焚後自造室而居。前被人盜劫資斧、今復得。我心不快者：舍焚、童僕喪、資斧失、明是有人暗害，今雖復得、我仍不快也。至所以復得無由知也。

李鏡池：處：止，商人住宿旅館或市場。商人做買賣賺了錢、心不安，怕生事故。商人用銅幣、說明商業比較發達。

屈萬里：資，熹平石經作齊。應劭云齊、利。資斧即鈇鑕。鈇亦作斧。質即鑕。質鈇即資斧。于曰也，爰也。方言苦、快也。自關而西曰快。是苦快義可通。儀禮問幾月之資。鄭注資、行用也。古文資作齎。

傅隸樸：四以剛明居陰柔位、是懷才遭放、失位旅人。九四爲五所乘、心感不愉快之一；得一塊地托足，用自己刀斧去披荊棘、不愉快之二。資用。以剛居柔、自晦其才、只是心中不快而已！

金景芳：陽剛在旅是不好、姑足安其身而已！豈得遂其志？所以旅于處而已。折中引蔣悌生說。蔣氏解挺好。

徐志銳：剛居陰位、剛而能柔、也能爲人所容。蔡淵：「處、居也。」暫住曰次、長居稱處。資質、斧爲武器。寄人籬下才幹沒發揮、所以快快不快。懷才不遇未得官祿之位。故言未得位也。

張立文：〔九四、旅于處，得〕其溍（資）斧，〔我〕心不快。譯：九四、旅人在客舍裡找回失落的錢幣。錢雖然找到了，心裡還是不太愉快。　注：滑假爲資。滑晉齊資古相通。斧、銅幣。後演爲布。

林漢仕案：得資斧、心不快。學者多從象以「未得位也。」著墨。虞翻即曰「其位未正故我心不快。」張載以「志未有得故其心不快。」程子以「不能伸其才、行其志、其心不快。」朱震云「得斧爲斷、未免爲旅人、故我心不快。孟子曰久於齊、非我志也。」楊萬里曰：「得資能富貴人、得斧能威罰人。猶未快心。未得位、旅于處也。」趙彥肅云「得資斧可剪除荊棘、開通道路、有志未上達故心不快。」折中引蔣悌生：「九四姑以安身而已！案「旅多懼、加斧自衛、安得快然而安樂乎！」屯園先生謂：「君子志不在溫飽故寡歡，縱助以資斧、違初心也。」傅隸樸云：「懷才遭放、心不愉快之一；得一地托足、用刀斧披荊棘、不愉快之二。」徐志銳：「寄人籬下、才幹沒發揮、所以怏怏不快。」張立文：「失落錢幣雖然找到了、心裡還是不太愉快。」

九四爻辭「我心不快。」後聖即上窮碧落下黃泉，猜測不快原由而賦九四「我心不快。」回憶九三時段、剛躲過死亡約會火焚火葬洗禮、隨員皆棄我而去、各喜獲得自由、在我爲失、在彼爲得、即依正道訴訟追回、亦屬危厲事。時光進入九四、旅人繼續其周遊放逐之行程。九四所遇狀況：旅于處、蓋旅人到達處、處應爲地名、即到達一處處。一統志謂州名、不必以今制古、說是處州。即一處處是也。旅人到達斯處處、得其齊斧。資斧、子夏傳作齊斧。齊、荀子哀公篇：「資衰苴杖者不聽樂，非耳不能聞也，服使然也。」盧文弨集解云：資與齊同。苴杖、竹也。黼衣黻裳者不茹葷……注祭服。祭有五服、斬衰、齊衰、大功、小功、緦麻。視親疏爲差等。 齊衰之齊、緝也。麻布但有緝邊、比斬衰差一等，如孫爲祖父母、夫爲妻、已嫁女爲父母服。又有齊衰五月、齊衰三月之服。今荀子集解注資與齊同。又云黼衣黻裳者不茹葷……注祭服。 斧者黼也。儀禮覲禮天子設斧依於戶牖之間左右几、天子袞冕負斧依。疏：繡斧文示威、白與黑謂黼、黑與青謂黻、五色備謂繡。斧謂黼者據繡次言之。儀禮覲禮斧謂黼以繡次言、又云繡斧示威。荀子以黼黻者不茹葷……注祭服、禮大夫爲舊君服齊衰三月。言以其道去君、猶未絕也。故子夏傳得其齊斧者、豈九四于處處時，聞得舊君山陵崩乎？故爲齊度三月。夫如是「我心不快。」爲資斧、資者齊也得到較爲完善合理注腳。然先賢之注齊斧爲利斧者如應劭曰齊，利也。陳琳檄吳將校部曲文「以膏齊斧。」王先謙云齊斧義取斬斷、言齋戒、非也。 又資斧、王注斫除荊棘。亦利斧義、程頤以資斧爲貨財、通行旅之貲費爲資斧。高亨六二爻辭解「資下當有斧字、斧當讀爲布、資斧猶今之錢財。」是資斧得三解：1.齊衰喪服。2.利斧。3.資財。茲輯古今名家易注於一堂。咨君索取而是是非非之也：

象分二部分判斷：1.旅于處爲未得位。2.得資斧爲心未快。

王弼云：斧所以斫除荊棘。客處不得位而得斧，故心不快。

孔疏：不得位、不平坦得用斧、言除荊棘然後處。所以不快。

虞翻：惡人失位遠應、无所從。離資斧。位未正故不快。

張載：初瑣瑣不能助己。但得資斧用、志未得故心不快。
程頤：上无剛與下唯陰應、不能伸其才行其志、心不快也。
蘇軾：資斧除荆棘治次舍。乘九三斧无地者故心不快。
張浚：晉文在秦剛不過、柔不屈、賢士從之、得資斧義。四位不中、曰心未快。
朱震：四未得位、行者處而已。未免爲旅人故不快。孟子曰久於齊、非我志也。
鄭汝諧：得資斧可治舍來童僕、未處安平地故心未快。
李衡引陸：得旅之宜。以斧斷初承五、應初非本志故不快。
　引牧：有才，志不得行故心不快。體剛旅未盡善。
　引朱：雖有資利斧斷、未免爲旅人故不快。
楊萬里：四公侯之旅者，得資富貴人、得斧威罰人、猶未快心。
朱熹：非正位、上无剛與、下陰應故心有所不快。
項安世：四炎上不以得利爲足。未得位故我心不快。
趙彥肅：得資斧可剪除荆棘通道路，有志未上達放心不快。
楊簡：四剛、斧象、非昏妄者、然非中非得道者，故未能安、有不快之心焉。
吳澄：四五比、互巽資、離斧、我謂五卦主。
梁寅：三奪才剛有備之四、故云得資斧。羈旅遇暴、心不快。
來知德：旅處、暫棲、斧防身、應柔托非人故心不快象。

王夫之：處旅國、斧備樵、四剛非以資斧爲念者故心不快。
毛奇齡：旅而居、懷餱糧斧戚、恐于其心有未快耳。
折中引蔣：九四姑以安身而已！案旅多懼、斧自衛、安得快樂！
李光地：暫寄以資斧自防、心未能坦然安樂。
李塨：剛處柔、姑處耳。得資又須離兵以防、心曷安焉。
孫星衍：子夏作齊斧。虞喜作齋戒受斧。張軌蓋黃鉞。張宴整齊。應劭齊，利也。
姚配中：亡利斧則無以斬斷。齊斧喻征伐。文王專征見譏與？
吳汝綸：齊資同聲通借。齊斧喻威柄、處于旅得威柄、位輕權重故心未快。
丁壽昌：讀如齊衰之齊。蘇蒿坪：取變坎加憂象。
曹爲霖：雖有得而弗快。孟子有遠行，在薛有戒心；二國交餽、未能行其道，象類此。
星野恒：剛近君應初而專制、卒不免疚。不中正心不樂。
馬通伯：王樹柟齊資同字、陳法四淹留處。斧衛身，有戒心故不快。三四卦中、心位。
屯園先生：君子志不在溫飽，羈旅求志、縱助，違初心也。
李郁：依舍而棲、資養生、斧戕生。我心憧憧是以不快。
于省吾：位未正故心不快。說卦坎心病、二至五互大坎。
徐世大：四阻中途，雖資裕而焦急，我心不快活。
胡樸安：無固定居處、得利斧謀生，心終不快。

高亨：殆王亥舍焚童僕喪……有人暗害，今復得，我仍不快也。

李鏡池：處、止。商人賺了錢、心不安、怕生事故。

屈萬里：資斧即鈇鑕。方言苦、快也。苦快義可通。古文資作齎。

傅隸樸：懷才遭放、五乘不快一；自己披荊棘不快二。自晦其才、只是心中不快而已。

金景芳：陽剛在旅不好、姑足安身而已！豈得遂志？

徐志銳：剛而能柔、能爲人容。長居曰處。寄人籬下所以快快不快。

張立文：在客舍找回失落的錢幣、心裡還是不太愉快。

易家因爻辭「我心不快。」得找出不快之理：

1. 未得位、得資斧爲心未快。重心在未得位。王孔加上用斧除荊棘。張浚以位不中，心未快。鄭汝諧以未處安平地爲心未快。

2. 張載言初瑣瑣不能助已。程子另加上无剛、不能伸才行志，故心不快。蘇軾以乘九三、斧而无地故心不快。

3. 朱震云未免爲旅人故心不快。

4. 以斧斷初承五、應初非本志故不快。（李衡引陸）

5. 四公侯之旅者、得資得斧猶未快心。（楊萬里言）

6. 四炎上不以得利爲足。未得位故心不快。（項安世）

7. 有志未上達。（趙彥肅）

8. 吳澄：我謂五卦主、我不快乃五不快。
9. 羈旅遇暴、心不快。（梁寅）
10. 四剛、非以資斧爲念者故心不快。（王夫之）
11. 毛奇齡云懷餱糧斧戚、恐于其心有未快耳。
12. 四姑安身、旅多懼、斧自衛、安得快樂！（折中引）
13. 文王專征見讒與！（姚配中）
14. 處于旅、得權柄、位輕權重故心未快！（吳汝綸）
15. 雖有得而弗快！未能行其道。（曹爲霖）
16. 三四中心位。四淹留，有戒心故不快。（馬通伯）
17. 剛近君應初而專割，不免疚、不中正心不樂。（星野恒）
18. 羈旅求志、縱助、違初心也。（屯園先生）
19. 資生斧戕生、我心憧憧是以不快。（李郁）
20. 坎心病、二至五互大坎、位未正故心不快。（于省吾）
21. 四阻中途、雖資充裕而焦急不快活。（徐世大）
22. 無固定居處、心終不快。（胡樸安）
23. 殆王亥喪僕得僕故事、有人暗害、我不快。（高亨）
24. 商人賺了錢、心不安、怕生事故。（李鏡池）

25.屈萬里：方言苦、快也、苦快可通。古文資作齎。

26.懷才遭放、五乘不快：自己披荊棘、不快。（傅隸樸）

27.陽剛在旅不好、姑足安身而已，豈得遂志？（金景芳）

28.長居曰處、寄人籬下、所以怏怏不快。（徐志銳）

29.找回失落錢幣、心裡還是不太愉快。（張立文）

九四我心不快、有人謂我心不苦、不苦則樂矣！有人謂不快者乃六五！有人謂四炎上不以得利爲足、豈有篡奪之志？有人稱暫棲、斧防身、應柔托非人故不快。不快其多而不可捉摸也！前聖命題謎語爲不快、後聖緣不快而馳騁多路、雖然資斧、齊斧、喻多金富貴與威罰威柄專征、黃鉞、鐵鑕、而仍無益我心不快之最佳詮釋。斧者黼也。荀子稱黼衣黻裳者不茹葷……注喪服、然則齊斧即謂齊衰耶？或則一年、五月、三月視親疏其服不等。旅人至九四旅于處處即聞得、或傳來旅人有服在身。有親人辭世、或舊君山陵崩、如是而爻謂我心不快、似覓得一比較合理註腳。

至處之言客處（舍）、除荊棘然後處、處而已、未處、旅處暫棲、處旅國、旅而居、暫寄、姑處、即處于旅、淹留處、依舍而棲、處止、長居曰處、一統志謂處州、州名。蓋非爻主旨所在、似不必一於孰是孰非、要之旅至處州傳來噩耗豈爲舊君有服（三月）是其義耶？

六五、射雉，一矢亡，終以譽命。

象曰：終以譽命，上逮也。

干寶：逮、安也。離爲雉，爲矢。巽爲木、艮手兌決、矢決于外射象。履非位又无應，射雉終失，喻損小、託祿父爲王，後小叛終逮安周室故曰終以譽命矣。

王弼：射雉、一矢復亡、明雉終不可得矣！寄旅進處文明之中居貴位，終不可有。能知禍福之萌不安其處，乘下承上故終以譽而見命也。

孔穎達：羈旅不可處盛位，六五貴位不可保，譬射雉亡失其矢、雉終不可得。然文明能照禍福之幾，不乘下侵權而承上自保故得終以美譽而見爵命。

李鼎祚引虞翻：三變坎爲弓、離矢故射雉。五變體乾，矢動雉飛，雉象不見故一矢亡矣。

張載：四處陰應下，堅介難致，雉之象也。以力致之，徒喪其矢，喪矢喪其直也。文明居中，必不失其直，當終得譽美。

程頤：五有文明柔順之德，上下與之處、旅之至善者也。射雉謂取文明之道，一矢亡，發无不中則能致誉命，誉、命聞也，命福祿也。君无旅故不取君義。

蘇軾：居二陽間、可以德懷、不可力取。如以一矢射兩雉、理无兼獲。得四則失上。若忘矢不射，則二陽皆可以其功譽而爵命之，非獨得四、可以及上也。

張浚：離火爲雉、戈兵爲射雉。互體兌爲譽命。人君不幸在旅、德必若文王、孔子，然後動無過舉、治道可復。

張根：此旅而得位者、所謂聞其政非有所助而然、特其譽上達而已。

朱震：君不可旅也、五不取君象。離兵、伏坎了，伏艮手。五動、一矢亡雉。五得中未當位，上九屈體逮之則令譽升聞而爵命之矣！兌口在下譽、巽命上卦終由譽而後命。

鄭汝諧：五得位、旅非人君事。雉文明物，求時君文明，以直道取之而无獲、如亡矢爾。孔孟遑遑射雉亡矢，譽命不我捨。所至必聞其政、時君盡禮以交之。

李衡引陸：雉文明、矢直。以專直之道、期中文明之位必不可得、尼父之旅近之。 引石：上及己，己能順人。引胡：五柔中順剛、親比者寡，爲上九所信，尊顯之命及之。

楊萬里：六五王者蒙塵在旅者。王者无外，何旅之有？宜王匿召公家、亦旅也。五卦主離明居尊、牧以謙柔、言發无不中、得乎人之譽、得乎天命自旅爲天子。復歸天下國家與！

朱熹：雉文明物、離之象。五柔順文明、又得中道、爲離主。得此爻者爲射雉象。雖不无亡矢之費，而所喪不多，終有譽命也。

項安世：六上五成離而九去之故射雉得而亡一矢，離爲雉、剛爻爲矢。中德爲譽、中位爲命。六五爲文明之火、故終以譽命。五失剛故亡矢、得離中位故射雉。

楊簡：六五中正文明。射亡矢、無應道不行也。六二不應故有此象。五文明德不可掩、人皆服之、譽之。自有命之者。上九比、陰陽有相親之象。

吳澄：離雉、乾剛象矢、射得雉。陽下居三亡一矢。占文明之柔、不免亡矢，人譽歸己，己命行於人、能兼者蓋鮮。

梁寅：射雉亡其一矢、失小得大。能有獲而終以譽命矣！人之稱譽、天之休命、言始雖不幸、終則吉也。五中順文明、處旅時有獲者歟！

來知德：離雉、錯坎矢象。兌口人譽之象。天命令也。以用。言五比四應二、終得聲譽命令也。如玄宗幸蜀，建中之詔。五文明得中順四應二。占者始凶終吉可知矣。

王船山：雉文明之禽。五離主欲麗乎陽，不能有爲則爲不得雉、竝其所以射者亡，所謂道之將喪也。雖爲旅人、豈能去之哉！止而麗乎明，此爻當之。　傳象孔子自當之。

毛奇齡：否上卦乾、三五互巽、合金木爲矢。射離雉而一矢亡。三五同功爲兌、爲倒巽、五以兌悅之口出之成譽，加巽命、是羈旅之臣所至揚誦。逮夫子推易一例。

折中引朱子語類：亡如秦無亡矢遺鏃之亡。　引王申子：一矢亡、言中之易也。　案：五不取君義。古士大夫出疆以贄行，士執雉相見、射得進身有階。有譽獲乎上則有命。

李光地：五柔中在外而順剛、文明主。旅時出有所獲象。一矢亡、言獲之易也。所獲者文明之物則終有譽命矣。　傳象：凡言命者、自上而下。故以上逮釋譽命之義。

李塨：離野雉、旅人可射。〔伏坎爲弓射象〕乾爻象矢、今見坤不見乾、是射雉亡矢也，非旅小損歟！五柔中、不惟順上九、九四九三剛、即二譽爲我譽、命令及遠矣。

孫星衍引釋文：逮音代。一音大計反。

姚配中案：一矢亡謂全卦俱化成坎也。五發上亦之正、終及上故終有譽命。一陰一陽成既濟也。

吳汝綸：射雉一矢亡者，乾變爲離象。陽爲矢，五變陰是一矢亡。雉文明、離象。易之取象大率如此，可推知也。初譽命、終變成乾。譽命、善名也。

丁壽昌：朱子語類：亡如秦无亡矢之亡，不是伊川之說。易言終吉是初不甚好。上九焚巢安得有譽命哉！謹案折中不必以六五有位爲上九所尊顯。蓋居高位便是上逮、是不從注疏之說。

曹爲霖：思菴葉氏曰王者無旅、旅則失位。天子出居、春秋傷之、故此爻不取君位象。陳氏曰上逮者見知于上也。如陳平亡楚歸漢、封曲逆侯。叶斯象矣。

星野恒：旅非君之事。雉文明離象。旅柔順文明得中、上與陽比、猶射雉而得、雖有亡矢、名譽上達。依中庸而行、旅如是、處旅之善者也。

馬通伯：劉文鳳曰以通有。案處盛位而旅、有射雉象。士出疆必載贄、士執雉故射。亡矢見射藝精、取物廉。勇且仁所以終有譽。騶虞詩壹發五豝、獸多取少、仁心之至。

屯園先生：離矢射不得而矢遺。得中于外、不能乘權有爲，天心逮乎已故終以譽命，夫子之自信也，周遊而道行。

李郁：離矢，謂五射上，上墮五而離失，故一矢亡。陽剛得中爲譽，得正爲命。上來五、位居中正故終以譽命。

徐世大：五爻有奇遇。小失大得。射野雞，失一支箭、終得讚美命運。

胡樸安：射雉為生活，一矢加之，不中而亡也。及中雉、有榮譽之名也。逮、及也。

高亨：射一矢亡者，蓋雉帶矢飛去也。終以譽命者。衆人稱其善射、上賜以爵命也。雖有亡矢之失、得善射之譽而錫爵命。疑亦與王亥有關。

李鏡池：旅客在途中一箭射中野雞，野雞帶箭飛走。雖然沒有得到野雞、但得到善射美名。命、名。雉、野雞。

屈萬里：謂終得獎譽之命令也。以猶及也。　傳象：集解虞翻曰逮、及也。　詩逮有善待之義。「后妃逮下也」

傅隸樸：五離中文明主、陰居失位。為上九所據、乘九四剛。被據失自由、乘剛失安全。五射雉求文明得文明、本文明中正承上親四、以譽命爵位終結羈旅生活。本爻獨不稱旅。

金景芳：朱熹解釋比程傳順些：程射雉一矢亡、中則能致譽命。朱子亡矢之費不多、終有譽命。又程傳人君无旅、旅則失位、故不取君義。

徐志銳：六五質剛用柔適中、彖說「柔得位乎外而順乎剛」之爻。順剛得主人之助、故言終以譽命。猶說終于獲得榮譽之名。象傳上逮也、六五榮升、主人賜爵祿官位。與四區別在于中與不中。

張立文：六五、射雉，一矢亡，冬（終）以舉（譽）命。　譯：六五、旅人射野雞、一矢中、野雞帶射飛去、終於保住性命。　注：冬假終。　舉假譽。衆人稱譽得善射名。又射雉中飛去、終於保住性命。

林漢仕案：旅至六五。旅人之高峰期。論語：「四十五十而無聞焉、斯亦不足畏也已！」四十五十蓋亦人生高峰期、旅而無聞焉、亦不足畏也。聞即如有所試之後所謂譽也。象稱上逮、是六五必有所試之後有所譽也。爻故謂終以譽命。程子謂「君无旅、故不取君義。」應云：「君無終旅。」終旅則如其徒楊萬里言：「六五王者蒙塵在旅者。」朱震云：「君不可旅、五不取君象。」鄭汝諧亦云：「旅非人君事。」又云：「孔孟遑遑。時君盡禮以交之。」孔子至唐已取代周公爲大成至聖先師矣、宋封素王、（五代呼顏爲亞聖——見南漘楛語卷五，蔣超伯）儒統以孔子爲至聖、顏子復聖、曾子宗聖、子思述聖、孟軻亞聖。佛稱孔子爲光淨童子、儒童菩薩；道以孔子爲玄宮仙眞、墨以孔子爲太極上眞君。（秋雨盦隨筆）雍邱婦人上孔廟祈子、露形登堂。直將孔子當作送子觀音矣！宋封孔子爲王，鄭汝諧不免以彼時之今、制春秋晚期之古矣！後之儒者謂孔子自當之、謂夫子之自信、推孔子素王之強登六五寶座也。高亨咬定王亥故事。乃王國維先生一重大發現、顧頡剛先生古史辨三册上編周易卦爻辭中的故事一、王亥喪牛羊于有易。一見大壯六五爻辭、一見旅上九爻辭。若然、六經皆史也。易爻卜辭耳、借用名人軼事以明事理、非專述名人歷史故事以彰明其史事之眞實性。如彼云廟中牙牌數：太公釣魚、伍胥吹簫、關公種菜、秦瓊賣馬。若不幸古史失傳、只能稱古代有這號人物、不能逕謂此即歷史、補史之闕。蓋星星點點不足照明當下萬物也。玆依例彙集先賢述作、六五射雉、一矢亡、終以譽命。何謂也：

象云：終以譽命，上逮也。

干寶：逮、安。履非位无應、射雉終失、喻損小。
王弼：明雉不可得。貴位終不可有、知禍福故終以譽見命也。
孔疏：貴位譬射雉不可得、不乘不而承之、終見爵命。
李引虞翻：三變坎弓離矢、五變雉不見故一矢亡矣！
張載：四雉象、喪矢喪其直。文明居中、終得譽美。
程頤：五柔順、旅之至善。發无不中則能致畜命令聞。
蘇軾：一矢射兩雉、理无兼得。不射非獨得四、可及上。
張浚：人君不幸在旅、必德若文王孔子、動無過舉、治道可復。
張根：旅而得位、聞其政非有助、特其譽上達而已！
朱震：五不取君象。五中未當位、兌口在下、譽。
鄭汝諧：五得位。孔孟遑遑、譽命不我捨。時君禮交之。
李衡引陸：尼父之旅近之。引胡：爲上九信、尊顯命及之。
楊萬里：六五蒙塵。五卦主謙柔、得人譽、旅復歸天下國家與！
朱熹：五中道離主。雖不无亡矢之費、終有譽命也。
項安世：五爲文明之火故譽命、失剛亡矢、得離故射雉。
楊簡：無應道不行。上九比、文明、人皆服譽之。
吳澄：乾剛象矢。人譽歸己、己命行於人、兼者蓋鮮。

梁寅：亡矢失小得大、獲終譽命矣！五中順文明終吉也。

來知德：離雉錯坎矢兌口譽、五比四應二、占始凶終吉矣。

王船山：不能有爲則不得雉、道將喪也。孔子自當之。

毛奇齡：羈旅之臣所至揚誦、逮夫子推易一例。

折中：士大夫以贄相見、射進身階、譽獲乎上則有命。

李光地：文明主、一矢亡言獲之易、獲文明物則終有譽命矣。

李塨：射雉亡矢、非旅小損歟！柔順剛、二譽爲我譽、命令及遠矣！

姚配中：矢亡全卦化坎也，五發及上終譽命、一陰一陽成旣濟。

吳汝綸：乾變離、陽矢、五變陰矢亡。譽命、善名也。

丁壽昌：朱子秦无亡矢之亡。上九焚巢安得有譽命哉！六五居高位便是上逮。

曹爲霖：葉氏曰王者無旅、天子出居、春秋傷之。故此爻不取君象。上逮、陳氏曰見知于上。

星野恒：上與陽比、射雉得、雖亡矢、名譽上達。旅之善也。

馬通伯引：以通有。士執雉故射、亡矢見藝精。廉勇仁之至。

屯園先生：射不得矢遺。天心逮己。夫子周遊而道行

李郁：五射上、上墮五位居中正、故終以譽命。

徐世大：五有奇遇、射失一支箭、終得讚美命運。

胡樸安：射雉為生活、一矢不中亡、逮及中有榮譽之名。
高亨：矢亡蓋雉帶矢飛去、衆人稱善射、上賜爵命。疑與王亥有關。
李鏡池：一箭中野雞、帶箭飛走、得善射美名。命、名。
屈萬里：終得獎譽之命令。以猶及也。
傅隸樸：五文明主，終結羈旅生活。本爻獨不稱旅。
金景芳：朱比程傳順些。朱亡矢費不多、終有譽命。
徐志銳：六五榮升、主人賜爵祿官位。故終以譽命。
張立文：旅人射野雞、帶射飛去、終於保住性命。

象傳之上逮也。逮、干寶「安」來知德「用」、毛奇齡逮夫子推易一例。似作追解。胡樸安「及」、屈萬里「以猶及」、虞「逮、及也」。詩逮有「善待」之義。由屈萬里之釋以、及也。象謂上逮、義謂上安、上用。上善待。與一般易例言、六五似受制上也。上指上九。五為君、上九豈退位、交權之太上老君？爻以五為尊、雖然、悠悠衆口謂六五之旅為出居、春秋傷之，故王者無旅、六五非王者。君无旅故爻不取君義。然六五之位、於一卦中為最高峰期、過此即將變也。處最高峰期而仍有頂頭上司、於易例言是不合轍。故丁壽昌稱「蓋居高位便是上逮。」楊萬里云「得乎人之譽。」吳澄：「人譽歸己。」梁寅：「人之稱譽、天之休命。」是天視自我民視之意乎？得乎其下者、得其心也耶？李光地謂凡言命者、自上而下、故以上逮釋譽命之義。蓋亦以五為上、五文明主。屯園先生之所謂「天心逮乎己、故終以譽命」乎？ 李郁亦謂「上來五、楊剛得中爲譽、（五）位居中正故終譽命。」故五之終以譽命、非以「爲上九所信、尊顯之命及之。」（李衡引胡）楊簡「上九比、陰陽有相親之象。」曹爲霖引陳氏曰「見知于上。」丁壽昌云：「上九焚巢、安得有譽命哉！」是終以譽命、六五一爻言有崇高美名也乎？終、崇也。李鏡池謂「命、名。」不必見知于上、爲上九所信。「六五射雉、一矢亡。」是中與不中亦有所爭也！所射、非援弓繳而射之、則矢亡者可能其射也遠逸目標之外。朱子謂秦无亡矢之亡。豈有意忽略去一「无」字乎？秦无亡矢遺鏃、若缺一无字、則秦亡矢遺鏃可能多矣！今觀易家不知所措在射中雉其否、紛紛覓射雉亡失得譽之合理境界：干寶謂矢喩損小。是射未有得也。王弼孔穎達是之、謂雉不可得。 至程子一變爲發无不中矣，爛射手一變而冠軍射手。 蘇軾更高妙、以不戰而屈人之兵高調謂「一矢兩雉、理无兼得、不射、得四可及上。」不射反得雙雕、妙乎？ 李光地：「一矢亡言獲之易。」蓋依朱子秦无亡矢之意乎？不費一矢而獲故可言容易。馬通伯尤迂，謂亡矢見射藝之精、取物廉、勇且仁。壹發五豝、獸多取少、仁心之至。所以終有譽。」明明射劣而矢亡卻謂精、廉、仁、勇。六五其過譽矣！再說一發、非一矢、其一發（袋）共有箭十二支而射中五豝也、何來仁心？ 胡樸安以射雉爲生活、一矢不中亡。高亨云雉帶矢飛去、李鏡池、張立文是之。張立文則兼述及帶矢飛去之雉「終於保住性命。」無畫蛇添足乎？做戲无法、出個菩薩、障眼法上場：三變坎弓、離矢、五變乾、矢動雉飛，雉象不見故一矢亡。（虞翻）離兵、伏坎弓、伏艮手、五動矢亡雉。兌口譽。（朱震）否上乾木合三五互巽金為矢、射離雉亡。兌口譽、是羈旅所至揚誦。（毛奇齡）離野雉、伏坎弓、乾矢、見坤是亡矢。（李塨）

張載以喪矢喪其直。李衡引陸：雉文明、矢直。尼父之旅近之。六五位剛而柔、張君承矢喪矢喪直說，似因中順文明而後繼无人斥五亡喪直。

旅有託祿父、文王、孔孟、唐玄宗幸蜀。或統言六五王者蒙塵在旅。因程子之君无旅故不取君象、故五不取君象、旅非君事說者前踵後繼絡繹於途。曹為霖即引降六五如陳平亡楚歸漢、封曲逆侯、叶斯象。徐世大、胡樸安、李鏡池仍歸彼六五為流亡者、旅人云射雉為生活、射野雞有奇遇。野雞帶箭飛走。至傳隸樸安排六五以譽命爵位終結羈旅生活、徐志銳六五榮升、主人賜爵祿官位。六五果終結其旅乎？明來知德云「占者始凶終吉可知矣！」觀上九焚巢、號咷。「公主和王子、從此過幸福生活。」似不能籠統混過！詮六五爻為尼父棲皇之旅者有張浚、鄭汝諧、李衡引陸、王夫之、屯園先生。人多勢衆、似當為主流學。案干寶言祿父為王、祿父、武庚字祿父、紂子。武王封以續殷祀、周公因彼與管叔蔡叔亂而殺之。干寶之託祿父說、似明顯欠妥。以贊禮言、士以雉相見。彼尼父者以吾從大夫之後、亦不當因周遊而降貶身分、若甘心為士、何必去父母之國若喪家之犬！旅卦、至六五、如有所試後有所譽、允文乎？允武乎？爻謂一矢亡、即亡一矢之謂、一發共十二矢、亡一矢則其餘皆中的。以十一矢中的、云「終以譽命。」獲崇高讚譽其不爲過也！況謂六五離明乎、柔順乎、居中不失直乎。剛位柔居、能屈能伸。星野恒謂依中庸而行。在我者已盡善矣、在人者誰毀？誰譽？如有所譽、今試之矣！「六五、射雉、一矢亡、終以譽命」者其如是乎？

高亨、李鏡池之謂「蓋雉帶矢飛去。」果然東洋一小國日本。由美聯社傳眞：「尖尾鴨中箭、飛也飛不高」之圖片、東京市民憤怒獵殺候鳥事件。（一九九三、二、十一民生七版載）漢仕題：「鴨鴨何罪、肉身是罪。」

易不爲雉（鴨）請命，姑博君一粲耳。蓋亦天生萬物以養人乎？抑天生人亦以養蚊蠅之智者、強者、奸巧者！

上九、鳥焚其巢，旅人先笑後號咷。喪牛于易，凶。

象曰：以旅在上，其義焚也。喪牛于易，終莫之聞也。

馬融：其義焚也。義，宜也。（釋文）

王弼：居高危以宅巢之。客得上位坎笑，旅處上、衆所嫉，以不親之身、當被害之地、凶道，故號咷。危而不扶，莫之聞則傷之者至矣！

孔疏：居上如鳥之巢、旅處上必見傾如鳥巢被焚、客得上位故笑、凶害至故號跳。衆同嫉、喪稼穡之資、理在不難故曰喪牛于易。物莫與則傷之者至矣故曰凶也。

李鼎祚引虞翻：離爲鳥爲火、巽爲木爲高。四失位變震爲筐巢象。合巢象不見故鳥焚其巢。

震爲笑、震在前故先笑、應巽爲號咷、巽象在後故後號咷。

司馬光：大壯之六五喪羊于易，旅上九喪牛于易，易者不憂險阻之謂也。

張載：以陽極上、旅而驕肆者也。失柔順之正故曰喪牛于易，易肆也。肆怒而忤物，雖有凶危，其誰告之？故曰終莫之聞也。

程頤：九剛不中，處最高、又離躰，亢可知，故取鳥象。過剛自高、失所安；焚巢、失所安。離上焚象。自處高、快意笑。失安故號咷。輕易喪順德所以凶。牛順物，旅人哭笑也。

蘇軾：三次二、上巢五之上，皆以剛臨柔。二五勢必與我。上三知其无應必我與，故易取。三焚次、上焚巢、其不義一也。三止貞厲、上號咷之凶者、六五旅之主也。

張浚：喪牛象土地至大至重，易而失之。夏桀商紂失衆，卒亡天下！況羈旅失國、剛亢自用、善言不聞！憂悔何補！離爲火爲鳥，互兌爲笑爲號咷。離牛。離畜牝牛吉。

張根：剛而无應，以處乎上，其能免乎！

朱震：上九剛亢、非旅人之宜，巽木離火、焚巢失所。焚前離目動、震聲笑；焚後兌澤流於目、巽哀號。上變坤牛，不變，坤隱、喪牛。經易塞耳而聰不明而致禍乎！

鄭汝諧：離火、牝牛。極乎上則炎故焚巢。過剛不順故喪牛。飛揚而進、輕易也。以易喪順、其罔聞知之人乎！

李衡引子：牛順物。旅道全於順。剛亢喪順，人何容哉！

楊萬里：上九亦王者之蒙塵終於旅而不歸其國者。恃高亢而肆剛強，毀家如焚巢、辱身如先笑後慟。喪牛大物失天下象，而甚易。晉信景延廣至覆宗祀，胡亥請爲黔首不許，旅可得與！

朱熹：上九過剛，處旅上，離極，驕不順，凶之道也。故其象占如此。

項安世：焚者離火之失性者也。鳥，離象，巢附麗之高者。離性炎故多怒。上九失柔故喪牛得離故焚巢。笑者喜其高，號咷者悲焚。五先成兌故先笑，兌悅故多喜。

趙彥肅：高者爲巢，鳥焚其巢，即旅焚次象。居上先笑，遭焚故號咷。五宜陽居，大壯五非陽故喪羊，上九宜陰居，旅上九非陰故喪牛。壯不可失剛，旅不可失柔。

楊簡：上九以剛居上，離火性上炎，剛躁甚。鳥焚其巢，鳥高翔，其未焚也，愚不知禍至，故笑。及焚則號咷矣。不知柔順足致福免禍。忽略故喪故凶。終身不悟！

吳澄：鳥蓋指三，互巽木，上象巢在木杪，離火焚巢，即九三之焚其次。旅人九三在下未遭焚則兌笑，後就上焚則離號咷。離牛，上變喪牛，占喪牛則車不可行矣，所謂凶也。

梁寅：九居上，剛而自高，如鳥焚其巢，失其次舍而不安，先笑後號咷，則親之者寡而无助。喪牛容易則亡其資而不可行，處旅之凶，无甚於此者！

來知德：離木，鳥，火，鳥居風木上遇火焚巢象。上九未變中爻兌，悅笑象。及焚巢，上九變震，動成小過災眚，豈不號咷。離牛震大塗。止无地，行无資，何凶如之！

顧炎武：上九處卦之上，離之極，所謂有鳥高飛，亦傅于天者矣。居心以矜而不聞諫爭之論，菑必逮夫身者也。

王夫之：上九亢極、火災山上不息，鳥有巢被焚之象。蓋時有災危、去以避害者也。免禍則笑而貪生，無可再棲之枝、將號咷而悲。牛順物易疆場。越疆出道失身危故凶。

毛奇齡：旅覓宿猶鳥覓棲、二五棄中德爭棲于上、好高非義、炎火加巽風、屋樹盡焚。旅人無親。言王處民上如鳥處巢、不卹百姓畔去若鳥自焚、雖先快意後必號無及也。

折中引王宗傳：凡物棲高處亢、鳥巢是也。高極必危、離火焚象。先笑喜居上、號跳謂巢焚。上九喪順德凶也。　總論引范仲淹：初卑自辱、三焚次高見疾。二五不失中者也。內止不動於心，外明弗迷其往，以斯適旅故得小亨。

李光地：離爲雉、又爲牝牛。焚巢失所依，喪牛亡其順。陽剛處上故有此象而其占凶。　傳象：一日居人上則必盡其一日之心、豈可邂逅。旅如傳舍而已，禍害將發，故曰其義焚也。

李塨：旅之各象、上九高明自恃、旅中致禍。旅人矜高、衆目非義。際炎上之火、加巽風揚、並主人屋巢盡焚！旅人无親、同人爲親故先笑後號咷、離牛變震而喪之，坎耳莫聞。

孫星衍引釋文于易以豉反。王肅音亦。　傳象釋文其義焚也，一本作宜其焚也。　集解引馬融曰義、宜也。（釋文）　又引釋文喪牛之凶，本亦作喪牛于易。

姚配中案引阮籍云：旅上之笑、樂其窮也。失刑者嚴而不檢、喪德者高而不尊。　牛謂五、五發成乾、牛爲乾所得、故喪牛于易。牛喪則孝敬何有乎！坎耳伏終莫之聞，言不知戒懼！喻紂不聽忠言也。

吳汝綸：離爲飛鳥、爲火、在卦爲巢，離爲牛、變、離體不見是牛喪。易、疆場之場。漢書王者處民上如鳥處巢，不恤百姓、畔去雖先笑後必號咷無及。喪其君若牛亡其毛也。

丁壽昌：虞曰離爲鳥爲火、巽木高、離火焚巢。蘇蒿坪曰漢五行志載焚其巢。知易皆實象。漢書外戚傳言王者處民上如鳥處巢也，百姓畔去若鳥自焚。采之劉向谷永者。

曹爲霖：日知祿云：人主之德莫大于下人。楚莊王之圍鄭也曰其君能下人、必能用其民矣。遂舍之。陳氏曰上不旅處、上居之則焚巢非不幸也，有抵于滅亡而已！

星野恒：易場通用。旅陽居上、處極招災。在人始亢笑樂，卒至號咷。牛順物、失柔順故喪牛于易。蓋高亢自用，喪順德豈免於凶哉！

馬通伯：蘇秉國曰漢五行志有鳶焚其巢。知易辭皆實象也。阮籍曰樂其窮也、喪德者高而不尊。范仲淹曰旅人志高則見疾、執中謂知。王念孫曰聞猶問。恤問。

楊樹達：（漢書五行志）泰山有戴焚其巢，戴色黑、貪虐類。易曰鳥焚其巢、旅人先笑後號咷。京房易傳曰人君暴虐、鳥焚其舍。（又外戚傳）王不卹百姓若鳥自焚、後必號無及。

屯園先生：火炎山上不息、巢災哭亦无益也。離終故牛失，慢易不戒、凶及也。

李郁：上化柔、卦變小過飛鳥象。離火焚巢、欲歸不得。上化震爲笑故先笑，上降五成兌爲號咷。生喜死哀。離牛、離壞牛喪，卦體變易、中亦隨亡故凶。

徐世大：上爻大意受損之旅行。譯文：鳥窩燒了、旅人先笑後哭。失喪失在易國，糟糕。易狄二字通，狄爲大國，今易水與易縣爲狄之一小部落。

胡樸安：鳥巢在旅舍之上宜其被焚。象義焚、宜焚也。五譽命笑、此喪牛號咷。易、畺易也。

因焚、牛驚而喪也。象曰終莫之聞者，言牛喪莫知所之也。

高亨：殷王亥客有易從事牧畜，淫於有易、有易君殺之、取其牛羊。本爻鳥焚、王居被焚也。亥先逞淫樂、臨殺而號哭、失牛於有易也，此誠凶事、故記之。

李鏡池：大王被迫從邠遷于岐山。狄人燒殺、周全族遷徙成了旅人，呼號哭泣、牛羊也給搶去。前四爻說商旅，五射獵、上九記遷徙。是連類插敘法。作者編排有條理。

屈萬里：易，場。義與大壯六五喪羊於易同。近人以山海經有易殺王亥取僕牛說之、非是。集解虞作喪牛之凶。本亦作喪牛于易。 經義述聞謂當讀如問，謂相恤問也。

傅隸樸：上九陽處柔位、失位而高大自處、招災之徵。離火、離鳥。旅處高位必得意笑、巢焚只有號咷哭了。牛順、喪牛失順德、易、輕忽、旅人當順美德輕忽了故凶。

金景芳：旅卦遇剛不好、上九更不好。旅人初居上爲笑，爾後就要號咷，把牛也丟掉了，作爲旅來說是凶的。

徐志銳：剛傲居一卦之上，爲人所不容、焚巢无處安身，喪牛于易、輕易把柔順之性喪失、結果遭凶。因傲、无處安身、沒人去過問他了。王念孫傳象聞、猶問也。

張立文：尙（上）九、烏棼（焚）其巢、旅人先芙後摅（號）桃（咷），亡（喪）牛于易，凶。 譯：上九、燒了烏鴉窩，旅人先喜笑後號咷大哭，失其所牧之牛、爲有易所得，凶。

注：棼假焚。摅借爲號。山海經有易殺王亥取牛。

林漢仕案：大壯六五「喪羊于易」，說者謂易：必也，平易，乾爲易，和易，容易，疆場，相易(互易)忽然不覺其亡，田畔地，佼易。以五本陽位陰居、以陰居陽、陽居而陰署。今上九恰與大壯六五相反、上九本陰位陽居、以陽居陰、陰居而陽署、如何能安位順時、知進退而不及亂？

旅卦初時因不能安於下、有夢囈理想、惜自身褊淺、乏遠見、倉卒而遊、廝所以取困窘。旅六二、旅上路出走他鄉異縣、或係懷其寶而周遊列國。紅花須綠葉扶持、故必須善待僕從。蓋本身或有理想、僕從無也。自勉以正道行之。九三雖躲過旅途災害、僕從因無個人理想多棄我而去、我失去一臂助力、亦失去周遊時壯大陣容、從車若干引時君注意之人氣、若依正道訴訟追回童僮、可能自污也、亦屬危厲事。九四繼續其行程、旅行腳至處州、傳來舊君山陵崩、或旅者親人見背、必須爲之服喪一年或三五月者、如是而旅、我心之所以不快也。六五旅遊輾轉、有機會有所試之時段也。允武方面以一發十二箭、僅一矢亡、在我者已盡其所能，在人者孰毀孰譽？如有所譽、必有所試矣！六五之終以譽命者，離明柔順而不失直、不失中道、盡其在我已展現無遺矣！至上九旅人先笑後號咷者：鳥焚其巢、失其依；在汝爲破釜沉舟、在人爲不受裹脅。又喪牛于易、于易，除上十說以外、似當作處所補詞、地方名。外加陰位陽居、不能知進退安位順時、垂垂老矣，又喪其資(牛)、著一凶字者、豈賅全卦之失得乎？依例輯前賢說如后：

象：在上其義焚。喪牛于易、終莫之聞。　馬融：義、宜也。　王弼：客得高危位故笑、衆嫉妒號咷。莫之聞、傷之者至。　孔疏：客得上位故笑、害至故號咷。喪稼穡之資、物莫與、傷者至故凶。李引虞翻：離爲鳥火、巽爲木高。震巢、震在前笑　巽後故號咷。司馬光：易者不憂險阻。張載：旅驕肆失柔順。其誰告之？故曰終莫之聞。程頤：九剛亢自高、焚巢、失所安。高、笑；失安號跳。輕易喪順德所以凶。牛順物。蘇軾：上巢易取、焚次焚巢、不義一也。張浚：牛象土地、至大至重、易而失之。桀紂失衆失國、況羈旅剛亢自用！張根：剛无應處上、其能免乎！朱震：巽木離火、震笑、巽號。上變坤牛、不變喪牛、輕易塞耳、聰不明致禍。鄭汝諧：過程不順故喪牛。輕易喪順、其罔聞知之人乎！李衡引子：牛順物、喪順人何容哉！楊萬里：上九亦王者蒙塵、喪牛甚易、牛大物、牛天下象。毀象焚巢、辱身先笑後慟。朱熹：過剛驕不順、凶道也。其象占如此。項安世：焚者離火失性、炎上多怒？上九失柔、笑喜高、號咷悲焚。趙彥肅：居上先笑、遭焚號咷。旅上九宜陰故喪牛、旅不可失柔。楊簡：離火躁甚。焚巢鳥高翔。愚不知禍至故笑又號咷。忽略故喪。終身不悟。吳澄：鳥三、巢上。離焚、三兌笑。上變喪牛、車不可行矣。梁寅：九上自高、親之者寡。喪牛容易則亡其資，旅凶无甚於此者。來知德：鳥居風木上火焚、上九兌笑、變震號咷、行无資、何凶如之。顧炎武：有鳥高飛，矜不聞諫爭，菑必逮夫身者。王夫之：時有災危、免禍則笑而貪生、無棲枝將號而悲。越疆埸故凶。毛奇齡：鳥覓棲、好高炎加巽風。王處民上、百姓叛去、雖快意必號無及。折中引王宗傳：笑喜居上、號咷焚巢、上九喪順德也。李光地：離雉、又牝牛。巢焚失依、喪牛亡順。李塨：矜高致禍。同人先笑後號咷。坎耳莫聞。孫星衍：一本作宜其焚。釋文喪牛之凶，本亦作喪牛于易。姚配中引阮籍：旅上笑、樂其窮也。喪德者高而不尊。牛謂五、五發成乾、牛喪則孝敬何有！坎耳伏莫之聞。吳汝綸：易、疆場。漢書王者處民上不恤百姓畔去、號咷無及。喪君若牛亡其毛。　丁壽昌：漢書外戚傳王者處民上如鳥處巢、百姓畔去若鳥自焚。　曹爲霖：楚舍鄭、因其君能下人、必能用其民。焚巢非不幸、有抵于滅亡而已！　星野恒：易場通用。始亢笑樂、辛號咷。喪順德豈免於凶哉！　馬通伯引范仲淹曰：旅人志高則見疾。執中謂知。王念孫聞，問。　楊樹達：王不卹百姓若鳥自焚、後必號無及。　屯園先生：巢災哭亦无益。離終故牛失。慢易不戒、凶及之。　李郁：上化變小過飛鳥象。離焚歸不得。上化震笑、降五兌號咷。離壞牛喪故凶。　徐世大：易狄字通。狄爲大國。胡樸安：象直焚。五譽笑，此喪牛號咷。易，畺易。因焚、牛驚而喪、莫知所之。　高亨：王亥客有易、言先淫樂、臨殺號咷。失牛於有易。　李鏡池：大王遷岐、狄人燒殺、周成了旅人。上九記遷徙。屈萬里：義與大壯喪羊於易同。易場也。近人以王亥說、非是。　傅隸樸：旅處高必得意笑。巢災只有號咷了。　金景芳：旅卦遇剛不好，上九更不好，把牛丟掉了，作爲旅來說是凶的。　徐志銳：輕易把柔順之性喪失、結果遭凶。　張立文：燒了烏鴉窩、旅人先笑後哭，所牧之牛爲有易所得，凶。

依象意：本爻1.居上、其義當楚。2.喪牛于易。3.終莫之聞。馬融釋象「義、宜也。」蓋即朱熹所謂其象占如此。

「鳥焚其巢」：1.離爲鳥爲火、巽木高、震巢。（虞翻）
2.九剛亢自高，焚巢失所安。（程子）
3.上九亦王者蒙塵，毀家焚巢。（楊萬里）
4.離火失性、炎上多怒、上九失柔。（項安世）
5.火躁焚巢、鳥高翔。（楊簡）有鳥高飛、不聞諫爭。（顧炎武）
6.鳥三、巢上、離焚。（吳澄）
7.鳥居風木上、炎焚。（來知德）
8.巢焚失依、矜高致禍。（李光地、李塨）
9.王者處民上如鳥處巢、不恤百姓、畔去。（吳汝綸、丁壽昌引）
10.焚巢非不幸、有抵于滅亡而已。（曹爲霖）
11.上化變小過、飛鳥象、離焚歸不得。（李郁）
12.燒了烏鴉窩。（張立文）

綜合言之、上九爲不善高亢招至火焚、是天火亦人火、焚巢、幸巢中鳥逃過火紋、若火吻及鳥則一切又歸平靜、另起一卦矣！張立文指定烏鴉窩、猶李光地矜持離雉（野雞）爲鳥、同屬常識判斷有落差是非。焚巢固是災、然未必一蹶不振至「有抵于滅亡而已！」留得青山在、可以重來也！唯歲云暮矣，莫年失依、不聞諫爭、寡助之至矣！上九剛愎自用乎？

旅人先笑後號咷者：

王弼云客得高位故笑。衆嫉害至故號咷。（王、孔）失所安號咷。（程）

震在前、笑。（虞翻、朱震）上化震笑、降五兌號咷。（李郁）

毀家辱身、先笑後慟。（楊萬里）

鳥高翔、愚不知禍至、故先笑又號咷。（楊簡）

三兌笑；上九兌笑，變震號咷。（吳澄、來知德）

免禍則笑而貪生、無棲枝將號而悲。（王夫之）

王處民上快意、百姓畔去必號無及。（毛奇齡）

旅上笑、樂其窮也。喪德者高而不尊。（姚引阮籍）

王亥淫樂、臨殺號哭。（高亨）　屈萬里說非是。

胡樸安：五譽、笑；上九喪牛、號咷。

以上十說、除虞、朱、李郁以震笑、兌號（或兌笑、震號咷、吳澄、來知德）及胡樸安說無意義外，餘皆涉及旅人當時狀態，如客得高（上）位、笑；愚不知禍至、笑；旅上笑、樂其窮也；淫樂；處民上快意；免禍則笑。易家極盡想象鳥巢初焚可能狀態、似皆可備爲一說！雖未必即爲標準答案。

喪牛于易、凶。

象謂終莫之聞。王弼云傷之者至。孔疏喪稼穡資。

司馬光只從「易」字著眼、謂易者不憂險阻。

程傳：輕易喪順德、所以凶。（鄭汝諧、折中、徐志銳）

張浚：牛象土地、至大至重、易而失之。（楊萬里）

朱震：上變坤、牛，不變喪牛。輕易不明致禍。趙彥肅是之。吳澄則相反謂上變喪牛、車不可行

梁寅：喪牛容易則亡其資，旅凶无甚此者。來知德即謂行无資、何凶如之。

姚配中：牛謂五、牛喪則孝敬何有、坎耳伏莫之聞。

吳汝綸以易為疆埸。喪君若牛亡其毛。

張載以旅失驕肆，其誰告之釋終莫之聞。馬通伯引王念孫云：聞、問。

屯園先生：離終故牛失。慢易不戒、凶及之。

李郁：離壞牛喪故凶。

徐世大：易、狄通、狄為大國。李鏡池周族大遷徙、避狄也。

胡樸安：易、畺易。因焚、牛驚而喪，莫知所之。

高亨：王亥失牛於有易。（歷史故事）張立文謂所牧之牛為有易所得、凶。

終莫之聞：傷之者至。王弼至傷一無聞（無名）小卒、似非上九之謂也。張載之旅人驕肆，其誰告之，不若王念孫聞、問也。言上九終無人聞問、較為入理。若以終、崇也，有其個人崇高理想、亦曾於崇高技藝要譽一時、而莫之聞、莫聞之也。論語四十五十而無聞

焉斯亦不足畏也已。「聞」之狀況：色取仁而行違、居之不疑、在邦必聞、在家必聞。今上九者之莫之聞，蓋即色取仁而行違、尙不能取得在邦必聞，在家必聞也。終莫之聞者、有其崇高理想之旅遊者、雖極力造作、色取於仁而行違、所至之國無人聞問也。牛、從稼穡耕牛力役者轉變爲美其德性順。坤爲牛。牛至大至重象土地。牛與車連想。牛代表物資錢財。牛、孝敬物。所牧之牛。胡樸安謂因焚、牛驚而逃喪。上古牛羊馬匹生畜本爲計算財富準則、故可以實質謂牛羊馬匹生畜即遊者之資本、旅遊、遊牧、布衣卿相之前、不只可逐水草而居、亦可依個人意願往來也。喪牛故可以謂牛隻走失、因何走失？應與上九顚倒行事、無應等有關、蓋亦可以「命與夫」以狀上九、暮年喪牛即喪其所以行者、于易、易爲喪之處所補詞、故應爲地名。言易爲容易、輕易、慢易、狄即易、疆埸者、實不如依序言上九如鳥遭焚巢後、精神狀態不穩定、先笑後哭、接著又于「易」水或易縣喪其牛、屋漏更遭連夜雨也，最後著一凶字、謂旅一場有所失、無所得也。

易傳彙玩參考書目

參同契	魏伯陽	
周易集解纂疏	李鼎祚・李道平	廣文書局
易經皇極經世秘書	邵康節	武陵
周易音義	陸德明	
易童子問	歐陽修	
橫渠易說（張子全書）	張載	廣文書局
溫公易說	司馬光	上海古籍出版社
蘇氏易傳	蘇軾	廣文書局
易程傳	程頤	台灣商務印書館
易數鈎隱圖	劉牧	
漢上易傳	朱震	廣文書局
周易義海最要	李衡	廣文書局
周易玩辭	項安世	廣文書局
郭氏傳家易傳	郭雍	
復齋・易傳	趙彥肅等	廣文書局

東谷易傳	鄭汝諧	廣文書局
吳園易傳	張根	廣文書局
易本義	朱熹	廣文書局
紫巖易傳	張浚	廣文書局
誠齋易傳	楊萬里	三才書局
李氏易傳	李中正	
楊氏易傳	楊簡	廣文書局
讀易私言	許衡	廣文書局
漢上易	朱震	廣文書局
易纂言	吳澄	廣文書局
易學濫觴	黃澤	廣文書局
易參議	梁寅	廣文書局
來氏易注	來知德	民樂出版社
易禪解	釋智旭	
船山易學	王船山	廣文書局
仲氏易	毛奇齡	廣文書局
折中	李光地等	眞善美出版社

周易通論	李光地	廣文書局
合訂刪補易大全	納蘭德成	廣文書局
周易傳注	李塨	廣文書局
惠氏易學	惠棟	廣文書局
易學十書	張惠言	廣文書局
周易平議	俞樾	
易說	惠士奇	廣文書局
易學三書	焦循	廣文書局
卦氣解	莊存歟	
易集傳	孫星衍	廣文書局
易圖明辨	胡渭	廣文書局
周易卮言	孔廣森	
周易述聞	王引之	
周易考異	宋翔鳳	廣文書局
周易異文釋	李富孫	廣文書局
周易解故	丁晏	
周易答問	全祖望	

卦氣集解	黃元炳	
周易釋爻例	成蓉鏡	
周易校勘記	阮元	
漢魏廿一家易注	孫堂輯	映雪艸草藏書
京氏易傳箋	徐昂	
九家易集注	黃奭	
周易要義	宋書升	山東齊魯書社
易古義	楊樹達	台灣力行書局
易古史觀	胡樸安	
周易大義	吳汝綸	台灣中華書局
周易古經今注	高亨	
周易解題及其讀法	錢基博	
科學的易	丁超五	
學易筆談	杭辛齋	廣文書局
周易新證	于省吾	藝文印書館
周易正言	李郁	廣文書局
周易話解	劉思白	弘道文化事業公司

周易通義	李鏡池	中華書局
周易探源	鄭衍通	中教出版社
周易解頤・周易闡微	徐世大	台灣開明書店
易經精華	薛嘉穎	新文豐出版社
易學史鏡	曹爲霖	新文豐出版社
讀易會通	丁壽昌	河洛出版社
周易費氏學	馬通伯	新文豐出版
周易理解	傅隸樸	中華書局
易鑰	陳炳元	弘道文化事業公司
周易古今通說	胡自逢	文史哲出版社
先秦諸子易說通考	胡自逢	文史哲出版社
周易讀本	黃慶萱	三民書局
周易經翼通解	伊籐長胤	五洲出版社
周通	劉次源	廣文書局
周易集解初稿	屈萬里	聯經出版公司
先秦漢魏易例述評	屈萬里	學生書局
談易	戴君仁	台灣開明書店

易經講義　程兆熊　九龍鄧鏡波學校
周易研究　徐芹庭　世界圖書公司
易學源流　徐芹庭　國立編譯館
易數淺說　黎凱旋
周易講座　金景芳　吉林大學出版社
易卦淺釋　沙少海　貴州人民出版社
周易大傳新注　徐志銳　山東齊魯書社
周易祕　黎子耀　浙江古籍出版社
神祕的八卦　王玉德等　廣西人民出版社
點校易經　蘇勇　北京大學出版社
今人讀易　關角如　湖南教育出版
周易哲學史　朱伯崑　北京大學出版社
周易補注　陳樹楷　天津市古籍書店
費氏古易訂文　王樹柵　文史哲出版社
易學新探　程石泉　黎明文化事業
周易要義　宋書升　山東齊魯書社
漫談周易・周易旁通　王居恭　文史哲出版社

讀易箚記	汪忠長	老古文化事業
周易帛書今注今譯	張立文	台灣學生書局
馬王堆帛書易經斠理	嚴靈峰	文史哲出版社
帛書易傳初探	廖名春	文史哲出版社
無求備齋易經集成	嚴靈峰輯	台北成文出版社
十三經註疏	阮元編	藝文印書館
廿五史	楊家駱編	鼎文書局
資治通鑑	司馬光	明倫書局
老、莊集成	嚴靈峰輯	成文出版社
論、孟集成	嚴靈峰輯	成文出版社
廿二史箚記	趙翼	廣文書局
文選筆記		廣文書局
茶香室經說	俞樾	廣文書局
茶香室叢鈔	俞樾	廣文書局
通俗篇	翟灝	廣文書局
經學源流考	甘鵬雲	廣文書局
經學世界	本田成之	廣文書局

經義述聞	王引之	廣文書局
經史答問	全祖望	廣文書局
述學	汪中	廣文書局
國故論衡	章太炎	廣文書局
國學發微	劉師培	廣文書局
文始	章太炎	廣文書局
讀書隨筆	劉師培	廣文書局
韓昌黎文集	韓愈	廣文書局
王荊公詩	王安石	廣文書局
宋稗類鈔	潘永因	廣文書局
讀經示要		廣文書局
左傳會箋	竹添光鴻	廣文書局
魏晉六期小說筆記		廣文書局
十八家詩鈔	曾國藩	廣文書局
日知錄	顧炎武	明倫出版社
十駕齋養心錄	錢大昕	中華書局
甲骨文字集釋	李孝定	中央研究院史語所

綴遺齋彝器考釋	方濬益	國風出版社
攈古錄金文	吳式芬	樂天出版社
兩周金文辭大系考釋郭沫若		
金文編、金文續編		洪氏出版社
積古齋鐘鼎彝器款識	阮元	藝文書局
積微居金文說・甲文說	楊樹達	
三代吉金文存	羅振玉	中文出版社
殷墟卜辭綜類	島邦男	
商周彝器通考	容希白	大通書局
愙齋集古錄	吳大澂	台聯國風出版社
殷契粹編	江盧劉氏藏本	大通書局
彝銘會釋	于省吾、吳闓生	樂天書局
歷代鐘鼎彝器款識法帖	薛尚功	廣文書局
金石書錄目及補編	容氏	大通書局
古籀拾遺・古籀餘論等	孫詒讓	華文書局
汗簡箋正		廣文書局
中國字例	高明	

周金疏證	魯實先	
小學答問	章太炎	廣文書局
太平廣記	宋・李昉	文史哲出版社
僞書通考	張心澂	
中國古籍研究叢刊		維明書局
元明清戲劇選		學海書局
中國戲典發達史		學藝
盛明雜劇		廣文書局
國學彙編	胡樸安	
歷代職官表	黃本驥	國史研究室
世界史上古編、中古編、近代編		世界書局
崔東壁遺書	崔述	河洛出版社
韓非子集釋		
詩毛氏傳疏	明・陳奐	河洛出版社
詩集傳	宋・朱熹	廣文書局
四書集註	朱熹	藝文書局
閱微草堂筆記	紀曉嵐	華聯出版社
		大中國圖書公司

竹簡兵法　河洛書局
貞觀政要　河洛書局
要籍解題及其讀法　梁啓超　華正書局
困學紀聞　王應麟　中華叢書
墨子畢沅注　廣文書局
詩品注　陳延傑　開明書局
東萊左氏博議　呂祖謙　廣文書局
孫武兵法、六韜合訂本　廣文書局
二程子全集　廣文書局
東坡詩話、詩談　廣文書局
王陽明傳習錄　王陽明　樂天書局
諸子新證　于省吾　樂天書局
春秋繁露・尉繚子・鬼谷子等　廣文書局
竹書紀年、楊子等　廣文書局
周敦頤・張載全書　廣文書局
馬浮先生語錄（爾雅台答問）　馬浮　廣文書局
中國文學批評史　郭紹虞　文史哲出版社

中國目錄學講義	昌彼得	文史哲出版社
國史大綱	錢穆	商務印書館
朱熹實紀		廣文書局
蘭陔室選鈔	林孝圖	
白虎通、吳子等		廣文書局
讀書脞錄	孫志祖	廣文書局
中國史學史	金毓黻	文力出版社
古事比	方中德	廣文書局
經學通論	皮錫瑞	商務印書館
經傳釋詞	王引之	商務印書館
說文古籀補	吳大澂	商務印書館
古籀彙編	徐文鏡	高務印書館
毛寺品物圖考	岡元鳳	廣文書局
觀堂集林	王國維	文華出版社
中國哲學史	馮友蘭	
書傭論學集	屈萬里	台灣開明書店
中國思想史論文集	徐復觀	學生書局

讀書雜志　王念孫　樂天出版社
求闕齋讀書錄　曾國藩　文光圖書公司
淡墨錄　李調元　廣文書局
史記會注考證　文史哲出版社
筆記小說大觀　新興書局
論衡　王充　中華書局
古時漢語　王了一
說文通訓定聲　朱駿聲　藝文書局
經籍纂詁　世界書局
說文解字　許慎　廣文書局
十八家詩鈔　曾國藩編　廣文書局
禪定天眼通（系列）　馮馮　天華書局
古史辨　顧頡剛

林漢仕著作書目

易傳評詁	二八九	七十二年十一月初版	文史哲出版社
乾坤傳識	二五四	七十七年十二月初版	文史哲出版社
否泰輯眞	四一九	八十年十一月初版	文史哲出版社
易傳綜理	三四六	八十一年五月初版	文史哲出版社
易經傳傳	五五七	八十三年十一月初版	文史哲出版社
易傳匯眞	四五八	八十七年十二月初版	文史哲出版社
易傳廣玩	四三二	八十八年十一月初版	文史哲出版社
易傳廣都	五五八	九十一年元月初版	文史哲出版社
易傳彙玩	三八三	九十一年十月初版	文史哲出版社
易傳都都	三六一	九十一年十月初版	文史哲出版社
孟子探微	二七九	六十七年七月再版	文史哲出版社
重文彙集	一三四	七十八年二月再版	文史哲出版社
錦繡河山見聞	一八四	八十五年十月初版	文史哲出版社